Egbert Rumpf-Rometsch

Die Fälle

BGB - Schuldrecht BT

Mängelhaftung

im Kauf-, Werk-, Werklieferungs- und Mietrecht

2. Auflage

44 universitätserprobte Fälle
mit Lösungsskizzen und Formulierungsvorschlägen

Der Fall
Fallag

!!!!!!!!!!

Und wieder für Jana !

Credits

Zunächst einen Dank an Euch. Ohne Euren Kaufwillen würde ich hauptberuflich immer noch als Rechtsanwalt arbeiten. Jetzt kann ich endlich ausschlafen (und darf dann allerdings ab und an bis tief in die Nacht arbeiten. Hallo Jana!!). Aber im Ernst: Es macht Spaß. Es gibt - zumindest beruflich - nichts Schöneres. Ehrlich!!

Einige Leser der Erstauflage haben mit Ihrer konstruktiven Kritik zur Überarbeitung dieses Buches beigetragen und geholfen, einiges zu verbessern. Vielen vielen Dank!!!

Bezug (leider nur) für den Buchhandel

ACHTUNG:
ab 01.10.1996 *neue* Adresse, *neue* Fonnummer, *neue* Faxnummer

Der Fall-Fallag
Egbert Rumpf-Rometsch
Rochusstr. 56 (Fabrik)
50827 Köln

Fon 0221 - 9536003
Fax 0221 - 9536004

ISBN 3-9803813-7-4

Vorwort zur 1. Auflage

Nun denn, es ist geschafft !!!

Das dritte (und natürlich nicht letzte) Buch der Reihe "Die Fälle" liegt vor Euch. Und es hat mich viel Schweiß gekostet. Aber der Spaß stand natürlich - wie immer - im Vordergrund. Und das sollte er auch. Denn sonst wäre Bücherschreiben eine äußerst mühevolle und gar nicht erquickende Angelegenheit.
Erst einmal ein wirklich herzliches "Dankeschön" an die meisten von Euch. Ihr habt es letztlich möglich gemacht. Und was, werdet Ihr womöglich fragen. Ganz einfach: Ich habe die Zweigleisigkeit meines Berufslebens aufgeben können. Einerseits Rechtsanwalt, andererseits Autor und Verleger, tja nun.
Das Rechtsanwaltsdasein war wirklich große Klasse. Und wie stolz waren erst meine Eltern. Ich kann mich erinnern. Nachdem ich mit der (von Ihnen finanzierten) Robe zum ersten Mal in ihrem Heim aufgelaufen bin, wurde der Fotoapparat gezückt. Das war wahrlich ziemlich peinlich.
Andererseits ist da natürlich mein Autoren- und Verlegerleben zu erwähnen. Und das steht mittlerweile im Vordergrund, und zwar in einem äußerst positiven Vordergrund. Ich bin nicht mehr von durch Mandanten und/oder Gerichte gesetzte Termine abhängig, sondern kann meine Zeit selbst einteilen. Also: Zwischen neun und zehn Uhr (morgens!!) aufstehen und dann langsam anfangen zu arbeiten. Oft schreibe ich allerdings bis in den späten Abend oder den frühen Morgen hinein. Manchmal durchaus zum Ärger der besten aller Ehefrauen (Hallo Jana ...).

Um auf den Punkt zu kommen: Die Resonanz auf die schon erschienenen Bücher war so überwältigend, daß ich mich entschlossen habe, weiterzuschreiben und weiterzuschreiben und weiterzuschreiben ...

Das bringt immerhin genug Geld, um nicht jede Scheibe Brot zu zählen und ist im übrigen wesentlich streßfreier als der schon angeführte Anwaltsberuf.

Und das Dasein als Schreiberling und Verleger findet nun in vollkommen neuen Räumlichkeiten statt. Ich habe mich entschlossen, den Versuchungen der Großstadt zu entsagen und bin - natürlich mit Jana - auf's Land gezogen. Nun fristen wir in einem alten Gutshof mit vielen anderen netten Leuten zusammen ein ruhiges Dasein. Aber nur maximal 15 Minuten bis in die Stadtmitte des altbekannten Molochs (mit dem schnellen Auto). Und ich habe endlich ein eigenes Arbeitszimmer, in dem ich schalten und walten kann. Früher war das ganz anders. Wir haben in einer Hinterhofwohnung eines Altbaus in der Stadtmitte Kölns gelebt. Lediglich das ziemlich kleine Schlafzimmer bot Platz für den notwendigen Schreibtisch mit Computer: Also keine Möglichkeit für kreative Nachtarbeit ...

Wie dem auch sei. Genug der persönlichen Entwicklungen. Ich bin glücklich und Ihr werdet es hoffentlich ebenfalls sein, wenn Ihr dieses Buch durchgearbeitet habt. Es liegt noch ein mühsamer Weg vor Euch, aber der ist zu schaffen. Versprochen!!!

Und noch etwas ...

In diesem Buch finden sich die wichtigsten Ansprüche, Rechte und dazugehörigen Probleme zur Mängelhaftung im Kaufrecht, Werk- und Werklieferungsrecht und Mietrecht. Und noch ein paar mehr. Aber nicht alle. Ich habe versucht, das zusammenzutragen und zu systematisieren, was mir in den letzen Jahren über den Weg gelaufen ist. Dankbar wäre ich für weitere Anregungen, die ich in einer nächsten Auflage berücksichtigen könnte.

Von einer Bearbeitung der Mängelhaftung im Dienstvertragsrecht habe ich abgesehen. Problematisches aus dem gesamten Dienstvertragsrecht (Arbeitsrecht) werde ich gebündelt in einen gesonderten Buch veröffentlichen.

Köln, im mittlerweile recht warmen Juni 1995

Egbert Rumpf-Rometsch

Vorwort zur 2. Auflage

Der nächste Umzug !!!

Ich habe mich entschlossen, mit Jana in ein kleines Fachwerkhaus im Bergischen Land zu ziehen. Arge Baumängel haben uns das Wohnen im Gutshof nicht gerade schmackhaft machen können. Wir hoffen auf ein Leben ohne Rohrbrüche, Schimmel und ähnliche kleine Schweinereien. Das Verlagsbüro befindet sich aber nach wie vor in Köln, jetzt aber unter der am Seitenende abgedruckten Adresse.

In der vorliegenden Auflage habe ich einige Unklarheiten und Mißverständnisse der 1. Auflage ausräumen können. Stichwort "Sparpaket": Durch eine geringfügige Änderung der Formatierung habe ich ein paar Seiten gespart. Der inhaltliche Umfang des Buches hat sich dadurch nicht verändert. Über positive und negative Zuschriften würde ich mich nach wie vor freuen, insbesondere natürlich über die positiven.

Köln, im gar nicht so warmen September 1996

Egbert Rumpf-Rometsch

Meine neue Verlagsadresse (ab Oktober 1996) lautet:

Egbert Rumpf-Rometsch
c/o Der Fall-Fallag
Rochusstr. 56 (Fabrik)
50827 Köln

Inhaltsverzeichnis

Mängel im Werk- und Werklieferungsrecht

Mängel im Mietrecht

Einführung in die Handhabung des Buches

Nun denn: Packen wir's an!!!

Das Euch vorliegende Buch ***besteht*** (wie fast alle Bücher) ***aus mehreren Teilen***. Die einzelnen Abschnitte beschäftigen sich mit Fällen aus den Bereichen ***Kaufmängelhaftung***, ***Werk- und Werklieferungsmängelhaftung*** und ***Mietmängelhaftung***.

Achtet auf die ***Kopfzeilen***. Sie beschreiben, wo Ihr Euch gerade befindet.

Ganz am Anfang des Buches sind ***alle Fälle*** hintereinander abgedruckt. Ihr solltet Euch für den Anfang damit begnügen, den ersten Fall zu lesen und Euch dann mit der Erstellung einer Lösungsskizze herumzuquälen. Eventuell könnt Ihr anschließend einen Formulierungsversuch wagen.

Direkt danach solltet Ihr aber hurtig in den ***Lösungsteil*** des Buches wechseln und überprüfen, ob Ihr alles richtig gemacht habt.
Der Lösungsteil selbst ***besteht aus*** den schon erwähnten ***drei*** großen ***Bereichen*** Kaufmängelhaftung, Werk- und Werklieferungsmängelhaftung und Mietmängelhaftung.

Jeder der drei ***Bereiche beginnt mit einer*** mehrseitigen ***Einführung in die Systematik*** der auftauchenden Probleme.

Dann erscheinen ***alle Fälle*** noch einmal getrennt ***in der Reihenfolge:***

Fall - Lösungsskizze - Formulierungsvorschlag - Fazit

Die Fälle beginnen recht einfach und werden unverschämterweise immer schwerer.

In den recht ausführlichen ***Lösungsskizzen*** habe ich versucht, die meisten (klausur-) relevanten Probleme der angesprochenen Bereiche einzubauen.

Die Formulierungsvorschläge sind - wie das Wort schon verrät - lediglich Vorschläge, die Euch zeigen sollen, wie Ihr eine Ausformulierung angehen könnt (wie sage ich es meinem/meiner Korrektor/in?).

Das jeweilige Fazit spricht noch einmal Probleme des konkreten Falles an, den Ihr gerade bearbeitet habt. Es geht dort nicht nur um juristische Finessen, sondern auch um Aufbaufragen etc.

Und noch etwas:

In den Lösungsskizzen und Formulierungsvorschlägen habe ich etwas eingebaut, das zwar einem systematischen Aufbau entspricht, aber nicht unbedingt geschrieben werden muß. Es handelt sich hierbei um die ***Unterteilung:***

I. Anspruch entstanden

II. Anspruch untergegangen

III. Anspruch durchsetzbar

IV. Ergebnis

Noch einmal: Das muß nicht sein, ist aber (zumindest für noch nicht Fortgeschrittene) sehr sehr sinnvoll. Und: Ein/e Korrektor/in wird Euch niemals einen Strick daraus drehen, sondern sich über den nachvollziehbaren Aufbau freuen.

!!!!!!!!!!!!!!!!!!!!!!!!!!!!!!!!!!!

Am Ende des Buches (direkt vor dem Gesetzesverzeichnis) präsentiere ich Euch mehrere ***AUFBAUSCHEMATA***, die Ihr - nach der Bearbeitung der Fälle - verinnerlichen solltet. Die Schemata sind ausfüllungsbedürftig, enthalten jedoch alle Ansprüche/Rechte, an die Ihr in diesem Stadium der Fallösung denken solltet, um dem/der Korrektor/in ein famoses Ergebnis präsentieren zu können.

!!!!!!!!!!!!!!!!!!!!!!!!!!!!!!!!!!!

Genug geschwätzt, die Fälle nahen ...

Fälle zur Mängelhaftung im Kaufrecht

Fall 1

K interessiert sich für einen bestimmten Hund des Hundezüchters V, der auf den Namen "Bonzo" hört. Am 14.02. schließen beide einen Kaufvertrag über den Hund, der in derselben Woche abgewickelt wird. Schon bald darauf stellt K fest, daß "Bonzo" beim Spazierengehen immer gegen Mauern und Laternenpfähle rennt. Der konsultierte Tierarzt diagnostiziert eine schon seit der Geburt des Hundes vorhandene extrem starke Fehlsichtigkeit. Am 14.08. wendet sich K an V und erklärt ihm unter Schilderung des Sachverhalts, er sei nicht mehr an dem Tier interessiert.

Frage: Hat K einen Anspruch auf Rückzahlung des Kaufpreises ?

Fall 2

K wendet sich abermals an den nunmehr bekannten Hundezüchter V und erklärt, er wolle ein Tier aus dem jüngsten Wurf kaufen. V ist damit einverstanden. Am 14.02. schließen beide einen diesbezüglichen Vertrag. Den geforderten Kaufpreis zahlt K sofort. Nach zwei Wochen holt K von V einen der Hunde ab. Wiederum stellt sich heraus, daß das Tier an einer extrem starken Fehlsichtigkeit leidet. Am 15.08. stellt der arg erboste K dem V den Hund unter Schilderung des Sachverhalts zur Verfügung.

Frage: Hat K einen Anspruch auf Rückzahlung des Kaufpreises ?

Fall 3

Jäger J interessiert sich für einen bestimmten Hund des V, der auf den Namen "Bonzo" hört. Daraufhin schließen beide einen diesbezüglichen Kaufvertrag, der alsbald abgewickelt wird. Schon bald darauf stellt J fest, daß "Bonzo" beim Spazierengehen immer gegen Mauern und Laternenpfähle rennt. Die Diagnose des konsultierten Tierarztes fällt wiederum vernichtend aus. Er diagnostiziert eine schon seit der Geburt des Hundes vorhandene erhebliche Fehlsichtigkeit. J erinnert sich daran, daß V beim Verkaufsgespräch die besonderen Jagdfähigkeiten des Hundes angepriesen hat, die J nun nicht nutzen kann. Er wendet sich sofort an V, um den Hund zurückzugeben.

Frage: Hat J einen Anspruch auf Rückzahlung des Kaufpreises ?

Fall 4

K sucht für ihren verwöhnten Mann, der den glorreichen Beruf des Rechtsanwalts ausübt, ein passendes Weihnachtsgeschenk. In der Galerie des G entdeckt sie eine kleine Bronzestatue, die einen mit einer Robe bekleideten Juristen mit Heiligenschein zeigt. K ist begeistert. Auch der Preis in Höhe von 15.000,-- DM schreckt sie nicht ab. Auf einem kleinen Zettel entdeckt sie den Namen des Künstlers. Dieser lautet "Yuri". Die kunstbeflissene K erkennt sofort, daß es sich angesichts des Namens und der Höhe des Preises nur um den Künstler Yuri handeln kann, der in letzter Zeit mit seinen Objekten für Furore gesorgt hat. Also schließt sie mit G einen Kaufvertrag, der sofort abgewickelt wird. Kurz nach Weihnachten erfährt sie von einem befreundeten Kunsthändler, daß die Bronzestatue nicht von Yuri selbst, sondern von seinem kaum bekannten Sohn stammt, der denselben Namen trägt. Angesichts dieser Tatsache läßt sich der Wert der Statue lediglich auf etwa 2.000,-- DM beziffern. K wendet sich an G, um den Vertrag rückgängig zu machen.

Frage: Hat K einen Anspruch auf Rückzahlung des Kaufpreises ?

Fall 5

Der durch eine Erbschaft plötzlich vermögende E will seinen neuerworbenen Mammon investieren. Als er hört, daß V seine Herren-Boutique in Wuppertal samt Einrichtung und Warenbestand verkaufen will, zeigt er sich interessiert. Auf mehrmaliges Nachfragen äußert sich V immer dahingehend, "der Laden gehe gut". Den Ertrag beziffert er mit ca. 5.000,-- DM pro Monat. E und V schließen wenig später einen Kaufvertrag, in dem auch der monatliche Ertrag Erwähnung findet. E zahlt an V den geforderten Kaufpreis. Schon im ersten Monat nach dem Erwerb des Geschäfts erwirtschaftet er nur 2.500,-- DM. In den nächsten Monaten pendelt sich der Ertrag zwischen 2.000,-- und 3.000,-- DM ein. Nachdem E erfährt, daß sich mit der Boutique auch unter der Führung von V keine höheren Beträge erwirtschaften ließen, will er den Kaufvertrag rückgängig machen.

Frage: Hat E einen Anspruch auf Rückzahlung des Kaufpreises ?

Fall 6

Der mit Goldketten behängte Gymnastikanzugträger G befindet sich einmal mehr in Geldnot. Deshalb bietet er abends in seiner Stammkneipe "Bei Elfi" schweren Herzens sein schweres Panzerarmband für 500,-- DM zum Verkauf an. Der Interessierte K erkundigt sich hierauf bei G nach der Güte des Goldes. G antwortet, es müsse sich wohl um 585er-Gold handeln. Der zu Recht mißtrauische K schaut sich zwar prüfend das Schmuckstück an, achtet aber aus unerfindlichen Gründen nicht auf die deutlich sichtbare Einprägung im Verschluß der Kette. Hieraus ist ersichtlich, daß das Gold lediglich eine 333er-Qualität hat. K drückt dem G das geforderte Geld in die Hand und erhält das Armband. Am nächsten Tag bemerkt er seine Fehleinschätzung. Der alsbald angesprochene G verweigert die Rückgängigmachung des Kaufs.

Frage: Hat K einen Anspruch auf Rückzahlung des Kaufpreises ?

Fall 7

Sexshopinhaber S verkauft dem K eine Gummipuppe des Typs "Lolita". Der Vertrag wird sofort abgewickelt. Bald darauf muß K entsetzt feststellen, daß sich ein Lufteinfüllstutzen nicht ordnungsgemäß verschließen läßt. Die Puppe ist "undicht". Deshalb verlangt er von S Rücknahme der Gummipuppe und Rückzahlung des Kaufpreises. S verweist auf einen an der Kasse angebrachten, für alle Käufer sichtbaren Zettel, auf dem steht: "Hiermit mache ich auf meine allgemeinen Geschäftsbedingungen aufmerksam." In den in der Kassenschublade befindlichen Geschäftsbedingungen findet sich unter § 6 der Passus: "Der Käufer hat lediglich ein Recht auf Nachbesserung fehlerhafter Ware." S ist deshalb der Ansicht, K könne nur eine Reparatur der Puppe verlangen. K möchte nach wie vor den Kaufpreis zurückerhalten.

Frage: Kann K Rückzahlung des Kaufpreises verlangen ?

Fall 8

K kauft beim Möbelhändler H eine altdeutsche Schrankwand (Epoche früher Hertie bis später Kaufhof) der Marke "Standfest". Den Kaufpreis von 6.000,-- DM bezahlt er sofort. Die Schrankwand wird geliefert und in seinem Wohnzimmer aufgestellt. Nach sieben Monaten bricht sie irreparabel zusammen, weil sie minderwertig verklebt ist. H wußte schon vor Abschluß des Kaufvertrages aus anderen Verkäufen von der minderwertigen Verklebung. Da er aber aus dem Verkauf einen hohen Gewinn erwartet, offenbart er dem K sein Wissen nicht.

Frage: Kann K Rückzahlung des Kaufpreises verlangen ?

Fall 9

K kauft beim windigen Privatmann P einen acht Jahre alten PKW der Marke Mercedes. Auto und Geld wechseln sofort den Eigentümer. Schon nach einer Woche streikt der Motor. Ein sofort beauftragter KFZ-Sachverständiger diagnostiziert recht bald das Ende der Maschine. In seinem Gutachten führt er aus, der jetzige Defekt resultiere aus einem Unfall, in den das Auto vor kurzem verwickelt gewesen sei. Dieser habe zu kleinen Rissen im Motorblock geführt. Im gleichen Atemzug weist der Gutachter auf weitere Mängel hin, die ebenfalls aus dem Unfall stammen und dazu führen, daß das KFZ nicht mehr verkehrstauglich ist. Erzürnt fordert K von P, der Vertrag solle sofort rückgängig gemacht werden. Der spitzbübisch grinsende P - der im übrigen von den Mängeln wußte -

verweist den K auf den zwischen den Parteien handschriftlich ausgefertigten Vertrag, in dem sich folgender Passus findet: "Jegliche Gewährleistungsrechte sind ausgeschlossen.".

Frage: Kann K Rückzahlung des Kaufpreises verlangen ?

Fall 10

K leidet im Winter immer unter starken Erkältungskrankheiten. Besonders stört ihn, daß er fast immer einen trockenen Hals hat. Diesen wertet er als Basis allen Übels. Deshalb kauft er auf Anraten seiner Freundin im Haushaltswarengeschäft des V einen Wasserverdunster, den er an den Heizkörper im Wohnzimmer hängt. Schon beim ersten Einfüllen des Wassers stellt sich heraus, daß der Verdunstungsbehälter leckt. Verärgert ruft K den V an und erklärt, er wolle unter Zurverfügungstellung des Verdunsters sein Geld zurückerhalten. V bittet K um ein Gespräch in seinem Geschäft. Beide vereinbaren einen Termin für den übernächsten Tag. In der darauffolgenden Nacht wird der Behälter vom ebenfalls immer erkälteten Dieb D gestohlen.
Nun stellt sich V auf den Standpunkt, er müsse dem K den Kaufpreis keinesfalls zurückerstatten, da K den Verdunster nicht mehr herausgeben könne.

Frage: Kann K Rückzahlung des Kaufpreises verlangen ?

Fall 11

Hobbybauer B bestellt im Frühling beim Händler H einen Sack Sommerroggen. H sondert versehentlich einen Sack Winterroggen aus und benachrichtigt B von der Abholmöglichkeit. Nachdem B den Sack abgeholt und den Kaufpreis gezahlt hat, sät er den Roggen ein. Drei Monate nach dem Kauf stellt sich das Versehen des H heraus. Der Roggen reift nicht aus.

Frage: Kann B Rückzahlung des Kaufpreises verlangen ?

Fall 12

K und Hundezüchter V schließen einen Kaufvertrag über einen bestimmten Hund namens "Bonzo". K nimmt das Tier mit und zahlt den geforderten Kaufpreis von 500,-- DM. Nachdem der Tierarzt bei "Bonzo" eine starke Fehlsichtigkeit diagnostiziert hat, überlegt K, wie er gegen V vorgehen kann. Er entschließt sich, das Tier zu behalten, möchte aber einen Teil des Kaufpreises zurückerhalten. Der Wert des Hundes hätte 400,-- DM betragen, wenn er gesund gewesen wäre. Mit der Augenkrankheit ist "Bonzo" lediglich 100,-- DM wert.

Frage: Kann K einen Teil des Kaufpreises zurückfordern ?

Fall 13

Jurastudent J erwirbt für 40,-- DM in der Universitäts-Buchhandlung des U das 320 Seiten starke Buch eines renommierten Autors namens Brox mit dem schicksalsschwangeren Titel "BGB Schuldrecht Besonderer Teil". Nach sieben Monaten bemerkt er, daß die Seiten 81 bis 96 fehlen. Er nutzt daraufhin die Kopiermöglichkeit der örtlichen juristischen Bibliothek, um die fraglichen Seiten zu kopieren und wendet sich mit dem Verlangen nach Minderung des Kaufpreises an U. Eine Einigung wird nicht erzielt. Daraufhin erhebt J Klage.

Frage: Kann J einen Teil des Kaufpreises zurückfordern ?

Fall 14

Sexshopinhaber S verkauft dem K eine Gummipuppe des Typs "Lolita". Der Vertrag wird sofort abgewickelt. Bald darauf muß K entsetzt feststellen, daß sich ein Lufteinfüllstutzen nicht ordnungsgemäß verschließen läßt. Die Puppe ist "undicht". Deshalb verlangt er von S Rücknahme der Gummipuppe. Im gleichen Zuge will er von S eine neue Puppe erhalten. V weigert sich vehement.

Frage: Kann K von S eine neue Gummipuppe verlangen ?

Fall 15

K hat am 02.02. beim Händler M für 4.000,-- DM ein gebrauchtes Motorrad gekauft, das ihm sofort übergeben worden ist. Die Parteien haben eine Stundung des Kaufpreises bis zum 31.08. vereinbart. Am 10.07. stellt sich heraus, daß der Rahmen des Motorrades aufgrund eines Unfalls des Voreigentümers angebrochen ist. Dem M war der Schaden nicht bekannt. K kann aber nun nicht mehr mit dem Krad fahren, weil die Gefahr eines vollständigen Zusammenbruchs besteht. Deshalb wendet er sich am 15.07. an M und stellt das Motorrad zur Verfügung. M reagiert darauf nicht. Am 01.09. verlangt M von K Zahlung des Kaufpreises. K verweigert die Zahlung mit Hinweis auf den Unfallschaden. M ist der Ansicht, ein möglicher Anspruch des K sei verjährt und klagt deshalb gegen K auf Zahlung von 4.000,-- DM.

Frage: Wird M mit seiner Klage Erfolg haben ?

Fall 16

K hat am 02.02. beim Händler M für 4.000,-- DM ein gebrauchtes Motorrad gekauft, das ihm sofort übergeben worden ist. Die Parteien haben eine Stundung des Kaufpreises bis zum 31.08. vereinbart. Am 20.08. stellt sich heraus, daß der Rahmen des Motorrades aufgrund eines Unfalls des Voreigentümers angebrochen ist. Dem M war der Unfallschaden bereits beim Verkauf des Motorrades an K bekannt. K kann aber nun nicht mehr mit dem Krad fahren, weil die Gefahr eines vollständigen Zusammenbruchs besteht. Deshalb wendet er sich an M und stellt das Motorrad zur Verfügung. M reagiert darauf nicht. Am 01.09. verlangt M von K Zahlung des Kaufpreises. K verweigert die Zahlung mit Hinweis auf den Unfallschaden. M ist der Ansicht, ein möglicher Anspruch des K sei verjährt und klagt deshalb gegen K auf Zahlung von 4.000,-- DM.

Frage: Wird M mit seiner Klage Erfolg haben ?

Fall 17

K kauft beim Möbelhändler H eine altdeutsche Schrankwand (Epoche früher Hertie bis später Kaufhof) der Marke "Standfest". Die Parteien vereinbaren eine einjährige Stundung des Kaufpreises. Die Schrankwand wird geliefert und im Wohnzimmer des K aufgestellt. Nach fünf Monaten bricht sie irreparabel zusammen, weil sie minderwertig verklebt ist. K zeigt dies dem H sofort an. Nach weiteren sieben Monaten fordert H von K Kaufpreiszahlung.

Frage: Kann H Zahlung des Kaufpreises verlangen ?

Fall 18

Hobbybauer B bestellt im Frühling beim Händler H einen Sack Sommerroggen. H sondert versehentlich einen Sack Winterroggen aus und benachrichtigt B von der Abholmöglichkeit. Nachdem B den Sack abgeholt hat, sät er den Roggen ein. Drei Monate nach dem Kauf stellt sich das Versehen des H heraus. Der Roggen reift nicht aus. H verlangt nach fünf Monaten von B Zahlung. B ist demgegenüber der Meinung, er könne den Vertrag wandeln oder sonst vom Vertrag zurücktreten. Er erklärt dem H sofort, er sei mit der gelieferten Ware nicht einverstanden. Den Kaufpreis werde er nicht bezahlen.

Frage: Kann H Zahlung des Kaufpreises verlangen ?

Fall 19

Jurastudent J kauft anfangs des Sommersemesters in der Universitäts-Buchhandlung des befreundeten U das 320 Seiten starke Buch eines renommierten Autors namens Brox mit dem schicksalsschwangeren Titel "BGB Schuldrecht Besonderer Teil". U will dem J diesbezüglich eine Rechnung schicken, weil J im Moment die erforderlichen 40,-- DM nicht aufbringen kann. Nach fünf Monaten bemerkt J, daß die Seiten 81 bis 96 fehlen. Er nutzt daraufhin die Kopiermöglichkeit der örtlichen juristischen Bibliothek, um die fraglichen Seiten zu kopieren und wendet sich an U, um das Fehlen der Seiten anzuzeigen. J will erreichen, daß U sein Minderungsbegehren in der noch erwarteten Rechnung berücksichtigt. Dies tut er jedoch nicht. Die darauf folgenden Verhandlungen ziehen sich über zwei Monate hin. Eine Einigung wird nicht erzielt. Nun erhebt U Klage auf Zahlung des vollen Kaufpreises. Im Prozeß weist er darauf hin, daß ein möglicher teilweise entgegenstehender Minderungsanspruch des J verjährt sei.

Frage: Wird U mit seiner Klage Erfolg haben?

Fall 20

Fischhändler F bestellt beim Großhändler G hundert schottische Lachsseiten. Als Kaufpreis vereinbaren die Parteien 800,-- DM. Das Geld soll F innerhalb von 60 Tagen an G überweisen. Nachdem der Fisch in geschlossenen Metallboxen geliefert wird, stellt F die Kisten in sein Kühlhaus. Eine Woche später öffnet er die Metallboxen, um den Lachs verkaufsfertig zu machen. Sofort schlägt ihm ein ätzender Gestank entgegen, der ihn fast ohnmächtig werden läßt. Im folgenden stellt sich heraus, daß ein Angestellter des G vergessen hat, die Boxen für den Transport mit Eis aufzufüllen. Aufgrund dieser Tatsache war der Fisch schon während des Transports verdorben. F beschließt, die Ware erst zu bezahlen, wenn er eine neue unverdorbene Lieferung Lachs von G erhält. Hierüber informiert er den G unter Angabe der Gründe unverzüglich. G ist mit der Lieferung neuer Ware aber nicht einverstanden. Als F innerhalb der vereinbarten Frist nicht bezahlt, erhebt er Klage auf Zahlung der 800,-- DM.

Frage: Wird G mit seiner Klage Erfolg haben?

Fall 21

V erklärt gegenüber dem Tierhändler T, sein männliches Meerschwein "Lumpi" sei ganz besonders und effektiv zu Zuchtzwecken einzusetzen. Er will das Tier für 100,-- DM verkaufen. T, der ein äußerst begattungsfreudiges Exemplar seit langem sucht, wird daraufhin mit V handelseinig. Der Meereber wechselt den Eigentümer. Schon direkt nach der Übereignung stellt sich heraus, daß "Lumpi" die in ihn gestellten Erwartungen bei weitem nicht erfüllt. K wendet sich sogleich an T und stellt das Meerschwein zur Verfügung. Wäre das Tier derart begattungsfreudig gewesen, wie von V angepriesen, hätte sein Wert 120,-- DM betragen. T will deshalb von V den gezahlten Kaufpreis zurückerhalten und beansprucht zusätzlich die Differenz zwischen Kaufpreis und Wert des Tieres.

Frage: Kann T von V Schadensersatz verlangen ?

Fall 22

Sexshopinhaber S verkauft dem K eine Gummipuppe des Typs "Lolita". Es handelt sich hierbei um ein Sonderangebot. Die 150,-- DM werte Puppe kostet nur 100,-- DM. Der Vertrag wird sofort abgewickelt. Bald darauf muß K entsetzt feststellen, daß sich ein Lufteinfüllstutzen nicht ordnungsgemäß verschließen läßt. Die Puppe ist "undicht". Jetzt erinnert sich K daran, daß er den S bei den Kaufvertragsverhandlungen ausdrücklich gefragt hat, ob es zu diesbezüglichen Problemen kommen kann. S erklärte damals vehement und unmißverständlich, K müsse sich diesbezüglich keine Sorgen machen. Fehler dieser Art seien bei dem Produkt keinesfalls zu befürchten. K verlangt nun von S Schadensersatz. Da die erworbene Gummipuppe nicht nutzbar ist, stellt er sie dem S zur Verfügung und beansprucht neben der Rückzahlung des Kaufpreises die Differenz zwischen tatsächlichem Wert und Kaufpreis.
S verweist aber auf einen an der Kasse angebrachten, für alle Käufer sichtbaren Zettel, auf dem steht: "Hiermit mache ich auf meine allgemeinen Geschäftsbedingungen aufmerksam." In den in der Kassenschublade befindlichen Geschäftsbedingungen findet sich unter § 7 der Passus: "Sollte der Kaufsache eine zugesicherte Eigenschaft fehlen, kann der Käufer lediglich Wandelung des Vertrages verlangen." S ist deshalb der Ansicht, etwaige Schadensersatzansprüche des K seien ausgeschlossen

Frage: Kann K von S Schadensersatz verlangen ?

Fall 23

Der größenwahnsinnige neureiche N ist sehr an dem alten, nur noch in wenigen Stückzahlen existierenden Bugatti Royal des V interessiert. Er möchte es genießen, in einer geschlossenen Fahrgastzelle zu sitzen, während sein Chauffeur auf der davor liegenden nicht überdachten Sitzbank seiner Arbeit nachgeht. Bei den Verkaufsverhandlungen erwähnt V nicht, daß das Gefährt in jüngster Vergangenheit in einen schweren Unfall verwickelt war und erst in mühevoller dreimonatiger Kleinarbeit wieder repariert worden ist. Nachdem N den geforderten Kaufpreis in Höhe von 500.000,-- DM - der im übrigen dem Wert eines unfallfreien Wagens entspricht - gezahlt hat, wechselt das Auto den Eigentümer. Acht Monate später wird der Altschaden anläßlich einer umfangreichen Inspektion entdeckt. Nach weiteren sieben Monaten verlangt N von V Zahlung von 150.000,-- DM. Dieser Betrag entspricht der Differenz zwischen dem Wert der

Sache im mangelfreien Zustand zum Wert der Sache im mangelhaften Zustand. V verweist auf die von N unterzeichnete Kaufvertragsurkunde. Hier haben die Parteien handschriftlich vereinbart, daß jegliche Gewährleistungsrechte des Käufers ausgeschlossen sind.

Frage: Kann N von V Schadensersatz verlangen ?

Anmerkung: Deliktische Ansprüche müssen nicht geprüft werden!!

Fall 24

A kauft im Second-Hand-Spielzeuggeschäft des V einen aufblasbaren Hüpfball für 55,-- DM, um sein lädiertes Allgemeinbefinden durch sportliche Aktivität zu trainieren. Da A ein vorsichtiger Mensch ist, fragt er V, ob der Ball sein Gewicht von 100 Kilogramm aushalten werde. V versichert, ein Grund zur Sorge bestehe nicht. A könne beruhigt seinen Gelüsten frönen. Beim ersten Hüpfversuch im Wohnzimmer platzt der Ball, weil dessen Nähte der Gewichtsbelastung nicht standhalten. A kommt zu Fall und zieht sich einen komplizierten Bruch des rechten dicken Zehs zu. Die ärztliche Behandlung kostet 1.000,-- DM. A traut sich zunächst nicht, dem V von seinem Mißgeschick zu berichten. Endlich faßt er sich nach sieben Monaten ein Herz und wendet sich an V. Er erklärt, er habe an dem Ball kein Interesse mehr und fordert Schadensersatz.

Frage: Kann A von V Schadensersatz verlangen ?

Anmerkung: Deliktische Ansprüche müssen nicht geprüft werden!!

Fall 25

K kauft beim Möbelhändler H eine altdeutsche Schrankwand (Epoche früher Hertie bis später Kaufhof) der Marke "Standfest". Den Kaufpreis von 6000,-- DM bezahlt er sofort. Die Schrankwand wird geliefert und in seinem Wohnzimmer aufgestellt. Nach sieben Monaten brechen drei in das Möbelstück integrierte Regalbretter zusammen, weil der Schrank zum Teil minderwertig verklebt ist. Die Reparatur kostet 2.500,-- DM. Außerdem wird die auf den Regalbrettern untergebrachte Bierkrugsammlung des K zerstört, die einen Wert von 10.000,-- DM hat. H wußte schon vor Abschluß des Kaufvertrages von der minderwertigen Verklebung. Da er aber aus dem Verkauf einen hohen Gewinn erwartet, offenbart er dem K sein Wissen nicht. K fordert von H Schadensersatz für die Beschädigung der Schrankwand und für die Zerstörung seiner Bierkrugsammlung.

Frage: Kann K von H Schadensersatz verlangen ?

Anmerkung: Deliktische Ansprüche müssen nicht geprüft werden!!

Fälle zur Mängelhaftung im Werk- und Werklieferungsrecht

Fall 26

Der begeisterte Schrottsammler S findet bei einer Entrümpelung mehrere uralte massive Eichenplanken. Verzückt wendet er sich an den Tischler T und erklärt diesem, er sei am Bau eines extravaganten Schubladenschranks für seine umfangreiche Wundertütensammlung interessiert. Nachdem sich die Parteien über Ausmaß, Form und Preis des Möbelstücks geeinigt haben, begibt sich T ans Werk. Nach Erstellung des Schranks muß S feststellen, daß sich zwei der fünf Schubladen nur mit enormem Kraftaufwand öffnen lassen. S scheut einen Bodybuildingkurs und erklärt gegenüber T, dieser solle dem Mißstand beheben.

Frage 1: Was kann S von T fordern, wenn dieser ihm den Schrank noch nicht übergeben hat ?

Frage 2: Was kann S von T fordern, wenn er den Schrank schon abgenommen hat ?

Fall 27

Der nunmehr bekannte Schrottsammler S findet bei einer Entrümpelung wiederum mehrere uralte massive Eichenplanken. Er wendet sich abermals an den Tischler T und wünscht sich jetzt den Bau einer Vitrine, in der er seine schönsten Wundertüten ausstellen will. T und S klären die Modalitäten. T, der weiß, daß ihm die Erstellung Schwierigkeiten bereiten wird, hat von seinem gewitzten Rechtsanwalt gehört, daß er die Haftung für Mängel privatvertraglich ausschließen könne. Also vereinbart er mit S in der rasch aufgesetzten und von beiden Parteien unterschriebenen Vertragsurkunde, eine Haftung für Mängel am geplanten Objekt sei ausgeschlossen. Es kommt, wie es kommen muß. Nach Erstellung der Vitrine und vor Abnahme durch S lassen sich die beiden Türen kaum öffnen. Dem empörten S erklärt T unter Verweis auf den Vertrag, er lehne jegliche Haftung ab. S scheut abermals einen Bodybuildingkurs und erklärt gegenüber T, dieser solle dem Mißstand beheben.

Frage: Was kann S diesbezüglich von T fordern ?

Fall 28

Der leidgeprüfte Schrottsammler S hat sich aus drei bei einer Entrümpelung gefundenen alten eisernen und verzierten Zaunpfählen vom Schlosser V eine Stehlampe schweißen lassen. Nachdem er die Lampe am 11.03. bezahlt und abgeholt hat, bemerkt er beim Aufstellen in seiner Wohnküche, daß die Schweißstellen nur einer geringen mechanischen Belastung standhalten werden. Beim nächsten Versetzen der Lampe ist ein Totalschaden vorprogrammiert. Daraufhin setzt S am 13.03. einen Brief an V auf, in dem er ihn auffordert, den Mißstand bis 31.03. zu beheben. Bis zum Monatsende reagiert V, der keinerlei Lust an einer "Nachbesserung" hat, nicht. Nun beauftragt S den Schlosser X mit dem nochmaligen Schweißen seiner geliebten Lampe. X fordert von K 100,-- DM für seine Bemühungen, die dieser bezahlt.

Frage: Kann S von V Zahlung der 100,-- DM fordern ?

Fall 29

Der biedere Beamte B hat sich seinen Lebenstraum erfüllt und am Stadtrand ein kleines Grundstück erworben. Auf diesem läßt er ein Einfamilienhaus errichten. Fensterbauer F fertigt hierfür Kellerfenster und baut sie ein. Acht Monate nach Fertigstellung dringt bei einem starken Regenguß Wasser durch die Dichtungen der Kellerfenster und läßt B seine geliebte Spielzeugeisenbahn nur noch mit hohen Gummistiefeln erreichen. In der Folgezeit erleidet der Keller immer neue Wassereinbrüche. Endlich eilt B zu F und fordert ihn auf, innerhalb eines Monats für funktionierende Fenster zu sorgen. Ansonsten werde er die für die Fenster gezahlte Vergütung zurückverlangen. F läßt den gesetzten Termin verstreichen. Zwischenzeitlich verweist er auf einen Passus des zwischen ihm und B geschlossenen Formularvertrages, der folgenden Wortlaut hat: "Eine Haftung für Mängel ist ausgeschlossen." F ist deshalb der Ansicht, B könne keinen Anspruch geltend machen.

Frage: Hat B einen Anspruch auf Rückzahlung der Vergütung ?

Fall 30

Der alternde Student K promotet in seiner Freizeit die von ihm in einem finsteren Kellerloch entdeckte Band "Rattenfutter". Weil der Vorverkauf für ein bald stattfindendes Konzert nur mäßigen Erfolg zeigt, begibt er sich am 01.10. zum Drucker D und vereinbart mit diesem den Druck von 1000 Handzetteln, die Angaben bezüglich des aktuellen Auftrittsdatums, des Auftrittsorts und weitere Informationen enthalten sollen. Aufgrund eines Versehens druckt D auf die Zettel anstatt des tatsächlichen Datums (05.11.) den 15.11. auf. Am 15.10. erscheint K bei D, zahlt die Rechnung und nimmt die Handzettel entgegen. Als D wenig später das Mißgeschick des V erkennt, ereilt ihn fast der Herzkasper. Bevor er D auf dessen Fehldruck aufmerksam machen kann, werden die Handzettel aufgrund eines durch Blitzschlag ausgelösten Feuers in der Mansardenwohnung des K vernichtet.

Frage: Hat K einen Anspruch auf Rückzahlung der Vergütung ?

Fall 31

Der begeisterte Schrottsammler S findet bei einer Entrümpelung mehrere uralte massive Eichenplanken. Er wendet er sich an den Tischler T und erklärt diesem, er sei am Bau eines extravaganten Schubladenschranks für seine umfangreiche Wundertütensammlung interessiert. Nachdem sich die Parteien über Ausmaß und Form des Möbelstücks geeinigt haben, begibt sich T ans Werk. Nach Erstellung des Schranks und Entgeltzahlung in Höhe von 2.000,-- DM am 31.07. muß S feststellen, daß sich zwei der fünf Schubladen nur mit enormem Kraftaufwand öffnen lassen. S scheut einen Bodybuildingkurs und erklärt gegenüber T, dieser solle dem Mißstand beheben. Als T nicht reagiert, setzt S zum 31.08. eine Frist zur Mängelbeseitigung und betont, er werde nach deren Ablauf die Beseitigung ablehnen. Die gesetzte Frist hält T nicht ein. S, der mittlerweile genügend Kräfte entwickelt hat, um die Schubladen zu öffnen, entschließt sich, den Schrank zu behalten. Er möchte aber einen Teil der Vergütung zurückerhalten. Der Wert des Schranks hätte 1.500,-- DM betragen, wenn sich die Schubladen ordnungsgemäß hätten öffnen lassen. Wegen der Schwergängigkeit der zwei Schubladen ist der Schrank lediglich 1.000,-- DM wert.

Frage: Kann S einen Teil der Vergütung zurückfordern ?

Fall 32

Der vollkommen verdrehte und grenzdebile Militariasammler M entdeckt in der Scheune seines Großvaters ein in seine Einzelteile zerlegtes Kettenkrad der deutschen Wehrmacht. Nachdem er seinem Opa die Teile abgeschwatzt hat, begibt er sich zum Mechaniker V und bittet ihn, das seltsame Gefährt in einen fahrtüchtigen Zustand zu versetzen. V ist grundsätzlich einverstanden. Da er aber weiß, daß derartige Arbeiten nicht unproblematisch sind, teilt er dem M mit, er könne nicht für ein reibungsloses Funktionieren des Vehikels garantieren. Er setzt deshalb eine Vertragsurkunde auf, in die er neben den üblichen Angaben einen Passus aufnimmt, der wie folgt lautet: "V haftet nicht für etwaige Mängel am Krad.". Die Vergütung ist in dem von M unterschriebenen Schriftstück mit 10.000,-- DM angegeben. Nach zwei Monaten übergibt V das Gefährt dem M. Dieser nimmt es alsbald auf seinem eingezäunten Acker in Betrieb. Wenige Tage später haucht der Motor des Krads aufgrund eines geringfügigen Fehlers beim Zusammenbau sein Leben aus. M ist ziemlich wütend und fordert V zur Reparatur innerhalb eines Monats auf. Danach werde er sich weigern, die vereinbarte Vergütung zu zahlen. V seinerseits verweigert die Reparatur mit Hinweis auf den Vertrag und verlangt sechs Wochen später die Zahlung der 10.000,-- DM.

Frage: Kann V Zahlung der Vergütung verlangen ?

Fall 33

Der plötzlich vermögende K betreibt den Ausverkauf seiner Vergangenheit. Er läßt das neulich ererbte kleine Einfamilienhaus seiner Eltern abtragen und beauftragt den Schlosser S, aus den Deckenstahlträgern des Hauses einen riesigen Grill in seinem Park zu errichten. Schon beim ersten Grillfest müssen die etwas überdrehten Freunde des K auf das angekündigte Wildschwein verzichten. Nach kurzer Zeit bricht ein Bein des von V unfachgemäß verschweißten Grills. K setzt dem S daraufhin eine Frist von drei Wochen, um den Mißstand zu beheben. Danach lehne er eine Beseitigung ab. S ist nicht in der Lage, den Grill innerhalb der Frist in einen funktionstüchtigen Zustand zu versetzen. Daraufhin fordert K von S Schadensersatz für die Reparatur, die 300,-- DM kostet.

Frage: Kann K von S Schadensersatz verlangen ?

Fall 34

Der ein wenig verrückte - aber nichtdestotrotz geschäftsfähige - Rechtsanwalt R läßt vom Künstler K eine fünf Meter große stilisierte Justitia-Figur aus Stahlschrott errichten. Gekrönt wird das Kunstwerk von einen riesigen Windrad. R läßt die Skulptur auf genaue Anweisung des K durch das Unternehmen des U in seinem Garten verankern. Aufgrund eines Konstruktionsfehlers des Windrads gerät die Figur beim ersten stärkeren Wind in arge Vibrationen und beschädigt die von U errichtete Befestigung. Eine Änderung der Skulptur ist nicht möglich. R fordert von K Ersatz der zusätzlichen Befestigungskosten (1.500,-- DM). K wendet zu Recht ein, der technisch bewanderte R habe die Fehlkonstruktion grob fahrlässig übersehen. Deshalb seien Gewährleistungsansprüche ausgeschlossen.

Frage: Kann R von K Schadensersatz verlangen ?

Fälle zur Mängelhaftung im Mietrecht

Fall 35

Der etwas überdrehte und stinkreiche M will die 500 m^2 große Villa des V mieten. Die Parteien schließen einen dementsprechenden Vertrag, in dem sie als monatlichen Mietzins 10.000,-- DM vereinbaren. Nachdem M frohgemut zwei Jahre in der Villa dem Nichtstun frönt, stellt sich heraus, daß ein Teil der Dachkonstruktion des Hauses einzustürzen droht. Der empörte M weist V auf die teilweise Unbewohnbarkeit des Hauses hin, da er drei der sechs Schlafzimmer und seinen Billard-Salon nicht mehr nutzen kann. Zudem ärgert ihn fürchterlich, daß der V ein eigenes Verschulden an dem Mißstand zurückweist und deshalb trotzdem auf Zahlung der Miete beharrt.

Frage 1: Hat M gegen V Ansprüche auf Instandsetzung des Dachs bzw. auf Minderung des Mietzinses ?

Frage 2: Kann V von M Zahlung des Mietzinses verlangen ?

Fall 36

L, der einmal mehr seinem Selbstdarstellungstrieb erliegt, mietet beim Autovermieter V ein fabrikneues Sportwagen-Cabriolet, um im heimatlichen Dorf für Aufsehen zu sorgen. Der schriftlich geschlossene Vertrag erstreckt sich über zwei Tage und verpflichtet L, bei Rückgabe des Autos 500,-- DM an V zu zahlen. Leider kann L den Wagen nach Übergabe nur an einem Tag nutzen. Eintretender Dauerregen macht ein Fahren unmöglich, da sich das Verdeck nicht schließen läßt. Der Defekt war schon bei Vertragsabschluß vorhanden. Als L zum vereinbarten Rückgabetermin bei V eintrifft, verlangt dieser die vereinbarten 500,-- DM Mietzins. L will wegen des eintägigen Ausfalls nur 250,-- DM zahlen. Daraufhin verweist V auf den auf der Vorderseite des Mietvertrags deutlich sichtbaren Hinweis: "Der Mieter bestätigt durch seine Unterschrift die Geltung der allgemeinen Geschäftsbedingungen des Vermieters.". In den bei V jederzeit einsehbaren Geschäftsbedingungen findet sich unter § 8 der Passus: "Eine Minderung ist ausgeschlossen.".

Frage: Kann V von L Zahlung des gesamten Mietzinses verlangen ?

Fall 37

Der recht mittellose Philosophiestudent P mietet ein winziges Zimmer im Haus des rüstigen Oberst O. An einem kalten Januarmittag entsteigt er seinem Bett und versucht, die am Fenster befindlichen Eisblumen durch Inbetriebnahme des Heizkörpers zu verscheuchen. P muß sich sehr schnell mit einem Defekt des Wärmespenders abfinden. Der herbeigerufene O äußert, etwas Abhärtung habe noch niemandem geschadet, verspricht dann aber, sich um die Sache zu kümmern. Dennoch muß P die folgenden zwei Wochen bei enormer Kälte und in Decken gehüllt am Schreibtisch verbringen. Am Ende des Monats verlangt O Zahlung der Miete. P ist ob der erlittenen Qualen lediglich bereit, einen Teil des geschuldeten Betrags zu zahlen. Im anschließenden Streitgespräch zückt O den zwischen den Parteien geschlossenen Vertrag und verweist P triumphierend auf die Klausel: "Der Mieter darf den Mietzins wegen etwaiger Fehler an der Mietsache nicht mindern.".

Frage: Hat O einen Anspruch auf Zahlung des Mietzinses ?

Fall 38

Der gewitzte Altreifenverwerter A verhandelt mit dem Bauer V über einen Vertrag bezüglich der Nutzung eines brachgelegten Ackers zur Zwischenlagerung von Altreifen gegen ein monatliches Entgelt. Auf Nachfrage erklärt V nachdrücklich, das Grundstück habe eine Größe von ca. 200.000 m^2. A handelt nach dem Motto "Vertrauen ist gut, Kontrolle ist besser" und schreitet das Grundstück ab. Nach seiner Berechnung mißt das Gelände lediglich 3/4 der angegebenen Größe. Seine Berechnung stimmt annähernd mit der tatsächlichen Größe des Ackers überein. A reibt sich insgeheim die Hände, weil er sich ausrechnet, den vereinbarten monatlichen Preis im nachhinein "drücken" zu können. Dann schließen die Parteien den Vertrag. Als V am Ende des ersten Monats von A Zahlung der vereinbarten Vergütung verlangt, ist A lediglich bereit, einen Teil zu begleichen. Er stellt sich auf den Standpunkt, dem Grundstück fehle wegen der Mindergröße eine zugesicherte Eigenschaft.

Frage: Hat V einen Anspruch auf Zahlung des gesamten Mietzinses ?

Fall 39

Lebenskünstler L hat eine Marktlücke entdeckt. Er beschafft für wohlbetuchte Nichtstuer exklusive und skurrile Kraftfahrzeuge und vermietet sie an diese weiter. Eines Tages erhält er vom Kunden X die Weisung, ihm für drei Tage ein Goggomobil-Cabrio zu besorgen. L tut, wie ihm geheißen. Er wendet sich an den Oldtimersammler V, der ein solches Gefährt besitzt. V ist bereit, sein "Schmuckstück" für 500,-- DM pro Tag zu entbehren. V und L schließen einen dementsprechender Vertrag über drei Tage. Nachdem L den Wagen erhalten hat, stellt sich heraus, daß er sich aufgrund eines Defektes der Elektrik nicht mehr bewegen läßt. Da das Auto nicht fahrbereit ist, kann L es nicht an X weitergeben. Er verlangt deshalb von V Ersatz des entgangenen Gewinns. L hätte das Gefährt für 700,-- DM pro Tag an X weitervermieten können. Ein Gutachter ermittelt, daß die Fahruntüchtigkeit erst nach der Übergabe des Autos an L eingetreten ist. Der Elektrikdefekt war schon bei Vertragsschluß vorhanden, aber nicht von V erkannt worden.

Frage: Kann L von V Zahlung des entgangenen Gewinns verlangen ?

Fall 40

Hauseigentümer V vermietet an den Musiker M am 01.04. einen Bungalow, dessen Dach seit geraumer Zeit undicht ist. Schäden sind innerhalb des Hauses noch nicht sichtbar. Weder V noch M kennen die Undichtigkeit. Einige Tage später dringt anläßlich eines Gewitters endlich Wasser in die Wohnräume ein. Hierbei wird der Konzertflügel des M beschädigt. Die Restaurierung kostet 20.000,-- DM. M verlangt diesen Betrag von V, der einwendet, eine Haftung sei schon deshalb ausgeschlossen, weil er vom Zustand des Dachs nichts gewußt habe. Insofern treffe ihn keine Verantwortung.

Frage: Kann M von V Schadensersatz verlangen ?

Fall 41

Baumaschinenhändler B vermietet an den Hauseigentümer K einen hydraulischen Lift, mit dessen Hilfe dieser in schwindelerregender Höhe die Dachrinnen seines Eigenheims säubern möchte. Zunächst arbeitet der Lift längere Zeit ohne Beanstandung. Nachdem K zum wiederholten Male den Förderkorb besteigt und das Gerät in Betrieb nimmt, muß er feststellen, daß die Hydraulik nicht mehr sachgerecht arbeitet. Es kommt regelmäßig zu einem plötzlichen "Absacken" des Lifts. Der sofort herbeigerufene B begutachtet die Situation und repariert den Lift. Als K den Lift wiederum in Betrieb nimmt, fällt ihm nach einiger Zeit auf, daß sich der Defekt abermals einstellt. Dies liegt an der durch B in der Eile unsachgemäß vorgenommenen Reparatur. Allen Warnungen seiner Ehefrau zum Trotz beginnt K mit der Arbeit. Beim zu erwartenden Versagen der Hydraulik stürzt er aus dem Korb und bricht sich beide Beine. Die später zu begleichende Arztrechnung macht K um 2.000,-- DM ärmer.

Frage: Kann K von B Schadensersatz verlangen ?

Fall 42

Tierhändler V vermietet im Rahmen einer Werbewoche an M am 30.03. einen kleinen Alligator namens "Sammy". M möchte mit dem putzigen Reptil im Baggersee baden gehen. Als Übergabetermin wird der 04.07. vereinbart. Die Miete in Höhe von 55,-- DM soll M bei Abholung des Tieres zahlen. Infolge eines Irrtums glaubt V, er habe den Vertrag am Tage nach Vertragsschluß wirksam gekündigt. Er vermietet den Alligator deshalb an den ebenfalls badefreudigen D und übergibt ihm die Echse. Als M am Morgen des 04.07. bei V erscheint, stellt sich das Versehen heraus. M kann zwar beim benachbarten Tierhändler Z ein gleichwertiges Tier mieten, muß aber 111,-- DM zahlen.

Frage: Kann M von V Zahlung des Differenzbetrags verlangen ?

Fall 43

K hat im Mietshaus des V eine Wohnung angemietet. Von der sonst üblichen Putzpflicht im Treppenhaus ist er durch Absprache mit V befreit. Dieser wischt und wienert selbst leidenschaftlich gern. Eines Tages rutscht K im gerade von V geputzten nassen Hausflur aus und zieht sich einen unangenehmen Steißbeinbruch zu. Die ärztlichen Behandlungskosten belaufen sich auf 500,-- DM.

Frage: Kann K von V Ersatz der verauslagten Arztkosten verlangen ?

Anmerkung: Deliktische Ansprüche müssen nicht geprüft werden!!

Fall 44

V vermietet an den nicht sehr begüterten A eine kleine Mansardenwohnung. Kurz nach Bezug der Behausung wütet ein Sturm und zerstört das Glas des WC-Fensters. A bemerkt dies, unternimmt aber nichts. Der einige Tage später einsetzende Dauerregen verwandelt die Wohnung des A in ein Aquarium und das Treppenhaus in einen Wasserfall. Die Beseitigung der Schäden im Treppenhaus des V verschlingen die stolze Summe von 23.000,-- DM.

Frage: Hat V gegen A einen Schadensersatzanspruch ?

Mängel im Kaufrecht - Eine kleine Einführung

Einleitende Worte

Nun denn ...

Lest die folgenden Worte, Sätze, Abschnitte, also ***alles nicht nur einmal, sondern mehrmals***. Es wird Euch den Einstieg in die nicht ganz einfache Materie der Mängelhaftung im Kaufvertragsrecht wesentlich erleichtern.
Wenn gleich §§-Angaben auftauchen, solltet Ihr Euch die entsprechenden Normen nicht nur einprägen, sondern den Gesetzestext aufschlagen und ***die Normen lesen***. Jaja, lesen!! Ich kenne meine Pappenheimer und habe selbst auch einmal - irgendwann in grauer Vorzeit - studiert. Und die Erfahrung lehrt. Gehen wir also in medias res ...

Erst einmal ist natürlich wichtig, zu wissen, wo denn die Kaufmängelhaftung geregelt ist. Da nehmen wir also den Gesetzestext beiseite und blättern, blättern ... aaahhh, da sind sie ja, die **§§ *459 ff***. Und nun wird's ein klein bißchen schwieriger. Wenn Ihr mit diesem Kapitel Neuland betretet, werdet Ihr nach dem ersten Durchlesen möglicherweise die Augen verdrehen und Euch fragen, warum der Gesetzgeber die ganze Materie nicht etwas übersichtlicher gestalten konnte. Und Ihr fragt Euch zu Recht. Jede/r, der sich jemals in die Tiefen dieses Themas vorgewagt hat, fragt sich das.
Der Gesetzgeber hat mittlerweile im übrigen geschaltet. Für die Jahrtausendwende ist eine große Schuldrechtsreform angekündigt, die (nicht nur) die Mängelhaftung neu regeln soll. Aber das ist leider Zukunftsmusik. Ihr müßt Euch nach wie vor mit den "alten" Regelungen herumschlagen.

Die gesetzlichen Regelungen

Doch genug der einleitenden Worte. Was kann der Käufer eigentlich verlangen, wenn die Sache mangelhaft ist. Und wann ist denn eine Sache überhaupt mangelhaft?

Die zweite dieser Fragen läßt sich - zumindest oberflächlich - anhand des Gesetzestextes beantworten. § 459 gibt darüber schon ein wenig Auskunft.
§ ***459 I 1*** spricht von einem ***Fehler***, der den Wert oder die Tauglichkeit ... aufhebt oder mindert. Und der Fehler darf gemäß **§ *459 I 2*** nicht unerheblich sein.

Mhm... . Wann ist denn der Wert oder die Tauglichkeit der Kaufsache nicht nur unerheblich aufgehoben oder gemindert?

Das hängt zunächst davon an, ob ein Stückkauf oder ein Gattungskauf vorliegt. Ob die Parteien einen Kaufvertrag über eine Stückschuld oder über eine Gattungsschuld geschlossen haben, beurteilt sich wiederum nach dem Zeitpunkt des Vertragsschlusses.

Für Einsteiger:
Ein Kaufvertrag über eine ***Stückschuld*** liegt vor, wenn die zu übereignende Sache nur einmal existiert. Das ist insbesondere bei gebrauchten Sachen zu bejahen, denn die existieren nur einmal in diesem Zustand.
Ein Kaufvertrag über eine ***Gattungsschuld*** liegt vor, wenn die zu übereignende Sache nicht nur einmal, sondern mehrmals existiert. Das ist vor allem bei neuen Gebrauchsgütern des täglichen Lebens zu bejahen.

Wenn Euch hierzu etwas unklar sein sollte, schaut noch einmal in mein Erstlingswerk "Die Fälle - Schuldrecht AT".

Doch zurück zur Ausgangsfrage:
Wir hatten uns gefragt, wann der Wert oder die Tauglichkeit der Kaufsache aufgehoben oder gemindert ist = wann ein Fehler vorliegt.

Bei der ***Gattungsschuld*** ist man sich da überwiegend einig. Als Fehler wird jedes nachteilige Abweichen von mittlerer Art und Güte, das nicht nur gering bzw. unbeachtlich ist, gewertet.
Das kommt daher, daß der Käufer beim Gattungskauf eine Sache mittlerer Art und Güte übereignen muß. Dies ergibt sich aus § 243 I (lesen!!!). So weit, so gut. Jetzt wird's aber schwieriger.

Bei der ***Stückschuld*** ist alles viel komplizierter. Zumindest theoretisch. Ob ein Fehler vorliegt oder nicht, kann man von zwei Standpunkten betrachten und dann entsprechende Antworten geben.

Zum einen ist es denkbar, aus der Sicht eines objektiven Dritten eine Beurteilung vorzunehmen. Das macht die sogenannte ***objektive Theorie***. Die ist aber überholt.

Zum anderen kann eine Beurteilung aus der Sicht des Käufers erfolgen. Das macht die sogenannte ***subjektive Theorie***. Und die ist herrschend.

Um es kurz zu machen. In Klausuren lohnt es sich ***nicht***, auf einen ***Meinungsstreit*** einzugehen. Bedient euch der herrschenden subjektiven Theorie. Wie Ihr das unproblematisch zu Papier bringen könnt, werdet Ihr in den Lösungsskizzen bzw. Formulierungsvorschlägen erfahren.

In **§ *459 II*** wird im übrigen eine weitere Variante eines Mangels der Kaufsache, nämlich das ***Fehlen einer zugesicherten Eigenschaft***, erwähnt. Doch auch dazu mehr in den Fallbearbeitungen.

Nachdem in einem kurzen Überflug erste Erkenntnisse bezüglich der Mangelhaftigkeit einer Kaufsache vorliegen dürften, können wir uns der Beantwortung der noch offenen ersten Frage zuwenden. Und jetzt wird es endgültig spannend!!!!

Welche Rechte hat der arme Käufer, wenn die Kaufsache mangelhaft ist ?

Abermals helfen viele Blicke ins Gesetz, um zumindest eine Ahnung zu bekommen, wie die Frage beantwortet werden könnte. Ich will einmal versuchen, alle wichtigen Normen herauszupicken. Danach wird dann geordnet. Betrügt Euch nicht selbst. Versucht anhand des Gesetzestextes, meinen gedanklichen Ergüssen, die gedruckt vor Euch liegen, zu folgen. Versprochen?!

Die Unterscheidung § 462 - § 480

Da haben wir zunächst **§ *462***. Und der sagt, daß der Käufer einer mangelhaften Sache Rückgängigmachung des Kaufs = ***Wandelung*** (= Rücktritt vom Vertrag) verlangen kann. Der Käufer kann auch Herabsetzung der Vergütung = ***Minderung*** verlangen.

Spaßeshalber schauen wir nun in **§ *480 I***. Eijeijei. Kompliziert, kompliziert. Da soll also der Käufer einer nur der Gattung nach bestimmten Sache ***statt*** der ***Wandelung*** oder der ***Minderung*** etwas anderes verlangen dürfen. Und das ist die ***Nachlieferung*** einer mangelfreien Sache.
Das Wörtchen ***"statt"*** ist in diesen Zusammenhang allerdings ***mißverständlich***. Gemeint hat der Gesetzgeber folgendes: Auch der ***Käufer einer Gattungssache*** kann ***Wandelung*** oder ***Minderung*** verlangen. Wenn er das nicht will, hat er einen ***zusätzlichen Anspruch***, der auf ***Nachlieferung*** einer mangelfreien Sache gerichtet ist.

Dummerweise ist damit aber noch nicht restlos geklärt, ***wann § 462 und wann § 480 I*** gilt. Die Antwort ergibt sich direkt aus der letztgenannten Norm:

§ ***480*** betrifft nur ***Kaufverträge***, die eine ***Gattungssache*** zum Gegenstand haben. Geregelt wird hier in erster Linie der Anspruch auf ***Nachlieferung*** einer mangelfreien Sache (§ 480 I).
Wohlgemerkt: Diesen Anspruch gibt es bei Gattungskäufen und nicht beim Stückkauf.

§ ***462*** müßte demnach für alle Kaufverträge gelten, die eine Stückschuld zum Gegenstand haben. Nein, nein!!! Das ist nicht ganz richtig. ***§ 462 gilt*** für ***alle Kaufverträge*** und normiert, daß der Käufer unter bestimmten Voraussetzungen ein Recht auf ***Wandelung*** oder ***Minderung*** hat. Betroffen sind somit Verträge über ***Stückschulden*** und über ***Gattungsschulden***.

Üblich ist es allerdings, beim Wandelungs- oder Minderungsanspruch beim Stückkauf nur § 462 zu nennen, während beim Gattungskauf der verdeutlichende und klärende § 480 hinzugefügt wird. Das werdet Ihr gleich noch sehen.

Zur Verdeutlichung:

Haben die Parteien vereinbart, daß der Verkäufer an den Käufer eine antike Vase (davon gibt's nur eine) übereignen soll (und der Käufer hierfür etwas bezahlt), liegt ein Kaufvertrag über eine Stückschuld vor. Einschlägige Norm für die Wandelung oder Minderung ist also § 462. Einen Nachlieferungsanspruch gibt es nicht.

Haben die Parteien vereinbart, daß der Verkäufer an den Käufer eine Packung Waschpulver (davon gibt's mehrere) übereignen soll (und der Käufer hierfür etwas bezahlt), liegt ein Kaufvertrag über eine Gattungsschuld vor. Einschlägige Normen für die Wandelung oder Minderung sind also die §§ 462, 480. Der Käufer kann aber anstatt der Wandelung oder Minderung gemäß § 480 II Nachlieferung einer mangelfreien Sache fordern.

Und noch einmal:

Maßgeblicher ***Zeitpunkt*** für die Beurteilung der Frage, ob ein Kaufvertrag über eine Stückschuld oder eine Gattungsschuld vorliegt, ist der ***Vertragsschluß***.

§ 465 und die Besonderheiten

Und wie sollte es anders sein? Das fürchterliche Ende kommt noch. Nun lassen wir uns den Wortlaut des § 465 auf der Zunge zergehen:
"Die Wandelung oder die Minderung ist vollzogen, wenn sich der Verkäufer auf Verlangen des Käufers mit ihr einverstanden erklärt."

Eifrigen Lesern wird es schon dämmern. In § 462 war davon die Rede, daß der Käufer vom Verkäufer dieses oder jenes "verlangen" kann. Auch das ist mißverständlich und wird erst klar, wenn man eben jenem § 465 Beachtung schenkt. Es ist nicht etwa so, daß der Käufer zum Verkäufer gehen und ihm ein fröhliches "Wandelung" oder "Minderung" entgegenschmettern kann. Damit ist die Sache noch nicht erledigt. Der Verkäufer muß zu alledem auch noch "ja" sagen. Wir haben es demnach mit einem ***Wandelungsvertrag bzw. Minderungsvertrag*** zu tun.

Weil alles so ist, wie es ist, drängt sich eine ***Differenzierung*** auf, und zwar folgende:
Bis zum Einverständnis des Verkäufers hat der Käufer einen ***Anspruch <u>auf</u> Wandelung*** oder ***<u>auf</u> Minderung***. Der Anspruch richtet sich also darauf, daß der Verkäufer eine Willenserklärung abgibt, die ein Einverständnis mit der Wandelungs-/Minderungserklärung des Käufers beinhaltet. Nicht mehr und nicht weniger.
Wenn der Verkäufer endlich sein "ja" erklärt hat, hat der Käufer einen Anspruch ***<u>aus</u> Wandelung*** oder ***<u>aus</u> Minderung***. Denn jetzt ist die Wandelung/Minderung ja vollzogen.

Und was bedeutet das für die Bearbeitung von Klausuren und Hausarbeiten?

Die Theorien

Das Ganze hat einen wichtigen Einfluß auf den Aufbau von Wandelungs- und Minderungsansprüchen. Das wird an sich erst so richtig klar, wenn Ihr die verschiedenen Meinungen kennt, die zu dem oben beschriebenen Problem vertreten werden. Wohlgemerkt und zur Beruhigung: In Klausuren müßt Ihr mit keinem Wort auf die Unterschiede der einzelnen Meinungen eingehen. Ihr werdet Euch auf einen bestimmten Standpunkt stellen und damit basta. Anders geht es auch schwerlich, da der Aufbau der Ansprüche davon abhängt, welcher der Theorien Ihr folgt. Aber Ihr werdet ja sehen, wie alles funktioniert. Wartet noch ein bißchen.

Da Ihr aber wissen solltet, warum Ihr was wie zu Papier bringt, will ich die wichtigsten Theorien kurz darstellen.

Stellt Euch einmal folgende Situation vor:
Ein Käufer erhält eine mangelhafte Sache vom Verkäufer und will die Sache zurückgeben, um den Kaufpreis zurückzuerhalten (Wandelung). Der überaus gemeine Verkäufer verweigert sein Einverständnis. Diese ist aber gemäß § 465 Voraussetzung.

Wenn Ihr den Gesetzestext genau befolgen wollt, gibt es nur eine Möglichkeit. Und die sieht so aus: Der Käufer klagt gegen den Verkäufer. Diese Klage ist auf Abgabe der zum Wandelungsvertrag fehlenden Willenserklärung des Verkäufers gerichtet. Nehmen wir an, daß das Gericht im Sinne des Käufers urteilt, haben wir endlich (nach langer langer Zeit) einen Wandelungsvertrag. Dann weigert sich der böse Verkäufer, den Wandelungsvertrag zu erfüllen. Er verweigert die Rückzahlung des Geldes. Unser armer Käufer muß notgedrungen zum zweiten Mal klagen. Diesmal ist die Klage auf Rückzahlung (Zug um Zug gegen Rückgabe der mangelhaften Kaufsache) gerichtet. Einige Monate später entscheidet das Gericht dann wiederum in seinem Sinne. Welch eine zeitliche und nervliche Tortur. Darf das sein?
Nach der - mittlerweile veralterten - sogenannten ***Vertragstheorie*** muß das so sein. Für diese Theorie spricht, daß sie den Gesetzeswortlaut berücksichtigt. Aber Spaß beiseite. Diese Vorgehensweise ist völlig unpraktikabel und dürfte die Gerichte alsbald überlasten. Außerdem leben wir im Kapitalismus. Zeit ist Geld, oder?!

Das hat eine zweite Theorie, die sogenannte ***Herstellungstheorie*** berücksichtigt. Sie stellt sich auf den Standpunkt, der Käufer müsse lediglich sein Wandelungsbegehren gegenüber dem Käufer erklären. Sollte dieser nicht mit der Wandelung einverstanden sein, könne der Käufer sofort auf Rückzahlung des Kaufpreises klagen. Eine allemal praktikable und wünschenswerte Lösung. Leider hat die Sache einen Haken. Diese Vorgehensweise verstößt in eklatanter Weise gegen die gesetzliche Regelung. Deshalb wird die Theorie auch von der herrschenden Meinung abgelehnt.

Was tun, sprach die Jurisprudenz. Wie (fast) immer hat sie denn einen goldenen Mittelweg eingeschlagen, der allerdings nicht gänzlich nachzuvollziehen ist. Die sogenannte ***modifizierte Vertragstheorie (Theorie des richterlichen Gestaltungsakts***) hat mit der erstgenannten Theorie gemeinsam, daß sie lediglich eine Klage auf Abgabe der (verweigerten) Willenserklärung des Verkäufers zuläßt. Sollte das Gericht aber zu dem Ergebnis kommen, das Begehren des Käufers sei legitim, spricht es de facto ein "Doppelurteil". Die fehlende Willenserklärung wird durch das Urteil ersetzt und der Käufer kann direkt, d.h. ohne den Umweg einer zweiten Klage aus dem Urteil gegen den Verkäufer vorgehen. Das geschieht, falls sich der Verkäufer immer noch weigern sollte, im Wege der Zwangsvollstreckung.

Und dieser Meinung solltet Ihr Euch anschließen. Wie alles aufgebaut wird, werdet Ihr entweder selbst erraten oder in den Lösungsskizzen der Fälle entdecken. Ich werde dann an geeigneter Stelle auch noch auf einige Finessen eingehen. Beachtet insbesondere das jeweilige Fazit der Fälle.

Die Anspruchsbenennung

Wie die Reihenfolge der Normen innerhalb eines Anspruchs aussehen soll, ist zwar nicht umstritten, wird aber vollkommen unterschiedlich gehandhabt. Auch hier ist an sich alles erlaubt. Ich werde Euch im folgenden erläutern, welche Möglichkeiten es gibt und Euch meinen Favoriten vorstellen.

Dazu ein Beispiel:
Der Käufer einer mangelhaften Stücksache will wandeln. Wie sieht hier die in Zahlen zu fassende Anspruchsgrundlage aus?

Sicher ist, daß Ihr § 462 irgendwo innerhalb der Anspruchskette erwähnen müßt. Sinnvoll ist es außerdem, § 459 zu erwähnen, der schließlich ausführt, wann ein Mangel der Kaufsache vorliegt. Während sich einige Personen in Literaturkreisen darauf beschränken, die genannten Normen zu benennen, gehen andere - berechtigterweise - ein bißchen weiter. Wegen der oben beschriebenen Problematik wird auch § 465 erwähnt. Überdies findet in die Paragraphenkette eine weitere Norm Einzug. § 467 erklärt, wie die Wandelung durchgeführt wird und verweist auf die - wiederum in die Kette aufzunehmenden - §§ 346 ff.

Wie das Ganze im Endeffekt aussehen kann, könnt Ihr Euch mittlerweile wahrscheinlich denken. Es sind überaus viele verschiedene Anspruchsketten denkbar, je nachdem, wie man die Normen kombiniert. Und noch einmal: Es wäre äußerst kleinlich, wenn ein/e Korrektor/in die von Euch gewählte Reihenfolge kritisieren würde. Hier führen alle Wege nach Rom.

Ich will Euch anhand des eben gebildeten Falls nun die vielleicht wichtigsten Möglichkeiten benennen, den Wandelungsanspruch zu benennen.
Während der Anspruch einerseits (immer ohne Erklärung, warum das so gemacht wird) von der Rechtsfolgeseite aufgerollt werden kann, besteht natürlich ebenfalls die Möglichkeit (auch immer ohne Erklärung, warum das so gemacht wird), die Anspruchskette mit der anspruchsbegründenden Norm zu beginnen. ***Alles ist Geschmackssache***.

Die Vertreter der ersteren Möglichkeit würden also mit § 346 beginnen und sich langsam in Richtung des § 462 bzw. § 459 vorkämpfen. Die Vertreter der zweiten Möglichkeit würden regelmäßig mit § 462 beginnen und sich in Richtung der §§ 346 ff durchwurschteln.

Ich habe mich für die zweite Möglichkeit entschieden.

Der Wandelungsanspruch (<u>Stück</u>schuld) ist somit nach der von mir favorisierten Meinung wie folgt zu betiteln:

- Wandelungsanspruch gemäß § ***462***, 459 I oder II, 465, 467, 346 ff.

Nach der oben ausgeführten Abgrenzung sollte die Kette um eine Norm erweitert werden, wenn eine Gattungssache im Spiel ist.

Der Wandelungsanspruch (<u>Gattungs</u>schuld) ist somit nach der von mir favorisierten Meinung wie folgt zu betiteln:

- Wandelungsanspruch gemäß §§ ***462, 480***, 459 I oder II, 465, 467, 346 ff.

Im Zweifel solltet Ihr Euch an Euren Professor wenden und versuchen, seine Meinung zu ergründen. Aber wie gesagt: Die Reihenfolge der Normennennung ist objektiv betrachtet vollkommen unerheblich für die Beurteilung einer Klausur oder Hausarbeit.

Die Unterscheidung § 463 - § 480 II

Schlußendlich noch zu einer anderen Unterscheidung: Wenn Ihr prüfen wollt, wann der Käufer Schadensersatzansprüche gegen den Verkäufer hat, stoßt Ihr auf zwei Normen, § 463 und § 480 II.

Während **§ *480 II*** Kaufverträge betrifft, die eine ***Gattungssache*** zum Gegenstand haben, muß **§ *463*** logischerweise Kaufverträge betreffen, die eine ***Stückschuld*** zum Gegenstand haben.
Und: Maßgeblich für die Beurteilung, was Gegenstand des Kaufvertrages ist, ist wiederum der ***Zeitpunkt des Vertragsschlusses***.

Und Schluß ...

Ächz, stöhn, hechel. Eine lange Einführung war das. Sie war aber notwendig. Das habe ich in den von mir durchgeführten Unterrichtsreihen (leider) immer wieder feststellen müssen.

Tut Euch selbst den Gefallen und lest alles nochmal und nochmal und nochmal. Ich kenne niemanden, der sich zum ersten Mal mit diesem Thema beschäftigt hat und das ganze auf Anhieb verinnerlicht hat. Insbesondere ich selbst habe arge Probleme damit gehabt. Und wenn es denn doch so wäre, daß die Erkenntnis gleich beim ersten Mal gekommen ist, sollte ein nochmaliges Lesen immerhin eine sinnvolle Wiederholung darstellen.

Natürlich bleiben nach dieser umfangreichen Einführung in das Mängelrecht des Kaufvertrags viele Fragen offen. Das ist mir vollkommen klar. Antworten werdet Ihr in den vielen vielen Fällen finden, die gleich folgen.

Viel Spaß !!!

Fall 1

K interessiert sich für einen bestimmten Hund des Hundezüchters V, der auf den Namen "Bonzo" hört. Am 14.02. schließen beide einen Kaufvertrag über den Hund, der in derselben Woche abgewickelt wird. Schon bald darauf stellt K fest, daß "Bonzo" beim Spazierengehen immer gegen Mauern und Laternenpfähle rennt. Der konsultierte Tierarzt diagnostiziert eine schon seit der Geburt des Hundes vorhandene extrem starke Fehlsichtigkeit. Am 14.08. wendet sich K an V und erklärt ihm unter Schilderung des Sachverhalts, er sei nicht mehr an dem Tier interessiert.

Frage: Hat K einen Anspruch auf Rückzahlung des Kaufpreises ?

Lösungsskizze Fall 1

Vorüberlegung:

K kann Rückzahlung des Kaufpreises verlangen, wenn er sich durch Rücktritt vom Vertrag lösen kann. In Betracht kommt ein gesetzlicher Rücktritt aufgrund Wandelung des Kaufvertrages.
Zu prüfen ist deshalb ein Wandelungsanspruch des K. In Betracht kommen mehrere Ansprüche. Wenn Ihr Sie noch nicht kennt, schaut unbedingt in der Einführung zu diesem Kapitel nach. Ihr müßt nämlich vorweg die richtige Anspruchsgrundlage herausfinden.

Grundüberlegung ist immer dieselbe:
Haben die Parteien einen Kaufvertrag über eine Stückschuld oder über eine Gattungsschuld geschlossen?

Wenn ein ***Kaufvertrag über*** eine ***Stückschuld*** vorliegt, kommen zwei Anspruchsgrundlagen in Betracht:

- §§ ***462***, 459 I, 465, 467, 346 ff
- §§ ***462***, 459 II, 465, 467, 346 ff

Einfacher ist es allerdings, im Obersatz der Prüfung nicht zwischen § 459 ***I*** und ***II*** zu differenzieren, sondern sich allgemein zu fassen. Der Obersatz eines Wandelungsanspruchs (Stückschuld) darf auf die Unterscheidung zwischen Absatz 1 (I) und Absatz 2 (II) verzichten. Der Anspruch wäre demnach wie folgt zu betiteln:

- §§ ***462***, 459, 465, 467, 346 ff

Der Verzicht auf die Nennung des Absatzes hat einen immensen Vorteil. Ihr könnt innerhalb des Anspruchs prüfen, ob die Sache einen Fehler hat (I) oder ob ihr eine zugesicherte Eigenschaft fehlt (II). Ihr prüft also im Endeffekt ***nur einen Anspruch***. Im Falle der Differenzierung müßtet Ihr u.U. zwei Ansprüche prüfen. Und das kostet viel mehr Zeit.

Wenn ein ***Kaufvertrag über*** eine ***Gattungsschuld*** vorliegt, kommen ebenfalls zwei Anspruchsgrundlagen in Betracht:

- §§ ***462, 480 I***, 459 I, 465, 467, 346 ff
- §§ ***462, 480 I***, 459 II, 465, 467, 346 ff

Aus dem oben genannten Grund ist es allerdings abermals sinnvoll, sowohl auf eine Differenzierung zwischen § 480 ***I*** und ***II***, als auch auf eine Differenzierung zwischen § 459 ***I*** und ***II*** zu verzichten. Der Anspruch wäre demnach wie folgt zu betiteln:

- §§ ***480***, 459, 465, 467, 346 ff

Subsumtion und Ergebnis:
V und K haben einen Kaufvertrag über einen bestimmten Hund des V geschlossen, also über eine ***Stückschuld***.
Also könnt Ihr mit der oben zur Stückschuld genannten Anspruchsgrundlage arbeiten.

- K gegen V Wandelungsanspruch gemäß §§ 462, 459, 465, 467, 346 ff ?

I. Anspruch entstanden ?

1. Kaufvertrag über Stückschuld, § 433 ?

HIER (+) → die Parteien haben die Übereignung eines bestimmten Hundes gegen Entgelt vereinbart

2. Voraussetzungen des § 459 ?
= beachtlicher Fehler der Kaufsache oder Fehlen einer zugesicherten Eigenschaft zur Zeit des Gefahrübergangs

a. beachtlicher Fehler, § 459 I ?
= bei der ***Stückschuld*** jedes für den Käufer nachteilige Abweichen der Ist- von der Soll-Beschaffenheit, das nicht nur gering / unbeachtlich ist

HIER (+) → der Hund leidet an einer extrem starken Sehschwäche; die obige Voraussetzung ist erfüllt

b. Vorliegen des Mangels bei Gefahrübergang ?
= bei der Übergabe, § 446 oder bei der Übergabe an Transportperson, § 447

HIER (+) → bei der Übergabe

c. also: Voraussetzungen des § 459 (+)

3. Kein Ausschluß der Gewährleistung ? (+)

4. Durchführung der Wandelung

→ gemäß § 465 muß der Käufer gegenüber dem Verkäufer die Wandelung erklären und dieser damit einverstanden sein
→ sollte der Verkäufer die erforderliche Einverständnis-Willenserklärung verweigern, kann der Käufer direkt auf Rückzahlung der Vergütung klagen; das zusprechende Urteil beinhaltet einen richterlichen

Gestaltungsakt; hieraus resultiert die Umwandlung in ein Rückgewährschuldverhältnis (modifizierte Vertragstheorie)

5. Rechtsfolgen / Umfang der Wandelung

→ §§ 467, 346 S. 1, 347 S. 3, 246 = Rückgewähr der empfangenen Leistungen
→ § 348 = Zug um Zug

6. also: Anspruch entstanden (+)

II. Anspruch untergegangen ? (–)

III. Anspruch durchsetzbar ? (+)

IV. Ergebnis:
K gegen V Wandelungsanspruch und damit Anspruch auf Rückzahlung des Kaufpreises gemäß §§ 462, 459 I, 465, 467, 346 ff (+)

Formulierungsvorschlag Fall 1

K hat einen Anspruch auf Rückzahlung des Kaufpreises, wenn er einen Wandelungsanspruch hat.

- K gegen V Wandelungsanspruch gemäß §§ 462, 459, 465, 467, 346 ff

K könnte gegen V einen Wandelungsanspruch gemäß §§ 462, 459, 465, 467, 346 ff haben.

I. Dann müßte der Anspruch zunächst entstanden sein.

1. Dies setzt einen wirksamen Kaufvertrag über eine Stückschuld voraus. V und K haben einen Kaufvertrag (§ 433) über einen bestimmten Hund des V geschlossen. Mithin handelt es sich um eine Stückschuld.

2. Weiterhin müßten die Voraussetzungen des § 459 vorliegen.

a. Die Kaufsache könnte einen beachtlichen Fehler, § 459 I aufweisen. Als Fehler einer Stückschuld wird jedes für den Käufer nachteilige Abweichen der Ist- von der Soll-Beschaffenheit, das nicht nur gering bzw. unbeachtlich ist, gewertet.
Der Hund leidet an einer extrem starken Sehschwäche. Dies stellt eine Abweichung von der Soll-Beschaffenheit (Normalsichtigkeit) dar. Die Fehlsichtigkeit ist somit ein beachtlicher Fehler im Sinne des § 459 I.

b. Der Mangel der Kaufsache lag auch im Zeitpunkt des Gefahrübergangs, d.h. bei der Übergabe (§ 446) vor.

c. Also liegen die Voraussetzungen des § 459 vor.

3. Ein Ausschluß der Gewährleistung ist nicht ersichtlich.

4. Gemäß § 465 muß der Käufer gegenüber dem Verkäufer die Wandelung erklären und dieser damit einverstanden sein. Sollte der Verkäufer die erforderliche Einverständnis-Willenserklärung verweigern, kann der Käufer direkt auf Rückzahlung der Vergütung klagen. Das zusprechende Urteil beinhaltet einen richterlichen Gestaltungsakt. Hieraus resultiert die Umwandlung in ein Rückgewährschuldverhältnis (modifizierte Vertragstheorie).

5. Die Rechtsfolgen der Wandelung bestimmen sich nach den §§ 467, 346 S. 1, 347 S. 3, 246. Demnach haben sich die Parteien die empfangenen Leistungen zurückzugewähren und zwar Zug um Zug, § 348.

6. Also ist der Anspruch entstanden.

II. Der Anspruch des K ist nicht untergegangen.

III. Er ist auch durchsetzbar.

IV. K hat gegen V einen Wandelungsanspruch und damit einen Anspruch auf Rückzahlung des Kaufpreises gemäß §§ 462, 459 I, 465, 467, 346 ff.

Fazit

1. Ein an sich problemloser und nichtsdestotrotz wichtiger ***Einstiegsfall*** aus dem Bereich der ***Wandelung***. Ihr solltet lediglich erkennen, wie ein solcher Anspruch aufzubauen ist und mit welchen Tücken Ihr zu kämpfen habt.

2. Schaut Euch zur Abrundung noch einmal die ***Vorüberlegung*** an. Sie enthält den existentiellen Schlüssel zum richtigen Lösungseinstieg!!
Sollten die Parteien (wie hier) im Kaufvertrag die Übereignung einer ***Stückschuld*** vereinbart haben, müßtet Ihr einen Wandelungsanspruch gemäß §§ ***462***, 459, 465, 467, 346 ff prüfen.
Sollten die Parteien im Kaufvertrag die Übereignung einer ***Gattungsschuld*** vereinbart haben, müßtet Ihr einen Wandelungsanspruch gemäß §§ ***462, 480***, 459, 465, 467, 346 ff prüfen.
Das hat aber zur Folge, daß Ihr schon vor der eigentlichen Prüfung überlegen müßt, ob der Kaufvertrag eine Stückschuld oder eine Gattungsschuld beinhaltet. Maßgeblich Zeitpunkt für die Beurteilung ist der eigentliche Vertragsschluß.

   Wenn Ihr das so macht, könnt Ihr sofort mit der richtigen Anspruchsgrundlage beginnen. Der erste Prüfungspunkt (***I. 1.***) lautet dann sinngemäß entweder ***"Liegt ein <u>Kaufvertrag über eine Stückschuld vor</u>, § 433 vor ?"*** oder ***"Liegt ein <u>Kaufvertrag über eine Gattungsschuld vor</u>, § 433 vor ?"***. Auch im zweiten Prüfungspunkt könnt Ihr bei der Frage nach einem Fehler direkt differenzieren, je nachdem, ob eine Stückschuld oder eine Gattungsschuld vorliegt.

3. Viele erinnern sich vielleicht an die Lösungsskizzen aus meinem Buch "Die Fälle - Schuldrecht AT". Dort war eine der immer wieder auftauchenden Voraussetzungen, ob der Anspruchsgegner dieses oder jenes zu vertreten hat. Und überprüft wurde das regelmäßig an den §§ 276, 278.

Beim ***Wandelungsanspruch*** ist der Prüfungspunkt aber gar nicht aufgetaucht. Das hat natürlich einen Grund. Der Gesetzgeber ist davon ausgegangen, daß ein Verkäufer im Rahmen eines gegen Ihn gerichteten Wandelungsanspruchs bzw. Minderungsanspruchs (fast) immer für seine Taten einstehen muß. Es handelt sich um eine sog. ***Garantiehaftung***.

Ihr müßt also nicht überprüfen, ob der Verkäufer oder ein etwaiger Erfüllungsgehilfe vorsätzlich oder fahrlässig bezüglich eines Fehlers der Kaufsache oder des Fehlens einer zugesicherten Eigenschaft gehandelt hat. Welch ein Glück. Unter Umständen kann der Verkäufer aber seine Haftung ausschließen. Das müßt Ihr immer berücksichtigen. Welch ein Pech. Aber geduldet Euch erst einmal. Das kommt viel später.

4. Auch wenn im Wortlaut des § 462 auf § 460 verwiesen wird, bedeutet das nicht, daß Ihr immer ausdrücklich überprüfen müßt, ob dessen Voraussetzungen denn nun vorliegen oder nicht. **§ *460 (Kenntnis des Mangels etc.)*** beinhaltet mehrere Möglichkeiten, warum ein Anspruch ausgeschlossen sein könnte. Dieser Punkt ist lediglich zu überdenken und im Falle seiner Relevanz im Punkt ***I. 3. Ausschluß der Gewährleistung*** zu überprüfen. Zur Klarstellung: Der angesprochene Prüfungspunkt beinhaltet nicht nur § 460, sondern ziemlich viele weitere Ausschlußgründe. Die werdet Ihr aber noch kennenlernen. Später, später.

5. Und dann kommt der ziemlich untypische Prüfungspunkt ***I. 4. Durchführung der Wandelung***. Leider leider treten die Rechtsfolgen der Wandelung nicht automatisch ein, wenn die Kaufsache kaputt ist. Auch eine Erklärung der Wandelung reicht nicht aus. Vielmehr muß der Verkäufer auch noch mit der Wandelung einverstanden sein. Das ergibt sich aus § 465 (lesen!).
Ich habe es schon mehrmals erwähnt: Sollte der Verkäufer die erforderliche Einverständnis-Willenserklärung verweigern, kann der Käufer klagen. Die fehlende Erklärung wird dann durch ein Urteil ersetzt.

   Manche Korrektor/inn/en halten es für überflüssig, wenn Ihr in einer Klausur oder Hausarbeit erwähnt, was passiert, wenn der Verkäufer die erforderliche Willenserklärung verweigert. Es sollte aber nicht schaden, auch diese Komponente zu erwähnen. Insbesondere im Hinblick darauf, daß ein Sachverhalt auch den Hinweis enthalten kann, der Verkäufer sei mit der Wandelung nicht einverstanden, empfiehlt sich eine kurze Klarstellung des Problems.

6. Und schließlich noch eine abschließende Bemerkung: ***Im Ergebnis*** bietet es sich an, die im Obersatz nicht vorgenommene ***Differenzierung*** zwischen § 459 ***I*** und ***II*** doch noch vorzunehmen. Jetzt könnt Ihr klarstellen, ob der Käufer wegen eines Fehlers der Sache wandeln kann oder ob ihm der Wandelungsanspruch wegen des Fehlens einer zugesicherten Eigenschaft zusteht.

Fall 2

K wendet sich abermals an den nunmehr bekannten Hundezüchter V und erklärt, er wolle ein Tier aus dem jüngsten Wurf kaufen. V ist damit einverstanden. Am 14.02. schließen beide einen diesbezüglichen Vertrag. Den geforderten Kaufpreis zahlt K sofort. Nach zwei Wochen holt K von V einen der Hunde ab. Wiederum stellt sich heraus, daß das Tier an einer extrem starken Fehlsichtigkeit leidet. Am 15.08. stellt der arg erboste K dem V den Hund unter Schilderung des Sachverhalts zur Verfügung.

Frage: Hat K einen Anspruch auf Rückzahlung des Kaufpreises ?

Lösungsskizze Fall 2

Vorüberlegung:

K kann Rückzahlung des Kaufpreises verlangen, wenn er sich durch Rücktritt vom Vertrag lösen kann. In Betracht kommt ein gesetzlicher Rücktritt aufgrund Wandelung des Kaufvertrages.
Zu prüfen ist deshalb ein Wandelungsrecht des K. In Betracht kommen mehrere Ansprüche.

Grundüberlegung ist immer dieselbe:
Haben die Parteien einen Kaufvertrag über eine Stückschuld oder über eine Gattungsschuld geschlossen?

Wenn ein ***Kaufvertrag über*** eine ***Stückschuld*** vorliegt, lautet die Anspruchsgrundlage:

- §§ ***462***, 459, 465, 467, 346 ff

Wenn ein ***Kaufvertrag über*** eine ***Gattungsschuld*** vorliegt, lautet die Anspruchsgrundlage:

- §§ ***462, 480***, 459, 465, 467, 346 ff

Subsumtion und Ergebnis:
V und K haben einen Kaufvertrag über irgendeinen Hund aus dem nächsten Wurf geschlossen, also über eine ***Gattungsschuld***.
Also könnt Ihr nur mit der oben zur Gattungsschuld genannten Anspruchsgrundlage arbeiten.

- K gegen V Wandelungsanspruch gemäß §§ 462, 480, 459, 465, 467, 346 ff ?

I. Anspruch entstanden ?

1. Kaufvertrag über Gattungsschuld, § 433 ?

HIER (+) → die Parteien haben die Übereignung irgendeines eines Hundes aus den jüngsten Wurf gegen Entgelt vereinbart

2. Voraussetzungen des § 459 ?
= beachtlicher Fehler der Kaufsache oder Fehlen einer zugesicherten Eigenschaft zur Zeit des Gefahrübergangs

a. beachtlicher Fehler, § 459 I ?
= bei der ***Gattungsschuld*** jedes nachteilige Abweichen von mittlerer Art und Güte, das nicht nur gering / unbeachtlich ist

HIER (+) → der Hund leidet an einer extrem starken Sehschwäche; die obige Voraussetzung ist erfüllt

b. Vorliegen des Mangels bei Gefahrübergang ?
= bei der Übergabe, § 446 oder bei der Übergabe an Transportperson, § 447

HIER (+) → bei der Übergabe

c. also: Voraussetzungen des § 459 (+)

3. Kein Ausschluß der Gewährleistung ? (+)

4. Durchführung der Wandelung

→ gemäß § 465 muß der Käufer gegenüber dem Verkäufer die Wandelung erklären und dieser damit einverstanden sein;
→ sollte der Verkäufer die erforderliche Einverständniswillenserklärung verweigern, kann der Käufer direkt auf Rückzahlung der Vergütung klagen; das zusprechende Urteil beinhaltet einen richterlichen Gestaltungsakt; hieraus resultiert die Umwandlung in ein Rückgewährschuldverhältnis (modifizierte Vertragstheorie)

5. Rechtsfolgen / Umfang der Wandelung

→ §§ 467, 346 S. 1, 347 S. 3, 246 = Rückgewähr der empfangenen Leistungen
→ § 348 = Zug um Zug

6. also: Anspruch entstanden (+)

II. Anspruch untergegangen ? (–)

III. Anspruch durchsetzbar ?

1. Verjährung des Anspruchs ?
= beim Wandelungsanspruch: § 477 I 1
→ 6 Monate bei beweglichen Sachen ab Ablieferung

HIER (–) → die Übergabe des Hundes hat zwei Wochen nach dem 14.02., also frühestens am 28.02 stattgefunden; K hat sich am 14.08. bei V gemeldet; also ist die Frist des § 477 I 1 nicht verstrichen.

2. also: Anspruch durchsetzbar (+)

IV. Ergebnis:
K gegen V Wandelungsanspruch und damit Anspruch auf Rückzahlung des Kaufpreises gemäß §§ 462 480, 459 I, 465, 467, 346 ff (+)

Formulierungsvorschlag Fall 2

K hat einen Anspruch auf Rückzahlung des Kaufpreises, wenn er einen Wandelungsanspruch hat.

- K gegen V Wandelungsanspruch gemäß §§ 462, 480, 459, 465, 467, 346 ff

K könnte gegen V einen Wandelungsanspruch gemäß §§ 462 480, 459, 465, 467, 346 ff haben.

I. Dann müßte der Anspruch zunächst entstanden sein.

1. Dies setzt einen wirksamen Kaufvertrag über eine Gattungsschuld voraus. V und K haben einen Kaufvertrag (§ 433) über irgendeinen Hund des jüngsten Wurfes geschlossen. Mithin handelt es sich um eine Gattungsschuld.

2. Weiterhin müßten die Voraussetzungen des § 459 vorliegen.

a. Die Kaufsache könnte einen beachtlichen Fehler, § 459 I aufweisen. Als Fehler einer Gattungsschuld wird jedes nachteilige Abweichen von mittlerer Art und Güte, das nicht nur gering bzw. unbeachtlich ist, gewertet.
Der Hund leidet an einer extrem starken Sehschwäche. Dies stellt eine Abweichung von mittlerer Art und Güte (Normalsichtigkeit) dar. Die Fehlsichtigkeit ist somit ein beachtlicher Fehler im Sinne des § 459 I.

b. Der Mangel der Kaufsache lag auch im Zeitpunkt des Gefahrübergangs, d.h. bei der Übergabe (§ 446) vor.

c. Also liegen die Voraussetzungen des § 459 vor.

3. Ein Ausschluß der Gewährleistung ist nicht ersichtlich.

4. Gemäß § 465 muß der Käufer gegenüber dem Verkäufer die Wandelung erklären und dieser damit einverstanden sein. Sollte der Verkäufer die erforderliche Einverständnis-Willenserklärung verweigern, kann der Käufer direkt auf Rückzahlung der Vergütung klagen. Das zusprechende Urteil beinhaltet einen richterlichen Gestaltungsakt. Hieraus resultiert die Umwandlung in ein Rückgewährschuldverhältnis (modifizierte Vertragstheorie).

5. Die Rechtsfolgen der Wandelung bestimmen sich nach den §§ 467, 346 S. 1, 347 S. 3, 246. Demnach haben sich die Parteien die empfangenen Leistungen zurückzugewähren und zwar Zug um Zug, § 348.

6. Also ist der Anspruch entstanden.

II. Der Anspruch des K ist nicht untergegangen.

III. Fraglich ist, ob der Anspruch durchsetzbar ist.

1. In Betracht kommt eine Verjährung des Anspruchs gemäß § 477 I 1. Der Anspruch verjährt nach der genannten Norm bei beweglichen Sachen sechs Monate nach deren Ablieferung.
Die Übergabe des Hundes hat zwei Wochen nach dem 14.02., also frühestens am 28.02. stattgefunden. K hat sich am 14.08. bei V gemeldet. Also ist die Frist des § 477 I 1 nicht verstrichen.

2. Somit ist der Anspruch auch durchsetzbar.

IV. K hat gegen V einen Wandelungsanspruch und damit einen Anspruch auf Rückzahlung des Kaufpreises gemäß §§ 462, 480 I, 459 I, 465, 467, 346 ff.

Fazit

1. Und das war wieder ein an sich problemloser und nichtsdestotrotz wichtiger ***Einstiegsfall*** aus dem Bereich der ***Wandelung***. Ihr solltet lediglich erkennen, daß ein Kaufvertrag über eine ***Gattungsschuld*** vorliegt und wie dieser Anspruch aufzubauen ist.

2. Die ***Differenzierung*** zwischen ***Stückschuld und Gattungsschuld*** dürfte nun klar sein. Eine Stückschuld liegt vor, wenn die Parteien die Übereignung einer ganz bestimmten Sache vereinbart haben. Das ist dann der Fall, wenn es sich um eine einmalige, insbesondere gebrauchte Sache handelt oder wenn zwar mehrere Exemplare existieren (Gattung; z.B. fünf junge Hunde eines Wurfs), der Käufer aber äußert, er wolle eine ganz konkrete Sache aus der Menge (einen ganz bestimmten Hund aus dem Wurf).
   Eine Gattungsschuld liegt dementsprechend vor, wenn die Parteien die Übereignung irgendeiner Sache vereinbart haben, die mehrmals existiert (irgendein Hund aus dem Wurf).

3. Zur Ergänzung und Klarstellung solltet Ihr unbedingt noch einmal das Fazit des letzten Falles lesen. Bitte nicht mogeln. Das rächt sich im Regelfall fürchterlich. Nur durch Wiederholen, Wiederholen, Wiederholen ... wird sich alles einprägen lassen und zur richtigen Zeit abrufbereit sein.

Fall 3

Jäger J interessiert sich für einen bestimmten Hund des V, der auf den Namen "Bonzo" hört. Daraufhin schließen beide einen diesbezüglichen Kaufvertrag, der alsbald abgewickelt wird. Schon bald darauf stellt J fest, daß "Bonzo" beim Spazierengehen immer gegen Mauern und Laternenpfähle rennt. Die Diagnose des konsultierten Tierarztes fällt wiederum vernichtend aus. Er diagnostiziert eine schon seit der Geburt des Hundes vorhandene erhebliche Fehlsichtigkeit. J erinnert sich daran, daß V beim Verkaufsgespräch die besonderen Jagdfähigkeiten des Hundes angepriesen hat, die J nun nicht nutzen kann. Er wendet sich sofort an V, um den Hund zurückzugeben.

Frage: Hat J einen Anspruch auf Rückzahlung des Kaufpreises ?

Lösungsskizze Fall 3

Vorüberlegung:

J kann Rückzahlung des Kaufpreises verlangen, wenn er sich durch Rücktritt vom Vertrag lösen kann. In Betracht kommt ein gesetzlicher Rücktritt aufgrund Wandelung des Kaufvertrages.

Grundüberlegung ist immer dieselbe:
Haben die Parteien einen Kaufvertrag über eine Stückschuld oder über eine Gattungsschuld geschlossen?

Es kommen folgende Anspruchsgrundlagen in Betracht:

wenn ***Stück***schuld → §§ ***462***, 459, 465, 467, 346 ff.
wenn ***Gattungs***schuld → §§ ***462, 480***, 459, 465, 467, 346 ff.

Hier haben die Parteien einen ***Kaufvertrag*** über eine bestimmten Hund, also ***über*** eine ***Stückschuld*** geschlossen.

- J gegen V Wandelungsanspruch gemäß §§ 462, 459, 465, 467, 346 ff ?

I. Anspruch entstanden ?

1. Kaufvertrag über Stückschuld, § 433 ?

HIER (+) → die Parteien haben die Übereignung eines bestimmten Hundes gegen Entgelt vereinbart

2. Voraussetzungen des § 459 ?

= beachtlicher Fehler der Kaufsache oder Fehlen einer zugesicherten Eigenschaft zur Zeit des Gefahrübergangs

a. beachtlicher Fehler, § 459 I ?

= bei der ***Stückschuld*** jedes für den Käufer nachteilige Abweichen der Ist- von der Soll-Beschaffenheit, das nicht nur gering / unbeachtlich ist

HIER (+) → der Hund leidet an einer extrem starken Sehschwäche; die obige Voraussetzung ist erfüllt

b. Fehlen einer zugesicherten Eigenschaft, § 459 II ?

Zugesicherte Eigenschaft = alle gegenwärtigen, wertbildenden Faktoren, die der Verkäufer besonders hervorgehoben hat (auch unwesentliche Abweichungen)

HIER (+) → V hat die Eignung des Hundes zur Jagd besonders hervorgehoben; diese liegt aber bei einer erheblichen Sehschwäche nicht vor

c. Vorliegen des Mangels bei Gefahrübergang ?

= bei der Übergabe, § 446 oder bei der Übergabe an Transportperson, § 447

HIER (+) → bei der Übergabe

***d. <u>also</u>: Voraussetzungen des § 459* (+)**

***3. Kein Ausschluß der Gewährleistung ?* (+)**

4. Durchführung der Wandelung

- → gemäß § 465 muß der Käufer gegenüber dem Verkäufer die Wandelung erklären und dieser damit einverstanden sein;
- → sollte der Verkäufer die erforderliche Einverständniswillenserklärung verweigern, kann der Käufer direkt auf Rückzahlung der Vergütung klagen; das zusprechende Urteil beinhaltet einen richterlichen Gestaltungsakt; hieraus resultiert die Umwandlung in ein Rückgewährschuldverhältnis (modifizierte Vertragstheorie)

5. Rechtsfolgen / Umfang der Wandelung

- → §§ 467, 346 S. 1, 347 S. 3, 246 = Rückgewähr der empfangenen Leistungen
- → § 348 = Zug um Zug

***6. <u>also</u>: Anspruch entstanden* (+)**

II. Anspruch untergegangen ? (−)

III. Anspruch durchsetzbar ? (+)

IV. Ergebnis:

J gegen V Wandelungsanspruch und damit Anspruch auf Rückzahlung des Kaufpreises gemäß §§ 462, 459 I, II, 465, 467, 346 ff (+)

Formulierungsvorschlag Fall 3

J hat einen Anspruch auf Rückzahlung des Kaufpreises, wenn er einen Wandelungsanspruch hat.

- J gegen V Wandelungsanspruch gemäß §§ 462, 459, 465, 467, 346 ff

J könnte gegen V einen Wandelungsanspruch gemäß §§ 462, 459, 465, 467, 346 ff haben.

I. Dann müßte der Anspruch zunächst entstanden sein.

1. Dies setzt einen wirksamen Kaufvertrag über eine Stückschuld voraus. V und J haben einen Kaufvertrag (§ 433) über einen bestimmten Hund des V geschlossen. Mithin handelt es sich um eine Stückschuld.

2. Weiterhin müßten die Voraussetzungen des § 459 vorliegen.

a. Die Kaufsache könnte einen beachtlichen Fehler, § 459 I aufweisen. Als Fehler einer Stückschuld wird jedes für den Käufer nachteilige Abweichen der Ist- von der Soll-Beschaffenheit, das nicht nur gering bzw. unbeachtlich ist, gewertet.
Der Hund leidet an einer extrem starken Sehschwäche. Dies stellt eine Abweichung von der Soll-Beschaffenheit (Normalsichtigkeit) dar. Die Fehlsichtigkeit ist somit ein beachtlicher Fehler im Sinne des § 459 I.

b. Der Sache könnte zudem eine zugesicherte Eigenschaft fehlen, § 459 II. Zugesicherte Eigenschaften sind alle gegenwärtigen, wertbildenden Faktoren, die der Verkäufer besonders hervorgehoben hat. In Betracht kommen auch unwesentliche Abweichungen.
V hat die Eignung des Hundes zur Jagd besonders hervorgehoben. Diese liegt aber bei einer erheblichen Sehschwäche nicht vor. Demnach fehlt der Kaufsache eine zugesicherte Eigenschaft.

c. Der Mangel der Kaufsache lag auch im Zeitpunkt des Gefahrübergangs, d.h. bei der Übergabe (§ 446) vor.

d. Also liegen die Voraussetzungen des § 459 vor.

3. Ein Ausschluß der Gewährleistung ist nicht ersichtlich.

4. Gemäß § 465 muß der Käufer gegenüber dem Verkäufer die Wandelung erklären und dieser damit einverstanden sein. Sollte der Verkäufer die erforderliche Einverständnis-Willenserklärung verweigern, kann der Käufer direkt auf Rückzahlung der Vergütung klagen. Das zusprechende Urteil beinhaltet einen richterlichen Gestaltungsakt. Hieraus resultiert die Umwandlung in ein Rückgewährschuldverhältnis (modifizierte Vertragstheorie).

5. Die Rechtsfolgen der Wandelung bestimmen sich nach den §§ 467, 346 S. 1, 347 S. 3, 246. Demnach haben sich die Parteien die empfangenen Leistungen zurückzugewähren und zwar Zug um Zug, § 348.

6. Also ist der Anspruch entstanden.

II. Der Anspruch des J ist nicht untergegangen.

III. Er ist auch durchsetzbar.

IV. J hat gegen V einen Wandelungsanspruch und damit einen Anspruch auf Rückzahlung des Kaufpreises gemäß §§ 462, 459 I, II, 465, 467, 346 ff.

Fazit

1. Nun habt Ihr die nächste Besonderheit kennengelernt, nämlich das ***Fehlen einer zugesicherten Eigenschaft***. Wie Ihr eine derartige Prüfung aufbaut, ist geschmacksabhängig.

   Man könnte argumentieren, daß das Fehlen einer zugesicherten Eigenschaft der am schärfsten umrissene Mangel ist und deshalb auf eine - hier vorgenommene - Prüfung des Fehlers gemäß § 459 I ganz verzichten. Einige Vertreter der Zunft machen das genau so und nicht anders. Diese Art der Prüfung hat einen recht einfachen Grund. Während der Fehler gemäß § 459 I 2 erheblich sein muß, ist die ***Erheblichkeit*** beim Fehlen einer zugesicherten Eigenschaft ***nicht Voraussetzung***. Das Fehlen einer zugesicherten Eigenschaft ist also grundsätzlich "leichter" zu prüfen.
   Andererseits gibt es Fallgestaltungen, in denen das Vorliegen eines Fehlers i.S.d. § 459 I problematisch ist und u.U. im Ergebnis verneint werden muß. Dann kommt aber immer noch das Fehlen einer zugesicherten Eigenschaft in Betracht. Oft führt gerade diese Prüfung dann zum Erfolg.

   Wie also vorgehen? Die Antwort ist gar nicht so einfach. Und eindeutig kann sie nicht ausfallen.

   Wenn im Sachverhalt ausdrücklich darauf hingewiesen wird, daß der Verkäufer eine bestimmte Eigenschaft besonders betont hat und diese Eigenschaft dann nicht vorliegt, müßt Ihr auch unbedingt auf § 459 II eingehen.

   Solltet Ihr in einem solchen Fall mit der Prüfung eines Fehlers (§ 459 I) beginnen und diesen bejahen können, wären viele von Euch versucht, auf das Fehlen der zugesicherten Eigenschaft gar nicht mehr einzugehen. Unser Käufer hätte ja schon den Wandelungsanspruch aus §§ 462, 459 ***I*** .... .
   Und was würden dann die allseits geliebten Korrektor/inn/en mit ihren gehaßten Rotstiften an den Rand der Bearbeitung schreiben? "Nicht problembewußt" oder "Problem nicht erkannt". Im Endeffekt also "Falsch". Tjaja. No mercy.
   Das spricht grundsätzlich für die erste der oben beschriebenen Aufbaumöglichkeiten.
   Ärgerlicherweise sind da aber noch die anderen Fallgestaltungen, die nach mehr oder weniger längerem Herumwürgen den Fehler (§ 459 I) verneinen und dann vielleicht doch noch das Fehlen einer zugesicherten Eigenschaft (§ 459 II) bejahen. Dies spricht dafür, erst den Fehler und dann das Fehlen einer zugesicherten Eigenschaft zu prüfen. Denn sonst könnten wiederum die schon erwähnten niederschmetternden Randbemerkungen auftauchen.

   Um beiden Konstellationen gerecht zu werden, solltet Ihr für den Anfang die zuletzt beschriebene Prüfungsmöglichkeit wählen. Das hat im schlimmsten Fall zur Folge, daß der/die Korrektor/in bei der Prüfung des Fehlers

(§ 459 I) "überflüssig" an den Bearbeitungsrand schreibt. Wohlgemerkt: Auch das wird im Endeffekt als falsch gewertet, aber eben nicht als ganz falsch. Wenn Ihr ein Gespür für die Materie entwickelt habt, könnt Ihr je nach Sachverhalt diese oder jene Aufbaumöglichkeit wählen.

2. Im hier gewählten Aufbau, solltet Ihr im Ergebnis erwähnen, daß der Käufer einen Wandelungsanspruch gemäß §§ 462, 459 ***I, II*** ... hat.

Fall 4

K sucht für ihren verwöhnten Mann, der den glorreichen Beruf des Rechtsanwalts ausübt, ein passendes Weihnachtsgeschenk. In der Galerie des G entdeckt sie eine kleine Bronzestatue, die einen mit einer Robe bekleideten Juristen mit Heiligenschein zeigt. K ist begeistert. Auch der Preis in Höhe von 15.000,-- DM schreckt sie nicht ab. Auf einem kleinen Zettel entdeckt sie den Namen des Künstlers. Dieser lautet "Yuri". Die kunstbeflissene K erkennt sofort, daß es sich angesichts des Namens und der Höhe des Preises nur um den Künstler Yuri handeln kann, der in letzter Zeit mit seinen Objekten für Furore gesorgt hat. Also schließt sie mit G einen Kaufvertrag, der sofort abgewickelt wird. Kurz nach Weihnachten erfährt sie von einem befreundeten Kunsthändler, daß die Bronzestatue nicht von Yuri selbst, sondern von seinem kaum bekannten Sohn stammt, der denselben Namen trägt. Angesichts dieser Tatsache läßt sich der Wert der Statue lediglich auf etwa 2.000,-- DM beziffern. K wendet sich an G, um den Vertrag rückgängig zu machen.

Frage: Hat K einen Anspruch auf Rückzahlung des Kaufpreises ?

Lösungsskizze Fall 4

Vorüberlegung:

K kann Rückzahlung des Kaufpreises verlangen, wenn sie sich durch Rücktritt vom Vertrag lösen kann. In Betracht kommt ein gesetzlicher Rücktritt aufgrund Wandelung des Kaufvertrages.

Grundüberlegung ist immer dieselbe:
Haben die Parteien einen Kaufvertrag über eine Stückschuld oder über eine Gattungsschuld geschlossen?

Es kommen folgende Anspruchsgrundlagen in Betracht:

wenn ***Stück***schuld → §§ ***462***, 459, 465, 467, 346 ff.
wenn ***Gattung***sschuld → §§ ***462, 480***, 459, 465, 467, 346 ff.

Hier haben die Parteien einen ***Kaufvertrag*** über eine bestimmte Bronzestatue, also ***über*** eine ***Stückschuld*** geschlossen.

- K gegen G Wandelungsanspruch gemäß §§ 462, 459, 465, 467, 346 ff ?

I. Anspruch entstanden ?

1. Kaufvertrag über Stückschuld, § 433 ?

HIER (+) → die Parteien haben die Übereignung einer bestimmten Statue gegen Entgelt vereinbart

2. ***Voraussetzungen des § 459 ?***
= beachtlicher Fehler der Kaufsache oder Fehlen einer zugesicherten Eigenschaft zur Zeit des Gefahrübergangs

a. ***beachtlicher Fehler, § 459 I ?***
= bei der ***Stückschuld*** jedes für den Käufer nachteilige Abweichen der Ist- von der Soll-Beschaffenheit, das nicht nur gering / unbeachtlich ist

HIER (–) → die Unechtheit, d.h. die falsche Urheberschaft ist nur dann als negatives Abweichen der Ist- von der Soll-Beschaffenheit zu werten, wenn sie von der vertraglichen Vereinbarung abweicht; G und K haben aber nicht die Vereinbarung getroffen, daß das Kaufobjekt von Yuri (dem Älteren) stammt; über die Urheberschaft haben die Parteien nicht gesprochen; insofern weicht der gekaufte Gegenstand nicht von der Soll-Beschaffenheit ab

b. ***Fehlen einer zugesicherten Eigenschaft, § 459 II ?***
Zugesicherte Eigenschaft = alle gegenwärtigen, wertbildenden Faktoren, die der Verkäufer besonders hervorgehoben hat (auch unwesentliche Abweichungen)

HIER (+) → zwar hat G nicht ausdrücklich hervorgehoben, die Statue stamme von Yuri (dem Älteren); in Betracht kommt aber eine stillschweigende Zusicherung; eine solche ist grundsätzlich möglich und wird in Fällen bejaht, in denen der hohe Kaufpreis auf die Echtheit des Kunstwerkes bzw. auf eine bestimmte Urheberschaft hinweist; durch die Kennzeichnung des Objekts mit dem Künstlernamen "Yuri" und die Preisforderung in Höhe von 15.000,-- DM hat G zu erkennen gegeben, die Statue stamme von Yuri (dem Älteren) und nicht etwa von dessen kaum bekanntem Sohn gleichen Namens; also hat er die bestimmte Urheberschaft zugesichert

c. ***Vorliegen des Mangel bei Gefahrübergang ?***
= bei der Übergabe, § 446 oder bei der Übergabe an Transportperson, § 447

HIER (+) → bei der Übergabe

d. ***also: Voraussetzungen des § 459*** (+)

3. ***Kein Ausschluß der Gewährleistung ?*** (+)

4. ***Durchführung der Wandelung***

→ gemäß § 465 muß der Käufer gegenüber dem Verkäufer die Wandelung erklären und dieser damit einverstanden sein;
→ sollte der Verkäufer die erforderliche Einverständnis-Willenserklärung verweigern, kann der Käufer direkt auf Rückzahlung der Vergütung klagen; das zusprechende Urteil beinhaltet einen richterlichen Gestaltungsakt; hieraus resultiert die Umwandlung in ein Rückgewährschuldverhältnis (modifizierte Vertragstheorie)

5. Rechtsfolgen / Umfang der Wandelung

→ §§ 467, 346 S. 1, 347 S. 3, 246 = Rückgewähr der empfangenen Leistungen
→ § 348 = Zug um Zug

6. also: Anspruch entstanden (+)

II. Anspruch untergegangen ? (–)

III. Anspruch durchsetzbar ? (+)

IV. Ergebnis:
K gegen G Wandelungsanspruch und damit Anspruch auf Rückzahlung des Kaufpreises gemäß §§ 462, 459 II, 465, 467, 346 ff (+)

Formulierungsvorschlag Fall 4

K hat einen Anspruch auf Rückzahlung des Kaufpreises, wenn sie einen Wandelungsanspruch hat.

- K gegen G Wandelungsanspruch gemäß §§ 462, 459, 465, 467, 346 ff

K könnte gegen G einen Wandelungsanspruch gemäß §§ 462, 459, 465, 467, 346 ff haben.

I. Dann müßte der Anspruch zunächst entstanden sein.

1. Dies setzt einen wirksamen Kaufvertrag über eine Stückschuld voraus. G und K haben einen Kaufvertrag (§ 433) über eine bestimmte Statue geschlossen. Mithin handelt es sich um eine Stückschuld.

2. Weiterhin müßten die Voraussetzungen des § 459 vorliegen.

a. Die Kaufsache könnte einen beachtlichen Fehler, § 459 I aufweisen. Als Fehler einer Stückschuld wird jedes für den Käufer nachteilige Abweichen der Ist- von der Soll-Beschaffenheit, das nicht nur gering bzw. unbeachtlich ist, gewertet.
Die Unechtheit, d.h. die falsche Urheberschaft ist nur dann als negatives Abweichen der Ist- von der Soll-Beschaffenheit zu werten, wenn sie von der vertraglichen Vereinbarung abweicht. G und K haben aber nicht die ausdrückliche Vereinbarung getroffen, daß das Kaufobjekt von Yuri (dem Älteren) stammt. Über die Urheberschaft haben die Parteien nicht gesprochen. Insofern weicht der gekaufte Gegenstand nicht von der Soll-Beschaffenheit ab. Ein beachtlicher Fehler i.S.d. § 459 I liegt somit nicht vor.

b. Der Kaufsache könnte aber eine zugesicherte Eigenschaft fehlen, § 459 II. Zugesicherte Eigenschaften sind alle gegenwärtigen, wertbildenden Faktoren, die der Verkäufer besonders hervorgehoben hat. In Betracht kommen auch unwesentliche Abweichungen.

Zwar hat G nicht ausdrücklich hervorgehoben, die Statue stamme von Yuri (dem Älteren). In Betracht kommt aber eine stillschweigende Zusicherung. Eine solche ist grundsätzlich möglich und wird in Fällen bejaht, in denen der hohe Kaufpreis auf die Echtheit des Kunstwerkes bzw. auf eine bestimmte Urheberschaft hinweist.
Durch die Kennzeichnung des Objekts mit dem Künstlernamen "Yuri" und die Preisforderung in Höhe von 15.000,-- DM hat G zu verstehen gegeben, die Statue stamme von Yuri (dem Älteren) und nicht etwa von dessen kaum bekanntem Sohn gleichen Namens. Also hat er die bestimmte Urheberschaft zugesichert. Diese fehlt aber. Also fehlt der Kaufsache eine zugesicherte Eigenschaft.

c. Der Mangel der Kaufsache lag auch im Zeitpunkt des Gefahrübergangs, d.h. bei der Übergabe (§ 446) vor.

d. Also liegen die Voraussetzungen des § 459 vor.

3. Ein Ausschluß der Gewährleistung ist nicht ersichtlich.

4. Gemäß § 465 muß der Käufer gegenüber dem Verkäufer die Wandelung erklären und dieser damit einverstanden sein. Sollte der Verkäufer die erforderliche Einverständnis-Willenserklärung verweigern, kann der Käufer direkt auf Rückzahlung der Vergütung klagen. Das zusprechende Urteil beinhaltet einen richterlichen Gestaltungsakt. Hieraus resultiert die Umwandlung in ein Rückgewährschuldverhältnis (modifizierte Vertragstheorie).

5. Die Rechtsfolgen der Wandelung bestimmen sich nach den §§ 467, 346 S. 1, 347 S. 3, 246. Demnach haben sich die Parteien die empfangenen Leistungen zurückzugewähren und zwar Zug um Zug, § 348.

6. Also ist der Anspruch entstanden.

II. Der Anspruch des K ist nicht untergegangen.

III. Er ist zudem durchsetzbar.

IV. K hat gegen G einen Wandelungsanspruch und damit einen Anspruch auf Rückzahlung des Kaufpreises gemäß §§ 462, 459 II, 465, 467, 346 ff.

Fazit

1. Das war also ein Fall, bei dem sich das Eingehen auf ein mögliches Vorliegen eines Fehlers (§ 459 I) durchaus lohnt. Dann folgt die Prüfung des Fehlens einer zugesicherten Eigenschaft. Seht Euch noch einmal das ***Fazit zum letzten Fall*** an. Dort habe ich versucht, ***verschiedene Aufbaumöglichkeiten*** darzustellen.

2. Eine ***Eigenschaft*** kann also ***auch*** - wer hätt's gedacht - ***konkludent zugesichert*** werden. Interessant sind in diesem Zusammenhang vor allem Fälle, die sich mit einer Verknüpfung der Urheberschaft eines Kunstwerks und der Kaufpreisforderung des Verkäufers beschäftigen. In diesem Zusammenhang kann man sich je nach Gestaltung des Sachverhalts so oder so entscheiden. Wichtig ist vor allem, daß Ihr auf das Problem eingeht.

Fall 5

Der durch eine Erbschaft plötzlich vermögende E will seinen neuerworbenen Mammon investieren. Als er hört, daß V seine Herren-Boutique in Wuppertal samt Einrichtung und Warenbestand verkaufen will, zeigt er sich interessiert. Auf mehrmaliges Nachfragen äußert sich V immer dahingehend, "der Laden gehe gut". Den Ertrag beziffert er mit ca. 5.000,-- DM pro Monat. E und V schließen wenig später einen Kaufvertrag, in dem auch der monatliche Ertrag Erwähnung findet. E zahlt an V den geforderten Kaufpreis. Schon im ersten Monat nach dem Erwerb des Geschäfts erwirtschaftet er nur 2.500,-- DM. In den nächsten Monaten pendelt sich der Ertrag zwischen 2.000,-- und 3.000,-- DM ein. Nachdem E erfährt, daß sich mit der Boutique auch unter der Führung von V keine höheren Beträge erwirtschaften ließen, will er den Kaufvertrag rückgängig machen.

Frage: Hat E einen Anspruch auf Rückzahlung des Kaufpreises ?

Lösungsskizze Fall 5

Vorüberlegung:

E kann Rückzahlung des Kaufpreises verlangen, wenn er sich durch Rücktritt vom Vertrag lösen kann. In Betracht kommt ein gesetzlicher Rücktritt aufgrund Wandelung des Kaufvertrages.

Grundüberlegung ist immer dieselbe:
Haben die Parteien einen Kaufvertrag über eine Stückschuld oder über eine Gattungsschuld geschlossen?

Es kommen folgende Anspruchsgrundlagen in Betracht:

wenn ***Stück***schuld → §§ ***462***, 459, 465, 467, 346 ff.
wenn ***Gattung***sschuld → §§ ***462, 480***, 459, 465, 467, 346 ff.

Hier haben die Parteien einen ***Kaufvertrag*** über eine bestimmte Boutique, also ***über*** eine ***Stückschuld*** geschlossen.

- E gegen V Wandelungsanspruch gemäß §§ 462, 459, 465, 467, 346 ff ?

Vorüberlegung (muß schriftlich fixiert werden!!):

Sind die §§ 459 ff überhaupt anwendbar ?

HIER (+) → zwar ist ein Geschäft oder Unternehmen keine "Sache", sondern eine Gesamtheit von Sachen und Rechten; trotzdem wird beim Geschäfts- bzw. Unternehmenskauf eine zumindest ***entsprechende*** Anwendung der §§ 459 ff bejaht *also:*

- E gegen V Wandelungsanspruch
entsprechend §§ 462, 459, 465, 467, 346 ff ?

I. Anspruch entstanden ?

1. Kaufvertrag über Stückschuld, § 433 ?

HIER (+) → die Parteien haben die Übereignung einer bestimmten Boutique gegen Entgelt vereinbart

2. Voraussetzungen des § 459 ?

= beachtlicher Fehler der Kaufsache oder Fehlen einer zugesicherten Eigenschaft zur Zeit des Gefahrübergangs

a. beachtlicher Fehler, § 459 I ?

= bei der ***Stückschuld*** jedes für den Käufer nachteilige Abweichen der Ist- von der Soll-Beschaffenheit, das nicht nur gering / unbeachtlich ist

HIER (–) → die Ertragfähigkeit eines Geschäfts ist aber kein Umstand, der seinen Grund direkt in der Kaufsache selbst hat; ob ein bestimmter Ertrag erzielt wird, hängt insbesondere von vielen äußeren Faktoren ab (str.)

b. Fehlen einer zugesicherten Eigenschaft, § 459 II ?

Zugesicherte Eigenschaft = alle gegenwärtigen, wertbildenden Faktoren, die der Verkäufer besonders hervorgehoben hat (auch unwesentliche Abweichungen)

HIER (+) → zwar könnte man argumentieren, die Ertragfähigkeit sei kein gegenwärtiger, sondern ein in der Zukunft liegender Umstand; in einer solchen Aussage liegt aber regelmäßig auch die Erklärung, in der Vergangenheit sei ein bestimmter monatlicher Betrag erwirtschaftet worden; V hat bei mehrmaligem Nachfragen - wahrheitswidrig - versichert, der Ertrag sei bei 5.000,-- DM festzusetzen; diese Aussage ist zudem im Kaufvertrag schriftlich fixiert worden; insofern handelt es sich um die Zusicherung einer gegenwärtigen Eigenschaft, also um eine Zusicherung i.S.d. § 459 II

c. Vorliegen des Mangels bei Gefahrübergang ?

= bei der Übergabe, § 446 oder bei der Übergabe an Transportperson, § 447

HIER (+) → bei der Übergabe

d. also: Voraussetzungen des § 459 (+)

3. Kein Ausschluß der Gewährleistung ? (+)

4. Durchführung der Wandelung

→ gemäß § 465 muß der Käufer gegenüber dem Verkäufer die Wandelung erklären und dieser damit einverstanden sein;
→ sollte der Verkäufer die erforderliche Einverständnis-Willenserklärung verweigern, kann der Käufer direkt auf Rückzahlung der Vergütung klagen; das zusprechende Urteil beinhaltet einen richterlichen Ge-

staltungsakt; hieraus resultiert die Umwandlung in ein Rückgewährschuldverhältnis (modifizierte Vertragstheorie)

*5. **Rechtsfolgen / Umfang der Wandelung***

→ §§ 467, 346 S. 1, 347 S. 3, 246 = Rückgewähr der empfangenen Leistungen
→ § 348 = Zug um Zug

*6. <u>also</u>: **Anspruch entstanden*** (+)

II. Anspruch untergegangen ? (−)

III. Anspruch durchsetzbar ? (+)

IV. Ergebnis:
E gegen V Wandelungsanspruch und damit Anspruch auf Rückzahlung des Kaufpreises entsprechend §§ 462, 459 II, 465, 467, 346 ff (+)

Formulierungsvorschlag Fall 5

E hat einen Anspruch auf Rückzahlung des Kaufpreises, wenn er einen Wandelungsanspruch hat.

- E gegen V Wandelungsanspruch gemäß §§ 462, 459, 465, 467, 346 ff

E könnte gegen V einen Wandelungsanspruch gemäß §§ 462, 459, 465, 467, 346 ff haben.

Fraglich ist, ob die Gewährleistungsvorschriften der §§ 459 ff überhaupt anwendbar sind. Ein Geschäft oder Unternehmen ist keine "Sache", sondern eine Gesamtheit von Sachen und Rechten. Demgemäß ist eine direkte Anwendung der §§ 459 ff ausgeschlossen. Beim Geschäfts- oder Unternehmenskauf wird aber zumindest eine entsprechende Anwendung der Gewährleistungsvorschriften bejaht.

- E gegen V Wandelungsanspruch entsprechend §§ 462, 459, 465, 467, 346 ff

E könnte gegen V einen Wandelungsanspruch entsprechend §§ 462, 459, 465, 467, 346 ff haben.

I. Dann müßte der Anspruch zunächst entstanden sein.

1. Dies setzt einen wirksamen Kaufvertrag über eine Stückschuld voraus. V und E haben einen Kaufvertrag (§ 433) über eine bestimmte Boutique geschlossen. Mithin handelt es sich um eine Stückschuld.

2. Weiterhin müßten die Voraussetzungen des § 459 vorliegen.

a. Die Kaufsache könnte einen beachtlichen Fehler, § 459 I aufweisen. Als Fehler einer Stückschuld wird jedes für den Käufer nachteilige Abweichen der Ist- von der Soll-Beschaffenheit, das nicht nur gering bzw. unbeachtlich ist, gewertet.
Die Ertragfähigkeit eines Geschäfts ist kein Umstand, der seinen Grund direkt in der Kaufsache selbst hat. Ob ein bestimmter Ertrag erzielt wird, hängt insbesondere von vielen äußeren Faktoren ab. Der Minderertrag ist somit kein beachtlicher Fehler im Sinne des § 459 I.

b. Der Kaufsache könnte aber eine zugesicherte Eigenschaft fehlen, § 459 II. Zugesicherte Eigenschaften sind alle gegenwärtigen, wertbildenden Faktoren, die der Verkäufer besonders hervorgehoben hat. In Betracht kommen auch unwesentliche Abweichungen.
Zwar könnte man argumentieren, die Ertragfähigkeit sei kein gegenwärtiger, sondern ein in der Zukunft liegender Umstand. In einer solchen Aussage liegt aber regelmäßig auch die Erklärung, in der Vergangenheit sei ein bestimmter monatlicher Betrag erwirtschaftet worden. V hat bei mehrmaligem Nachfragen - wahrheitswidrig - versichert, der Ertrag sei bei 5.000,-- DM festzusetzen. Diese Aussage ist zudem im Kaufvertrag schriftlich fixiert worden. Insofern handelt es sich um die Zusicherung einer gegenwärtigen Eigenschaft, also um eine Zusicherung i.S.d. § 459 II.

c. Der Mangel der Kaufsache lag auch im Zeitpunkt des Gefahrübergangs, d.h. bei der Übergabe (§ 446) vor.

d. Also liegen die Voraussetzungen des § 459 vor.

3. Ein Ausschluß der Gewährleistung ist nicht ersichtlich.

4. Gemäß § 465 muß der Käufer gegenüber dem Verkäufer die Wandelung erklären und dieser damit einverstanden sein. Sollte der Verkäufer die erforderliche Einverständnis-Willenserklärung verweigern, kann der Käufer direkt auf Rückzahlung der Vergütung klagen. Das zusprechende Urteil beinhaltet einen richterlichen Gestaltungsakt. Hieraus resultiert die Umwandlung in ein Rückgewährschuldverhältnis (modifizierte Vertragstheorie).

5. Die Rechtsfolgen der Wandelung bestimmen sich nach den §§ 467, 346 S. 1, 347 S. 3, 246. Demnach haben sich die Parteien die empfangenen Leistungen zurückzugewähren und zwar Zug um Zug, § 348.

6. Also ist der Anspruch entstanden.

II. Der Anspruch des E ist nicht untergegangen.

III. Er ist auch durchsetzbar.

IV. E hat gegen V einen Wandelungsanspruch und damit einen Anspruch auf Rückzahlung des Kaufpreises entsprechend §§ 462, 459 II, 465, 467, 346 ff.

Fazit

1. Der Fall ist - wie der letzte - ein Beispiel dafür, daß es durchaus sinnvoll sein kann, einen Fehler und das Fehlen einer zugesicherten Eigenschaft nacheinander zu prüfen.

2. Achtet darauf, daß die ***Gewährleistungsvorschriften*** der §§ 459 ff ***beim*** Geschäfts- oder ***Unternehmenskauf nicht direkt anwendbar*** sind. Ein Geschäft oder Unternehmen ist keine "Sache", sondern eine Gesamtheit von Sachen und Rechten. Es wird aber zumindest eine entsprechende Anwendung der Gewährleistungsvorschriften bejaht.

3. Die (Minder-) ***Ertragfähigkeit*** eines Geschäfts ist ***kein beachtlicher Fehler*** im Sinne des § 459 I. Sie kein Umstand, der seinen Grund direkt in der Kaufsache selbst hat. Ob ein bestimmter Ertrag erzielt wird, hängt insbesondere von vielen äußeren Faktoren ab. Das ist eine Meinung, die Ihr so in Klausuren vertreten könnt. Sie ist allerdings nicht gerade unstreitig. In Hausarbeiten sollte deshalb eine etwas gründlichere Auseinandersetzung mit dem Problem erfolgen. Sonst setzt der/die Korrektor/in abermals den Rotstift an, diesmal mit der erschöpfenden Beurteilung: "Zu knapp".

4. Die ***Ertragfähigkeit*** eines Geschäfts ist nicht nur ein in der Zukunft liegender, also kein gegenwärtiger Umstand. Regelmäßig will der Verkäufer auch erklären, in der Vergangenheit sei ein bestimmter monatlicher Betrag erwirtschaftet worden. Insofern handelt es sich um die ***Zusicherung einer*** gegenwärtigen ***Eigenschaft***, also um eine Zusicherung i.S.d. § 459 II.

Fall 6

Der mit Goldketten behängte Gymnastikanzugträger G befindet sich einmal mehr in Geldnot. Deshalb bietet er abends in seiner Stammkneipe "Bei Elfi" schweren Herzens sein schweres Panzerarmband für 500,-- DM zum Verkauf an. Der Interessierte K erkundigt sich hierauf bei G nach der Güte des Goldes. G antwortet, es müsse sich wohl um 585er-Gold handeln. Der zu Recht mißtrauische K schaut sich zwar prüfend das Schmuckstück an, achtet aber aus unerfindlichen Gründen nicht auf die deutlich sichtbare Einprägung im Verschluß der Kette. Hieraus ist ersichtlich, daß das Gold lediglich eine 333er- Qualität hat. K drückt dem G das geforderte Geld in die Hand und erhält das Armband. Am nächsten Tag bemerkt er seine Fehleinschätzung. Der alsbald angesprochene G verweigert die Rückgängigmachung des Kaufs.

Frage: Hat K einen Anspruch auf Rückzahlung des Kaufpreises ?

Lösungsskizze Fall 6

Vorüberlegung:

K kann Rückzahlung des Kaufpreises verlangen, wenn er sich durch Rücktritt vom Vertrag lösen kann. In Betracht kommt ein gesetzlicher Rücktritt aufgrund Wandelung des Kaufvertrages.

Grundüberlegung ist immer dieselbe:
Haben die Parteien einen Kaufvertrag über eine Stückschuld oder über eine Gattungsschuld geschlossen?

Es kommen folgende Anspruchsgrundlagen in Betracht:

wenn ***Stück***schuld → §§ ***462***, 459, 465, 467, 346 ff.
wenn ***Gattung***sschuld → §§ ***462, 480***, 459, 465, 467, 346 ff.

Hier haben die Parteien einen ***Kaufvertrag*** über ein bestimmtes Armband, also ***über*** eine ***Stückschuld*** geschlossen.

- K gegen G Anspruch auf Rückzahlung des Kaufpreises gemäß §§ 462, 459, 465, 467, 346 ff ?

I. Anspruch entstanden ?

1. Kaufvertrag über Stückschuld, *§ 433 ?*

HIER (+) → die Parteien haben die Übereignung eines bestimmten Armbands gegen Entgelt vereinbart

2. Voraussetzungen des § 459 ?

= beachtlicher Fehler der Kaufsache oder Fehlen einer zugesicherten Eigenschaft zur Zeit des Gefahrübergangs

a. beachtlicher Fehler, § 459 I ?

= bei der ***Stückschuld*** jedes für den Käufer nachteilige Abweichen der Ist- von der Soll-Beschaffenheit, das nicht nur gering / unbeachtlich ist

HIER (+) → die Kette besteht nicht aus 585er-, sondern aus 333er-Gold; die obige Voraussetzung ist erfüllt

b. Vorliegen des Mangels bei Gefahrübergang ?

= bei der Übergabe, § 446 oder bei der Übergabe an Transportperson, § 447

HIER (+) → bei der Übergabe

c. <u>also</u>: Voraussetzungen des § 459 **(+)**

3. Kein Ausschluß der Gewährleistung ?

a. gemäß § 460 ?

= Ausschluß der Haftung, wenn der Käufer den Fehler bei Abschluß des Vertrages kennt (§ 460 S. 1) oder infolge grober Fahrlässigkeit nicht erkannt hat, außer bei Zusicherung der Fehlerfreiheit bzw. bei Arglist des Verkäufers (§ 460 S. 2)

aa. Ausschluß der Gewährleistung gemäß § 460 S. 1 ?

HIER (–) → K hatte keine positive Kenntnis bezüglich der Minderwertigkeit des Goldes

bb. Ausschluß der Gewährleistung gemäß § 460 S. 2 ?

HIER (+) → dem K ist die Minderwertigkeit nur durch sein äußerst unachtsames Untersuchen der Kette entgangen; insofern handelte er grob fahrlässig; G hat auch nicht versichert, die Kette bestehe aus 585er-Gold; insofern kommt keine Zusicherung einer bestimmten Güte bzw. die Zusicherung der Abwesenheit der minderen Güte in Betracht

cc. <u>also</u>: Ausschluß der Gewährleistung gemäß § 460 **(+)**

b. <u>also</u>: kein Ausschluß der Gewährleistung **(–)**

4. <u>also</u>: Anspruch entstanden **(–)**

II. Ergebnis:

K gegen G Wandelungsanspruch und damit Anspruch auf Rückzahlung des Kaufpreises gemäß §§ 462, 459 I, II, 465, 467, 346 ff (–)

Formulierungsvorschlag Fall 6

K hat einen Anspruch auf Rückzahlung des Kaufpreises, wenn er einen Wandelungsanspruch hat.

- K gegen G Wandelungsanspruch gemäß §§ 462, 459, 465, 467, 346 ff

K könnte gegen G einen Wandelungsanspruch gemäß §§ 462, 459, 465, 467, 346 ff haben.

I. Dann müßte der Anspruch zunächst entstanden sein.

1. Dies setzt einen wirksamen Kaufvertrag über eine Stückschuld voraus. G und K haben einen Kaufvertrag (§ 433) über eine bestimmtes Goldarmband des G geschlossen. Mithin handelt es sich um eine Stückschuld.

2. Weiterhin müßten die Voraussetzungen des § 459 vorliegen.

a. Die Kaufsache könnte einen beachtlichen Fehler, § 459 I aufweisen. Als Fehler einer Stückschuld wird jedes für den Käufer nachteilige Abweichen der Ist- von der Soll-Beschaffenheit, das nicht nur gering bzw. unbeachtlich ist, gewertet.
Die Kette besteht nicht aus 585er-, sondern aus 333er-Gold. Dies stellt ein negatives Abweichen von der Sollbeschaffenheit, also einen Fehler i.S.d. § 459 I dar.

b. Der Mangel der Kaufsache lag auch im Zeitpunkt des Gefahrübergangs, d.h. bei der Übergabe (§ 446) vor.

c. Also liegen die Voraussetzungen des § 459 vor.

3. Fraglich ist, ob ein Ausschluß der Gewährleistung in Betracht kommt.

a. Die Gewährleistungsrechte des K - und damit ein mögliches Wandelungsrecht - könnten gemäß § 460 ausgeschlossen sein.

Ein Ausschluß der Haftung kommt bei Kenntnis des Käufers vom Fehler (§ 460 S. 1) oder bei grob fahrlässiger Unkenntnis des Käufers vom Fehler in Betracht (§ 460 S. 2).

K kannte die minderwertige Güte des Goldes nicht positiv. Eine Wandelung durch K ist somit nicht gemäß § 460 S. 1 ausgeschlossen.

Möglicherweise ist jedoch § 460 S. 2 anwendbar. Gewährleistungsrechte scheiden auch bei grob fahrlässiger Unkenntnis des Käufers vom Mangel aus.
K hat trotz seiner Zweifel an der Redlichkeit des G nicht auf die gut sichtbare Einprägung ("333") auf dem Verschluß der Kette geachtet. Insofern hat er grob fahrlässig gehandelt.
G hat auch nicht versichert, die Kette bestehe aus 585er-Gold. Insofern kommt keine Zusicherung einer bestimmten Güte bzw. die Zusicherung der Abwesenheit der minderen Güte in Betracht.

Die Voraussetzungen des § 460 sind also erfüllt.

b. Demnach ist das Wandelungsrecht des K ausgeschlossen.

4. Also ist der Anspruch nicht entstanden.

II. K hat gegen G keinen Wandelungsanspruch und damit keinen Anspruch auf Rückzahlung des Kaufpreises gemäß §§ 462, 459 I, II, 465, 467, 346 ff.

Fazit

1. Jetzt habt Ihr den ersten Grund für einen ***Ausschluß der Gewährleistung*** kennengelernt. **§ *460*** (nochmal lesen!!) ist relativ weit gefaßt und bietet neben zwei denkbaren Ausschlußgründen auch einige Ausnahmen vom Ausschluß der Gewährleistung.

2. Es lag lediglich ein Fehler der Kaufsache gemäß § 459 I vor. Der Verkäufer hat keine bestimmte Eigenschaft zugesichert. Er hat lediglich geäußert, "es müsse sich wohl um 585er-Gold handeln".

3. Der Ausschlußgrund des ***§ 460 S. 2*** (grob fahrlässige Unkenntnis) gilt nach allgemeiner Meinung ***nur für Fehler i.S.d. § 459 I.*** Auf die Zusicherung einer Eigenschaft darf sich der Käufer verlassen.

4. Im Rahmen des ***§ 460 S. 2*** ist genau auf den Gesetzeswortlaut zu achten. Wenn Ihr zu dem Ergebnis kommen solltet, daß der Käufer den Fehler grob fahrlässig übersehen hat, könnt Ihr Euch noch nicht frohgemut zurücklehnen. Wenn der Verkäufer zugesichert hat, die Sache habe keinen Fehler, kehrt sich das bis dahin gefundene Ergebnis um. Auch wenn der Verkäufer arglistig gehandelt hat, schadet die grob fahrlässige Unkenntnis des Mangels nicht.
   Achtet also immer auf die zwei beschriebenen Ausnahmen!!!

5. ***§ 460 soll*** nach - allerdings umstrittener - Ansicht ***nur für den Stückkauf*** gelten. Zur Begründung wird u.a. angeführt, nur in § 462 finde sich ein Verweis auf § 460. Der für den Gattungskauf geltende § 480 verzichte auf einen Hinweis.

6. Es gibt noch viele weitere Ausschlußgründe, die zum Tragen kommen könnten. Versucht doch jetzt schon einmal, anhand des Gesetzes weitere Ausschlußgründe zu finden.

Fall 7

Sexshopinhaber S verkauft dem K eine Gummipuppe des Typs "Lolita". Der Vertrag wird sofort abgewickelt. Bald darauf muß K entsetzt feststellen, daß sich ein Lufteinfüllstutzen nicht ordnungsgemäß verschließen läßt. Die Puppe ist "undicht". Deshalb verlangt er von S Rücknahme der Gummipuppe und Rückzahlung des Kaufpreises. S verweist auf einen an der Kasse angebrachten, für alle Käufer sichtbaren Zettel, auf dem steht: "Hiermit mache ich auf meine allgemeinen Geschäftsbedingungen aufmerksam." In den in der Kassenschublade befindlichen Geschäftsbedingungen findet sich unter § 6 der Passus: "Der Käufer hat lediglich ein Recht auf Nachbesserung fehlerhafter Ware." S ist deshalb der Ansicht, K könne nur eine Reparatur der Puppe verlangen. K möchte nach wie vor den Kaufpreis zurückerhalten.

Frage: Kann K Rückzahlung des Kaufpreises verlangen ?

Lösungsskizze Fall 7

Vorüberlegung:

K kann Rückzahlung des Kaufpreises verlangen, wenn er sich durch Rücktritt vom Vertrag lösen kann. In Betracht kommt ein gesetzlicher Rücktritt aufgrund Wandelung des Kaufvertrages.

Grundüberlegung ist immer dieselbe:
Haben die Parteien einen Kaufvertrag über eine Stückschuld oder über eine Gattungsschuld geschlossen?

Es kommen folgende Anspruchsgrundlagen in Betracht:

wenn ***Stück***schuld → §§ ***462***, 459, 465, 467, 346 ff.
wenn ***Gattung***sschuld → §§ ***462, 480***, 459, 465, 467, 346 ff.

Hier haben die Parteien einen ***Kaufvertrag*** über irgendeine Gummipuppe des genannten Typs, also ***über*** eine ***Gattungsschuld*** geschlossen.

- K gegen S Wandelungsanspruch gemäß §§ 462, 480, 459, 465, 467, 346 ff ?

I. Anspruch entstanden ?

1. Kaufvertrag über Gattungsschuld, § 433 ?

HIER (+) → die Parteien haben die Übereignung irgendeiner Gummipuppe des Typs "Lolita" gegen Entgelt vereinbart

2. Voraussetzungen des § 459 ?

= beachtlicher Fehler der Kaufsache oder Fehlen einer zugesicherten Eigenschaft zur Zeit des Gefahrübergangs

a. beachtlicher Fehler, § 459 I ?
= bei der ***Gattungsschuld*** jedes nachteilige Abweichen von mittlerer Art und Güte, das nicht nur gering / unbeachtlich ist

HIER (+) → die Puppe ist undicht; die obige Voraussetzung ist erfüllt

b. Vorliegen des Mangels bei Gefahrübergang ?
= bei der Übergabe, § 446 oder bei der Übergabe an Transportperson, § 447

HIER (+) → bei der Übergabe

c. also: Voraussetzungen des § 459 (+)

3. Kein Ausschluß der Gewährleistung ?

a. gemäß § 6 der Geschäftsbedingungen des S ?
= Beschränkung der Gewährleistungsrechte auf Nachbesserung
= Ausschluß der Wandelung

HIER an sich (+), aber:

aa. Wirksamkeit der Klausel ?
= bei Übereinstimmung mit dem AGBG

(1) Allgemeine Geschäftsbedingung i.S.d. § 1 AGBG ?

HIER (+) → sie ist für eine Vielzahl von Verträgen vorformuliert

(2) Wirksame Einbeziehung der Klausel in den Vertrag, § 2 AGBG ?

HIER (+) → ein deutlich sichtbarer Aushang mit Hinweis auf die AGB (Zettel an der Kasse) reicht aus; K hatte zudem die Möglichkeit, in zumutbarer Weise bei Vertragsschluß vom Inhalt der AGB Kenntnis zu nehmen (die AGB lagen direkt in der Kassenschublade)

(3) Unwirksamkeit der Klausel nach AGBG-Bestimmungen ?
(Prüfungsreihenfolge immer: § 11 - § 10 - § 9 AGBG)

HIER (+) → § 11 Ziffer 10.b); in allgemeinen Geschäftsbedingungen ist eine Klausel unwirksam, die den Käufer nur auf Nachbesserungsrechte beschränkt

(4) also: Wirksamkeit der Klausel (–)

bb. also: Ausschluß gem. § 6 der Geschäftsbedingungen des S (–)

b. also: kein Ausschluß der Gewährleistung (+)

4. Durchführung der Wandelung

→ gemäß § 465 muß der Käufer gegenüber dem Verkäufer die Wandelung erklären und dieser damit einverstanden sein;
→ sollte der Verkäufer die erforderliche Einverständnis-Willenserklärung verweigern, kann der Käufer direkt auf Rückzahlung der Vergütung klagen; das zusprechende Urteil beinhaltet einen richterlichen Gestaltungsakt; hieraus resultiert die Umwandlung in ein Rückgewährschuldverhältnis (modifizierte Vertragstheorie)

5. Rechtsfolgen / Umfang der Wandelung

→ §§ 467, 346 S. 1, 347 S. 3, 246 = Rückgewähr der empfangenen Leistungen
→ § 348 = Zug um Zug

6. also: Anspruch entstanden (+)

II. Anspruch untergegangen ? (–)

III. Anspruch durchsetzbar ? (+)

IV. Ergebnis:

K gegen S Wandelungsanspruch und damit Anspruch auf Rückzahlung des Kaufpreises gemäß §§ 462, 480 I, 459 I, 465, 467, 346 ff (+)

Formulierungsvorschlag Fall 7

K hat einen Anspruch auf Rückzahlung des Kaufpreises, wenn er einen Wandelungsanspruch hat.

- K gegen S Wandelungsanspruch gemäß §§ 462, 480, 459, 465, 467, 346 ff

K könnte gegen S einen Wandelungsanspruch gemäß §§ 462, 480, 459, 465, 467, 346 ff haben.

I. Dann müßte der Anspruch zunächst entstanden sein.

1. Dies setzt einen wirksamen Kaufvertrag über eine Gattungsschuld voraus. S und K haben einen Kaufvertrag (§ 433) über irgendeine Gummipuppe des Typs "Lolita" geschlossen. Mithin handelt es sich um eine Gattungsschuld.

2. Weiterhin müßten die Voraussetzungen des § 459 vorliegen.

a. Die Kaufsache könnte einen beachtlichen Fehler, § 459 I aufweisen. Als Fehler einer Gattungsschuld wird jedes nachteilige Abweichen von mittlerer Art und Güte, das nicht nur gering bzw. unbeachtlich ist, gewertet.
Die aufblasbare Puppe ist undicht. Dies stellt eine Abweichung von mittlerer Art und Güte (Dichtheit) dar. Die Undichtigkeit ist somit ein beachtlicher Fehler im Sinne des § 459 I.

b. Der Mangel der Kaufsache lag auch im Zeitpunkt des Gefahrübergangs, d.h. bei der Übergabe (§ 446) vor.

c. Also liegen die Voraussetzungen des § 459 vor.

3. Fraglich ist, ob ein Ausschluß der Gewährleistung in Betracht kommt.

a. S könnte durch § 6 seiner Geschäftsbedingungen eine Beschränkung der Gewährleistung auf ein Nachbesserungsrecht des Käufers herbeigeführt haben. Das Wandelungsrecht des K wäre demzufolge ausgeschlossen.

Hierzu müßte die Klausel jedoch wirksam sein. Die Wirksamkeit bestimmt sich nach den Vorschriften des AGBG, wenn die Geschäftsbedingungen des S - und damit auch der in Frage stehende § 6 - allgemeine Geschäftsbedingungen i.S. dieses Gesetzes sind.

Dann müßten sie den Voraussetzungen des § 1 AGBG genügen. Das wird bejaht, wenn die Bedingungen für eine Vielzahl von Verträgen vorformuliert ist.
Mangels entgegenstehender Anhaltspunkte ist hiervon auszugehen. Die Bedingungen des S sind allgemeine Geschäftsbedingungen i.S.d. AGBG.

Fraglich ist, ob die Bedingungen wirksam in den Vertrag einbezogen worden sind, § 2 AGBG. In diesem Zusammenhang reicht ein deutlich sichtbarer Aushang mit Hinweis auf die AGB (Zettel an der Kasse) aus. K hatte zudem die Möglichkeit, in zumutbarer Weise bei Vertragsschluß vom Inhalt der AGB Kenntnis zu nehmen, da die AGB direkt in der Kassenschublade lagen. Eine wirksame Einbeziehung gemäß § 2 I AGBG liegt somit vor.

Möglicherweise ist der § 6 der Geschäftsbedingungen des S jedoch gemäß § 11 Ziffer 10.b) ABGB unwirksam. Nach der genannten Norm ist in allgemeinen Geschäftsbedingungen eine Klausel unwirksam, die den Käufer nur auf Nachbesserungsrechte beschränkt. S hat dem K in § 6 seiner Geschäftsbedingungen das Recht auf Wandelung, Minderung und Nachlieferung verwehrt. Er hat ihm lediglich ein Recht auf Nachbesserung eingeräumt.
Die von S verwendete Klausel ist demnach gemäß § 11 Ziffer 10.b) ABGB unwirksam.

§ 6 der Geschäftsbedingungen des S ist also nicht wirksam.

Eine Beschränkung der Gewährleistungsrechte des K auf ein Nachbesserungsrecht durch § 6 der Geschäftsbedingungen des S kommt somit nicht in Betracht.

b. Die üblichen gesetzlichen Gewährleistungsrechte sind somit nicht ausgeschlossen.

4. Gemäß § 465 muß der Käufer gegenüber dem Verkäufer die Wandelung erklären und dieser damit einverstanden sein. Sollte der Verkäufer die erforderliche Einverständnis-Willenserklärung verweigern, kann der Käufer direkt auf Rückzahlung der Vergütung klagen. Das zusprechende Urteil beinhaltet einen richterlichen Gestaltungsakt. Hieraus resultiert die Umwandlung in ein Rückgewährschuldverhältnis (modifizierte Vertragstheorie).

5. Die Rechtsfolgen der Wandelung bestimmen sich nach den §§ 467, 346 S. 1, 347 S. 3, 246. Demnach haben sich die Parteien die empfangenen Leistungen zurückzugewähren und zwar Zug um Zug, § 348.

6. Also ist der Anspruch entstanden.

II. Der Anspruch des K ist nicht untergegangen.

III. Er ist auch durchsetzbar.

IV. K hat gegen S einen Wandelungsanspruch und damit einen Anspruch auf Rückzahlung des Kaufpreises gemäß §§ 462, 480 I, 459 I, 465, 467, 346 ff.

Fazit

1. Dies war der zweite (Ausschluß-) Streich. Zugegeben: An's ***AGBG*** (Gesetz zur Regelung der Allgemeinen Geschäftsbedingungen) hat wahrscheinlich nicht jeder gleich gedacht, aber das ist nicht schlimm. Jetzt kennt Ihr ja dieses - oft in Klausuren und Hausarbeiten - anzuwendende Gesetz.

2. Unser Verkäufer hat durch ***"Allgemeine Geschäftsbedingungen"*** seine Haftung beschränkt. Wenn Euch so etwas in einer Fallbearbeitung über den Weg läuft, könnt Ihr anhand des AGBG überprüfen, ob die Haftungsbeschränkung bzw. ein Haftungsausschluß wirksam ist.

   Die ***AGB-Prüfung*** beschränkt sich im Regelfall auf ***vier Punkte***:

   - Ist das ***AGBG*** überhaupt ***anwendbar***, § 24 AGBG ?
   - Liegen ***Allgemeine Geschäftsbedingungen*** i.S.d. § 1 AGBG vor ?
   - Sind sie ***wirksam*** in den Vertrag ***einbezogen*** worden, § 2 AGBG ?
   - Ist/sind die ***Klausel***/n ***unwirksam***, §§ 9 - 11 AGBG
     (Achtung: Die Prüfungsreihenfolge ist umgekehrt
     § 11 - § 10 - § 9 AGBG)

3. Zu beachten war in unserem Fall **§ *11 Ziffer 10.b) ABGB***. Nach der genannten Norm ist in allgemeinen Geschäftsbedingungen eine Klausel unwirksam, die den Käufer nur auf Nachbesserungsrechte beschränkt, also dem Käufer das Recht auf Wandelung, Minderung und Nachlieferung verwehrt.

Fall 8

K kauft beim Möbelhändler H eine altdeutsche Schrankwand (Epoche früher Hertie bis später Kaufhof) der Marke "Standfest". Den Kaufpreis von 6.000,-- DM bezahlt er sofort. Die Schrankwand wird geliefert und in seinem Wohnzimmer aufgestellt. Nach sieben Monaten bricht sie irreparabel zusammen, weil sie minderwertig verklebt ist. H wußte schon vor Abschluß des Kaufvertrages aus anderen Verkäufen von der minderwertigen Verklebung. Da er aber aus dem Verkauf einen hohen Gewinn erwartet, offenbart er dem K sein Wissen nicht.

Frage: Kann K Rückzahlung des Kaufpreises verlangen ?

Lösungsskizze Fall 8

Vorüberlegung:

K kann Rückzahlung des Kaufpreises verlangen, wenn er sich durch Rücktritt vom Vertrag lösen kann. In Betracht kommt ein gesetzlicher Rücktritt aufgrund Wandelung des Kaufvertrages.

Grundüberlegung ist immer dieselbe:
Haben die Parteien einen Kaufvertrag über eine Stückschuld oder über eine Gattungsschuld geschlossen?

Es kommen folgende Anspruchsgrundlagen in Betracht:

wenn ***Stück***schuld → §§ ***462***, 459, 465, 467, 346 ff.
wenn ***Gattung***sschuld → §§ ***462, 480***, 459, 465, 467, 346 ff.

Hier haben die Parteien einen ***Kaufvertrag*** über irgendeine Schrankwand der genannten Marke, also ***über*** eine ***Gattungsschuld*** geschlossen.

- K gegen H Wandelungsanspruch gemäß §§ 462, 480, 459, 465, 467, 346 ff ?

I. Anspruch entstanden ?

1. Kaufvertrag über Gattungsschuld, § 433 ?

HIER (+) → die Parteien haben die Übereignung irgendeiner Schrankwand der Marke "Standfest" gegen Entgelt vereinbart

2. Voraussetzungen des § 459 ?

= beachtlicher Fehler der Kaufsache oder Fehlen einer zugesicherten Eigenschaft zur Zeit des Gefahrübergangs

a. beachtlicher Fehler, § 459 I ?

= bei der ***Gattungsschuld*** jedes nachteilige Abweichen von mittlerer Art und Güte, das nicht nur gering / unbeachtlich ist

HIER (+) → die Verklebung war minderwertig; die obige Voraussetzung ist erfüllt

b. Vorliegen des Mangels bei Gefahrübergang ?
= bei der Übergabe, § 446 oder bei der Übergabe an Transportperson, § 447

HIER (+) → bei der Übergabe

c. also: Voraussetzungen des § 459 **(+)**

3. Kein Ausschluß der Gewährleistung ? **(+)**

4. Durchführung der Wandelung

→ gemäß § 465 muß der Käufer gegenüber dem Verkäufer die Wandelung erklären und dieser damit einverstanden sein;
→ sollte der Verkäufer die erforderliche Einverständnis-Willenserklärung verweigern, kann der Käufer direkt auf Rückzahlung der Vergütung klagen; das zusprechende Urteil beinhaltet einen richterlichen Gestaltungsakt; hieraus resultiert die Umwandlung in ein Rückgewährschuldverhältnis (modifizierte Vertragstheorie)

5. Rechtsfolgen / Umfang der Wandelung

→ §§ 467, 346 S. 1, 347 S. 3, 246 = Rückgewähr der empfangenen Leistungen
→ § 348 = Zug um Zug

6. also: Anspruch entstanden **(+)**

II. Anspruch untergegangen ?

1. gemäß § 467 S. 1 i.V.m. § 351 S. 1 ?
= **Verschulden** des Untergangs ...... durch den **Käufer** vor Vollzug der Wandelung

!! ***Problem:*** **Verschulden**

→ **vor** Kenntnis des Käufers vom Wandelungsgrund
= Benutzung der Sache in untypischer gefährlicher Weise

HIER (−) → für eine völlige Überlastung des Schrankes gibt der Sachverhalt keine Anhaltspunkte; K hat die Kaufsache also nicht in untypischer gefährlicher Weise benutzt

2. also: Anspruch untergegangen **(−)**

III. Anspruch durchsetzbar ?

1. Verjährung des Anspruchs ?
= beim Wandelungsanspruch: § 477 I 1
→ 6 Monate bei beweglichen Sachen ab Ablieferung

HIER (−) → zwar ist die o.g. Frist verstrichen, da die Schrankwand erst später zusammengebrochen ist; diese Frist gilt jedoch gemäß § 477 I 1 nur, sofern der Verkäufer den Fehler nicht arglistig verschwiegen hat; obwohl H von der minderwertigen Verklebung wußte, hat er den K nicht darüber aufgeklärt, den Mangel also arglistig verschwiegen;

die (längere) Verjährungsfrist ergibt sich aus § 195 und beträgt 30 Jahre; der Anspruch ist somit nicht verjährt

2. also: Anspruch durchsetzbar (+)

IV. Ergebnis:
K gegen H Wandelungsanspruch und damit Anspruch auf Rückzahlung des Kaufpreises gemäß §§ 462, 480 I, 459 I, 465, 467, 346 ff (+)

Formulierungsvorschlag Fall 8

K hat einen Anspruch auf Rückzahlung des Kaufpreises, wenn er einen Wandelungsanspruch hat.

- K gegen H Wandelungsanspruch gemäß §§ 462, 480, 459, 465, 467, 346 ff

K könnte gegen H einen Wandelungsanspruch gemäß §§ 462, 480, 459, 465, 467, 346 ff haben.

I. Dann müßte der Anspruch zunächst entstanden sein.

1. Dies setzt einen wirksamen Kaufvertrag über eine Gattungsschuld voraus. H und K haben einen Kaufvertrag (§ 433) über irgendeine Schrankwand der Marke "Standfest" geschlossen. Mithin handelt es sich um eine Gattungsschuld.

2. Weiterhin müßten die Voraussetzungen des § 459 vorliegen.

a. Die Kaufsache könnte einen beachtlichen Fehler, § 459 I aufweisen. Als Fehler einer Gattungsschuld wird jedes nachteilige Abweichen von mittlerer Art und Güte, das nicht nur gering bzw. unbeachtlich ist, gewertet.
Die Schrankwand war minderwertig verklebt. Dies stellt eine Abweichung von mittlerer Art und Güte (ordnungsgemäße Verklebung) dar. Die minderwertige Verklebung ist somit ein beachtlicher Fehler im Sinne des § 459 I.

b. Der Mangel der Kaufsache lag auch im Zeitpunkt des Gefahrübergangs, d.h. bei der Übergabe (§ 446) vor.

c. Also liegen die Voraussetzungen des § 459 vor.

3. Ein Ausschluß der Gewährleistung ist nicht ersichtlich.

4. Gemäß § 465 muß der Käufer gegenüber dem Verkäufer die Wandelung erklären und dieser damit einverstanden sein. Sollte der Verkäufer die erforderliche Einverständnis-Willenserklärung verweigern, kann der Käufer direkt auf Rückzahlung der Vergütung klagen. Das zusprechende Urteil beinhaltet einen richterlichen Gestaltungsakt. Hieraus resultiert die Umwandlung in ein Rückgewährschuldverhältnis (modifizierte Vertragstheorie).

5. Die Rechtsfolgen der Wandelung bestimmen sich nach den §§ 467, 346 S. 1, 347 S. 3, 246. Demnach haben sich die Parteien die empfangenen Leistungen zurückzugewähren und zwar Zug um Zug, § 348.

6. Also ist der Anspruch entstanden.

II. Fraglich ist, ob der Anspruch des K untergegangen ist.

1. In Betracht kommt ein Erlöschen des Anspruchs gemäß § 467 S. 1 i.V.m. § 351 S. 1.

Dann müßte der Käufer vor Vollzug der Wandelung den Untergang der Kaufsache verschuldet haben.
Die Schrankwand ist zusammengebrochen, also untergegangen. Vor Kenntnis des Käufers vom Wandelungsgrund wird ein Verschulden bejaht, wenn der Käufer die Sache in untypischer gefährlicher Weise benutzt. Für eine Überlastung des Schrankes gibt der Sachverhalt keine Anhaltspunkte. K hat die Kaufsache also nicht in untypischer gefährlicher Weise benutzt.
Ein Erlöschen des Anspruchs gemäß § 467 S. 1 i.V.m. § 351 S. 1 scheidet also aus.

2. Somit ist der Anspruch nicht untergegangen.

III. Fraglich ist, ob der Anspruch durchsetzbar ist.

1. In Betracht kommt eine Verjährung des Anspruchs gemäß § 477 I 1. Der Anspruch verjährt nach der genannten Norm bei beweglichen Sachen sechs Monate nach deren Ablieferung.

Die Schrankwand ist nach Ablauf der Frist zusammengebrochen. Erst dann hat K sich bei H gemeldet. Demnach wäre die Frist an sich verstrichen.

Möglicherweise ist jedoch die Sechsmonatsfrist nicht zu beachten. Gemäß § 477 I 1 gilt diese Frist nicht, wenn der Verkäufer den Mangel arglistig verschweigt. Obwohl H von der minderwertigen Verklebung wußte, hat er den K nicht darüber aufgeklärt, den Fehler also arglistig verschwiegen.
Somit gilt die verlängerte Frist des § 195 (30 Jahre). Innerhalb dieser Frist hat K sich bei H gemeldet. Der Anspruch des K auf Wandelung ist demnach nicht verjährt.

2. Somit ist der Anspruch auch durchsetzbar.

IV. K hat gegen H einen Wandelungsanspruch und damit einen Anspruch auf Rückzahlung des Kaufpreises gemäß §§ 462, 480 I, 459 I, 465, 467, 346 ff.

Fazit

1. Ihr habt's bemerkt: Ein Wandelungsanspruch kann also auch untergehen. Der wichtigste Untergangs- oder Erlöschensgrund ist der des ***§ 467 S. 1 i.V.m. § 351 S. 1***.
Voraussetzung ist, daß der Käufer den Untergang oder eine wesentliche Verschlechterung der Kaufsache verschuldet.

Wobei wir schon beim Knackpunkt sind. Zu beachten ist, daß der Untergang bzw. die wesentliche Verschlechterung zeitlich ***vor dem Vollzug*** der Wandelung (vgl. § 465) liegen muß. Und außerdem muß der Käufer die ganze Schweinerei verschulden. Wann liegt denn ein ***Verschulden*** des Käufers vor? Das wird unterschiedlich beantwortet.

Je nachdem, ob der Käufer schon den Wandelungsgrund kennt oder noch nicht, werden ***verschiedene Maßstäbe*** angesetzt.

Und das ist einleuchtend. Stellt Euch einmal vor, daß Ihr eine mangelhafte Sache gekauft habt. Wenn Ihr den Mangel erkennt, wollt Ihr wandeln. Was liegt dann näher, als peinlichst darauf zu achten, den gekauften Gegenstand in dem Zustand zurückzugeben, in dem Ihr ihn jetzt in Händen haltet. Dann gibt's nämlich - wenn alles gutgeht - keinen Ärger und Ihr bekommt Euer Geld zurück. Kaum eine/r würde auf die Idee kommen, den Kaufgegenstand besonderen Gefahren auszusetzen.

Deshalb wird auch ***nach Kenntnis des Käufers*** vom Wandelungsgrund ein normaler Verschuldensmaßstab angelegt.

Ganz anders wird die Situation logischerweise zu beurteilen sein, wenn der Käufer noch gar nicht weiß, daß ein Wandelungsgrund vorliegt, also ***noch keine Kenntnis vom Wandelungsgrund*** hat.

In diesem Fall hat er gar keine Veranlassung, besonders pfleglich mit der Kaufsache umzugehen. Er denkt zu diesem Zeitpunkt, es handele sich um seine Sache. Und mit der kann er natürlich (fast) alles machen, was er will. Er muß auch nicht damit rechnen, daß irgendwann einmal eine Wandelung in's Haus steht. All das bedingt einen anderen Haftungsmaßstab.
Ein Verschulden wird nur angenommen, wenn der Käufer die Sache in untypischer gefährlicher Weise benutzt. Diese Voraussetzung wird er kaum einmal erfüllen können. Aber auch solche Konstellationen lassen sich von beherzten Professor/inn/en konstruieren.

2. Ein ***weiterer*** Erlöschens- oder ***Untergangsgrund*** findet sich im übrigen in ***§ 377 HGB***. Den könnt Ihr schon einmal lesen. Irgendwann in diesem Buch wird er Euch sicherlich über den Weg laufen.

3. Eine Durchsetzbarkeit des Anspruchs scheitert, wenn er verjährt ist. Normalerweise verjährt der Wandelungsanspruch gemäß § 477 I 1, also bei beweglichen Sachen sechs Monate nach deren Ablieferung.
Ihr solltet jedoch immer daran denken, daß die Frist des § 477 I 1 u.U. gar nicht zu beachten ist. Das ergibt sich aus der Norm selbst. Die dort normierte Frist gilt dann nicht, wenn der Verkäufer den Mangel arglistig verschweigt. Wenn Ihr das bejahen könnt, gilt die "normale" Verjährungsfrist des § 195. Und die beträgt gnadenlose 30 Jahre.

Fall 9

K kauft beim windigen Privatmann P einen acht Jahre alten PKW der Marke Mercedes. Auto und Geld wechseln sofort den Eigentümer. Schon nach einer Woche streikt der Motor. Ein sofort beauftragter KFZ-Sachverständiger diagnostiziert recht bald das Ende der Maschine. In seinem Gutachten führt er aus, der jetzige Defekt resultiere aus einem Unfall, in den das Auto vor kurzem verwickelt gewesen sei. Dieser habe zu kleinen Rissen im Motorblock geführt. Im gleichen Atemzug weist der Gutachter auf weitere Mängel hin, die ebenfalls aus dem Unfall stammen und dazu führen, daß das KFZ nicht mehr verkehrstauglich ist. Erzürnt fordert K von P, der Vertrag solle sofort rückgängig gemacht werden. Der spitzbübisch grinsende P - der im übrigen von den Mängeln wußte - verweist den K auf den zwischen den Parteien handschriftlich ausgefertigten Vertrag, in dem sich folgender Passus findet: "Jegliche Gewährleistungsrechte sind ausgeschlossen.".

Frage: Kann K Rückzahlung des Kaufpreises verlangen ?

Lösungsskizze Fall 9

Vorüberlegung:

K kann Rückzahlung des Kaufpreises verlangen, wenn er sich durch Rücktritt vom Vertrag lösen kann. In Betracht kommt ein gesetzlicher Rücktritt aufgrund Wandelung des Kaufvertrages.

Grundüberlegung ist immer dieselbe:
Haben die Parteien einen Kaufvertrag über eine Stückschuld oder über eine Gattungsschuld geschlossen?

Es kommen folgende Anspruchsgrundlagen in Betracht:

wenn ***Stück***schuld → §§ ***462***, 459, 465, 467, 346 ff.
wenn ***Gattung***sschuld → §§ ***462, 480***, 459, 465, 467, 346 ff.

Hier haben die Parteien einen ***Kaufvertrag*** über ein bestimmtes Auto, also ***über*** eine ***Stückschuld*** geschlossen.

- K gegen P Wandelungsanspruch gemäß §§ 462, 459, 465, 467, 346 ff ?

I. Anspruch entstanden ?

1. Kaufvertrag über Stückschuld, § 433 ?

HIER (+) → die Parteien haben die Übereignung eines bestimmten Gebrauchtwagens gegen Entgelt vereinbart

2. Voraussetzungen des § 459 ?
= beachtlicher Fehler der Kaufsache <u>oder</u> Fehlen einer zugesicherten Eigenschaft zur Zeit des Gefahrübergangs

a. beachtlicher Fehler, § 459 I ?
= bei der ***Stückschuld*** jedes für den Käufer nachteilige Abweichen der Ist- von der Soll-Beschaffenheit, das nicht nur gering / unbeachtlich ist

HIER (+) → das Auto ist nicht mehr verkehrstauglich; die obige Voraussetzung ist erfüllt

b. Vorliegen des Mangels bei Gefahrübergang ?
= bei der Übergabe, § 446 oder bei der Übergabe an Transportperson, § 447

HIER (+) → bei der Übergabe

c. <u>also</u>: Voraussetzungen des § 459 (+)

3. Kein Ausschluß der Gewährleistung ?

a. aufgrund der vertraglichen Ausschlußklausel ?
= gänzlicher Ausschluß jeglicher Gewährleistungsrechte
= Ausschluß der Wandelung

HIER (−) → zwar können in einem individuell ausgehandelten Kaufvertrag - im Gegensatz zu "Allgemeinen Geschäftsbedingungen" - alle Gewährleistungsrechte ausgeschlossen werden; damit kann der Käufer auch kein Wandelungsrecht geltend machen; der Ausschluß von Gewährleistungsrechten ist aber dann unwirksam, wenn der Verkäufer arglistig handelt; obwohl P von den gravierenden Mängeln wußte, hat er K nicht darüber informiert; er hat arglistig gehandelt; somit ist der Ausschluß der Wandelung aufgrund der Vertragsklausel unwirksam

b. <u>also</u>: kein Ausschluß der Gewährleistung (+)

4. Durchführung der Wandelung

→ gemäß § 465 muß der Käufer gegenüber dem Verkäufer die Wandelung erklären und dieser damit einverstanden sein;
→ sollte der Verkäufer die erforderliche Einverständnis-Willenserklärung verweigern, kann der Käufer direkt auf Rückzahlung der Vergütung klagen; das zusprechende Urteil beinhaltet einen richterlichen Gestaltungsakt; hieraus resultiert die Umwandlung in ein Rückgewährschuldverhältnis (modifizierte Vertragstheorie)

5. Rechtsfolgen / Umfang der Wandelung

→ §§ 467, 346 S. 1, 347 S. 3, 246 = Rückgewähr der empfangenen Leistungen
→ § 348 = Zug um Zug

6. <u>also</u>: Anspruch entstanden (+)

II. Anspruch untergegangen ?

1. gemäß § 467 S. 1 i.V.m. § 351 S. 1 ?

= **Verschulden** der wesentlichen Verschlechterung, des Untergangs ...... durch den **Käufer** vor Vollzug der Wandelung

!! ***Problem:*** **wesentliche Verschlechterung**

HIER (–) → der Wagen war schon beim Kaufvertragsabschluß mit diversen Mängeln behaftet, die keine Veränderung erfahren haben; der endgültige Zusammenbruch des Motors kann nicht als wesentliche Verschlechterung gewertet werden

2. also: Anspruch untergegangen **(–)**

III. Anspruch durchsetzbar ? **(+)**

IV. Ergebnis:

K gegen P Wandelungsanspruch und damit Anspruch auf Rückzahlung des Kaufpreises gemäß §§ 462, 459 I, 465, 467, 346 ff (+)

Formulierungsvorschlag Fall 9

K hat einen Anspruch auf Rückzahlung des Kaufpreises, wenn er einen Wandelungsanspruch hat.

- K gegen P Wandelungsanspruch gemäß §§ 462, 459, 465, 467, 346 ff

K könnte gegen P einen Wandelungsanspruch gemäß §§ 462, 459, 465, 467, 346 ff haben.

I. Dann müßte der Anspruch zunächst entstanden sein.

1. Dies setzt einen wirksamen Kaufvertrag über eine Stückschuld voraus. P und K haben einen Kaufvertrag über ein bestimmtes gebrauchtes Auto geschlossen. Mithin handelt es sich um eine Stückschuld.

2. Weiterhin müßten die Voraussetzungen des § 459 vorliegen.

a. Die Kaufsache könnte einen beachtlichen Fehler, § 459 I aufweisen. Als Fehler einer Stückschuld wird jedes für den Käufer nachteilige Abweichen der Ist- von der Soll-Beschaffenheit, das nicht nur gering bzw. unbeachtlich ist, gewertet.
Das Auto ist nicht mehr verkehrstauglich. Dies stellt eine Abweichung von der Soll-Beschaffenheit (Verkehrstauglichkeit) dar. Die Defekte sind somit beachtliche Mängel im Sinne des § 459 I.

b. Der Mangel der Kaufsache lag auch im Zeitpunkt des Gefahrübergangs, d.h. bei der Übergabe (§ 446) vor.

c. Also liegen die Voraussetzungen des § 459 vor.

3. Fraglich ist, ob ein Ausschluß der Gewährleistung in Betracht kommt.

a. Ein Wandelungsrecht könnte aufgrund der vertraglichen Ausschlußklausel entfallen.

Die Parteien haben sämtliche Gewährleistungsrechte, also auch die Wandelung vertraglich ausgeschlossen. In einem individuell ausgehandelten Kaufvertrag können - im Gegensatz zu "Allgemeinen Geschäftsbedingungen" - alle Gewährleistungsrechte grundsätzlich ausgeschlossen werden. Damit kann der Käufer auch kein Wandelungsrecht geltend machen.
Der Ausschluß von Gewährleistungsrechten ist dann unwirksam, wenn der Verkäufer arglistig handelt. Obwohl P von den gravierenden Mängeln wußte, hat er K nicht darüber informiert. Insofern hat er arglistig gehandelt. Die Klausel ist also unwirksam.

Ein Wandelungsrecht des K entfällt somit auch nicht aufgrund der vertraglichen Ausschlußklausel.

b. Die üblichen gesetzlichen Gewährleistungsrechte sind somit nicht ausgeschlossen.

4. Gemäß § 465 muß der Käufer gegenüber dem Verkäufer die Wandelung erklären und dieser damit einverstanden sein. Sollte der Verkäufer die erforderliche Einverständnis-Willenserklärung verweigern, kann der Käufer direkt auf Rückzahlung der Vergütung klagen. Das zusprechende Urteil beinhaltet einen richterlichen Gestaltungsakt. Hieraus resultiert die Umwandlung in ein Rückgewährschuldverhältnis (modifizierte Vertragstheorie).

5. Die Rechtsfolgen der Wandelung bestimmen sich nach den §§ 467, 346 S. 1, 347 S. 3, 246. Demnach haben sich die Parteien die empfangenen Leistungen zurückzugewähren und zwar Zug um Zug, § 348.

6. Also ist der Anspruch entstanden.

II. Fraglich ist, ob der Anspruch des K untergegangen ist.

1. In Betracht kommt ein Erlöschen des Anspruchs gemäß § 467 S. 1 i.V.m. § 351 S. 1.

Dann müßte der Käufer vor Vollzug der Wandelung den Untergang der Kaufsache verschuldet haben.
Der Wagen war schon beim Kaufvertragsabschluß mit diversen Mängeln behaftet, die keine Veränderung erfahren haben. Der endgültige Zusammenbruch des Motors kann nicht als wesentliche Verschlechterung oder Untergang der Kaufsache gewertet werden.

Ein Erlöschen des Anspruchs gemäß § 467 S. 1 i.V.m. § 351 S. 1 scheidet also aus.

2. Somit ist der Anspruch nicht untergegangen.

III. Er ist auch durchsetzbar.

IV. K hat gegen P einen Wandelungsanspruch und damit einen Anspruch auf Rückzahlung des Kaufpreises gemäß §§ 462, 459 I, 465, 467, 346 ff.

Fazit

1. Dieser Fall beinhaltet tückischerweise ***zwei Probleme***, die einerseits dazu führen könnten, daß der Anspruch erst gar nicht entsteht bzw. andererseits zu einem Untergang des Anspruchs führen könnten. Beides ist hier nicht geschehen.

2. Ein Ausschluß der Gewährleistung ist auch dann zu bejahen, wenn die Parteien dies privatvertraglich vereinbart haben. Man spricht hierbei von einer ***vertraglichen Ausschlußklausel***. In einem individuell ausgehandelten Kaufvertrag können - im Gegensatz zu "Allgemeinen Geschäftsbedingungen" - alle Gewährleistungsrechte ausgeschlossen werden. Um es gleich zu verdeutlichen: Die Parteien können auch den Ausschluß einzelner Gewährleistungsrechte (z.B. nur keine Wandelung, nur keine Minderung) vereinbaren. Ihr müßt - und das ist wichtig - darauf achten, was der Sachverhalt hergibt. Handelt es sich um einen (privat-) vertraglichen Ausschluß oder um einen Ausschluß durch Verwendung einer "Allgemeinen Geschäftsbedingung"? Die Abgrenzung ergibt sich aus § 1 AGBG, den Ihr Euch nochmals zu Gemüte führen solltet. Dort wird erläutert, wann eine allgemeine Geschäftsbedingung vorliegt.

3. Wenn Ihr mit einer normalen vertraglichen Ausschlußklausel konfrontiert werdet, müßt Ihr aber eine ***Ausnahme*** beherzigen. Ihr habt Sie in diesem Fall kennengelernt. Der Ausschluß von Gewährleistungsrechten ist dann unwirksam, wenn der Verkäufer ***arglistig*** handelt.

4. Und noch einmal seid ihr mit dem Untergangsgrund des **§ *467 S. 1 i.V.m.* § *351 S. 1*** konfrontiert worden. Dazu habe ich im Fazit des letzten Falles lang und breit lamentiert. Wenn's unklar sein sollte, ist Zurückblättern angesagt.

Fall 10

K leidet im Winter immer unter starken Erkältungskrankheiten. Besonders stört ihn, daß er fast immer einen trockenen Hals hat. Diesen wertet er als Basis allen Übels. Deshalb kauft er auf Anraten seiner Freundin im Haushaltswarengeschäft des V einen Wasserverdunster, den er an den Heizkörper im Wohnzimmer hängt. Schon beim ersten Einfüllen des Wassers stellt sich heraus, daß der Verdunstungsbehälter leckt. Verärgert ruft K den V an und erklärt, er wolle unter Zurverfügungstellung des Verdunsters sein Geld zurückerhalten. V bittet K um ein Gespräch in seinem Geschäft. Beide vereinbaren einen Termin für den übernächsten Tag. In der darauffolgenden Nacht wird der Behälter vom ebenfalls immer erkälteten Dieb D gestohlen.
Nun stellt sich V auf den Standpunkt, er müsse dem K den Kaufpreis keinesfalls zurückerstatten, da K den Verdunster nicht mehr herausgeben könne.

Frage: Kann K Rückzahlung des Kaufpreises verlangen ?

Lösungsskizze Fall 10

Vorüberlegung:

K kann Rückzahlung des Kaufpreises verlangen, wenn er sich durch Rücktritt vom Vertrag lösen kann. In Betracht kommt ein gesetzlicher Rücktritt aufgrund Wandelung des Kaufvertrages.

Grundüberlegung ist immer dieselbe:
Haben die Parteien einen Kaufvertrag über eine Stückschuld oder über eine Gattungsschuld geschlossen?

Es kommen folgende Anspruchsgrundlagen in Betracht:

wenn ***Stück***schuld → §§ ***462***, 459, 465, 467, 346 ff.
wenn ***Gattung***sschuld → §§ ***462, 480***, 459, 465, 467, 346 ff.

Hier haben die Parteien einen ***Kaufvertrag*** über irgendeinen Verdunster des festgelegten Typs, also ***über*** eine ***Gattungsschuld*** geschlossen.

- K gegen V Wandelungsanspruch gemäß §§ 462, 480, 459, 465, 467, 346 ff ?

I. Anspruch entstanden ?

1. Kaufvertrag über Gattungsschuld, § 433 ?

HIER (+) → die Parteien haben die Übereignung irgendeines Verdunsters des festgelegten Typs gegen Entgelt vereinbart

2. Voraussetzungen des § 459 ?
= beachtlicher Fehler der Kaufsache <u>oder</u> Fehlen einer zugesicherten Eigenschaft zur Zeit des Gefahrübergangs

a. beachtlicher Fehler, § 459 I ?
= bei der ***Gattungsschuld*** jedes nachteilige Abweichen von mittlerer Art und Güte, das nicht nur gering / unbeachtlich ist

HIER (+) → der Verdunster ist undicht; die obige Voraussetzung ist erfüllt

b. Vorliegen des Mangels bei Gefahrübergang ?
= bei der Übergabe, § 446 oder bei der Übergabe an Transportperson, § 447

HIER (+) → bei der Übergabe

***c. <u>also</u>: Voraussetzungen des § 459* (+)**

***3. Kein Ausschluß der Gewährleistung ?* (+)**

4. Durchführung der Wandelung

→ gemäß § 465 muß der Käufer gegenüber dem Verkäufer die Wandelung erklären und dieser damit einverstanden sein;
→ sollte der Verkäufer die erforderliche Einverständnis-Willenserklärung verweigern, kann der Käufer direkt auf Rückzahlung der Vergütung klagen; das zusprechende Urteil beinhaltet einen richterlichen Gestaltungsakt; hieraus resultiert die Umwandlung in ein Rückgewährschuldverhältnis (modifizierte Vertragstheorie)

5. Rechtsfolgen / Umfang der Wandelung

→ §§ 467, 346 S. 1, 347 S. 3, 246 = Rückgewähr der empfangenen Leistungen
→ § 348 = Zug um Zug

***6. <u>also</u>: Anspruch entstanden* (+)**

II. Anspruch untergegangen ?

1. gemäß § 467 S. 1 i.V.m. § 351 S. 1 ?
= **Verschulden** der wesentlichen Verschlechterung, des Untergangs ...... durch den **Käufer** vor Vollzug der Wandelung

!! ***<u>Problem</u>:* Verschulden**

→ zwar kann K den Verdunster nicht mehr herausgeben, da er von D gestohlen wurde; insofern ist er untergegangen; ein Verschulden des K ist aber nicht ersichtlich; gemäß § 350 ist der Rücktritt aber nicht dadurch ausgeschossen, daß der Gegenstand, den der Käufer empfangen hat, durch Zufall untergegangen ist

HIER (+) → K trifft am Diebstahl keine Schuld; der Sachverhalt enthält keine Anhaltspunkte für eine gegenteilige Wertung;

§ 350 ermöglicht dem K ein Rücktritts- / Wandelungsrecht; insofern erübrigt sich ein Eingehen auf § 351

***2. <u>also</u>: Anspruch untergegangen* (–)**

***III. Anspruch durchsetzbar ?* (+)**

IV. Ergebnis:

K gegen V Wandelungsanspruch und damit Anspruch auf Rückzahlung des Kaufpreises gemäß §§ 462, 480 I, 459 I, 465, 467, 346 ff (+)

Formulierungsvorschlag Fall 10

K hat einen Anspruch auf Rückzahlung des Kaufpreises, wenn er einen Wandelungsanspruch hat.

- K gegen V Wandelungsanspruch gemäß §§ 462, 480, 459, 465, 467, 346 ff

K könnte gegen V einen Wandelungsanspruch gemäß §§ 462, 480, 459, 465, 467, 346 ff haben.

I. Dann müßte der Anspruch zunächst entstanden sein.

1. Dies setzt einen wirksamen Kaufvertrag über eine Gattungsschuld voraus. V und K haben einen Kaufvertrag (§ 433) über irgendeinen Verdunster des festgelegten Typs geschlossen. Mithin handelt es sich um eine Gattungsschuld.

2. Weiterhin müßten die Voraussetzungen des § 459 vorliegen.

a. Die Kaufsache könnte einen beachtlichen Fehler, § 459 I aufweisen. Als Fehler einer Gattungsschuld wird jedes nachteilige Abweichen von mittlerer Art und Güte, das nicht nur gering bzw. unbeachtlich ist, gewertet.
Der Verdunster war undicht. Dies stellt eine Abweichung von mittlerer Art und Güte (Dichtheit) dar. Die Undichtigkeit ist somit ein beachtlicher Fehler im Sinne des § 459 I.

b. Der Mangel der Kaufsache lag auch im Zeitpunkt des Gefahrübergangs, d.h. bei der Übergabe (§ 446) vor.

c. Also liegen die Voraussetzungen des § 459 vor.

3. Ein Ausschluß der Gewährleistung ist nicht ersichtlich.

4. Gemäß § 465 muß der Käufer gegenüber dem Verkäufer die Wandelung erklären und dieser damit einverstanden sein. Sollte der Verkäufer die erforderliche Einverständnis-Willenserklärung verweigern, kann der Käufer direkt auf Rückzahlung der Vergütung klagen. Das zusprechende Urteil beinhaltet einen richterlichen Gestaltungsakt. Hieraus resultiert die Umwandlung in ein Rückgewährschuldverhältnis (modifizierte Vertragstheorie).

5. Die Rechtsfolgen der Wandelung bestimmen sich nach den §§ 467, 346 S. 1, 347 S. 3, 246. Demnach haben sich die Parteien die empfangenen Leistungen zurückzugewähren und zwar Zug um Zug, § 348.

6. Also ist der Anspruch entstanden.

II. Fraglich ist, ob der Anspruch des K untergegangen ist.

1. In Betracht kommt ein Erlöschen des Anspruchs gemäß § 467 S. 1 i.V.m. § 351 S. 1.

Dann müßte der Käufer vor Vollzug der Wandelung den Untergang der Kaufsache verschuldet haben.
Der Verdunster ist gestohlen worden, also untergegangen. Ein Verschulden des K ist aber nicht ersichtlich. Gemäß § 350 ist der Rücktritt nicht dadurch ausgeschlossen, daß der Gegenstand, den der Käufer empfangen hat, durch Zufall untergegangen ist.
Den K trifft am Diebstahl keine Schuld. Der Sachverhalt enthält keine Anhaltspunkte für eine gegenteilige Wertung. § 350 ermöglicht dem K ein Rücktritts- bzw. Wandelungsrecht. Insofern erübrigt sich ein Eingehen auf die Verschuldensvoraussetzungen des § 351.

Ein Erlöschen des Anspruchs gemäß § 467 S. 1 i.V.m. § 351 S. 1 scheidet also aus.

2. Somit ist der Anspruch nicht untergegangen.

III. Er ist auch durchsetzbar.

IV. K hat gegen V einen Wandelungsanspruch und damit einen Anspruch auf Rückzahlung des Kaufpreises gemäß §§ 462, 480 I, 459 I, 465, 467, 346 ff.

Fazit

1. Auch das ist eine Konstellation, die Euch ereilen kann. Ihr habt gesehen, daß im Rahmen des Untergangsgrundes aus ***§ 467 S. 1 i.V.m. § 351 S. 1*** immer ***auch § 350 zu beachten*** ist. Er normiert, was passiert, wenn die Kaufsache zufällig untergeht.
2. Weitere Besonderheiten waren nicht zu beachten. Der Fall sollte Euch lediglich ein wenig standfester machen.

Fall 11

Hobbybauer B bestellt im Frühling beim Händler H einen Sack Sommerroggen. H sondert versehentlich einen Sack Winterroggen aus und benachrichtigt B von der Abholmöglichkeit. Nachdem B den Sack abgeholt und den Kaufpreis gezahlt hat, sät er den Roggen ein. Drei Monate nach dem Kauf stellt sich das Versehen des H heraus. Der Roggen reift nicht aus.

Frage: Kann B Rückzahlung des Kaufpreises verlangen ?

Lösungsskizze Fall 11

Vorüberlegung:

B kann Rückzahlung des Kaufpreises verlangen, wenn er sich durch Rücktritt vom Vertrag lösen kann. In Betracht kommt ein gesetzlicher Rücktritt aufgrund Wandelung des Kaufvertrages.

Grundüberlegung ist immer dieselbe:
Haben die Parteien einen Kaufvertrag über eine Stückschuld oder über eine Gattungsschuld geschlossen?

Es kommen folgende Anspruchsgrundlagen in Betracht:

wenn ***Stück***schuld → §§ ***462***, 459, 465, 467, 346 ff.
wenn ***Gattung***sschuld → §§ ***462, 480***, 459, 465, 467, 346 ff.

Hier haben die Parteien einen ***Kaufvertrag*** über irgendeinen Sack Sommerroggen, also ***über*** eine ***Gattungsschuld*** geschlossen.

- B gegen H Wandelungsanspruch gemäß §§ 462, 480, 459, 467, 346 ff ?

I. Anspruch entstanden ?

1. Kaufvertrag über Gattungsschuld, § 433 ?

HIER (+) → die Parteien haben die Übereignung irgendeines Sacks Sommerroggen gegen Entgelt vereinbart

2. Voraussetzungen des § 459 ?

= beachtlicher Fehler der Kaufsache oder Fehlen einer zugesicherten Eigenschaft zur Zeit des Gefahrübergangs

a. beachtlicher Fehler, § 459 I ?

= bei der ***Gattungsschuld*** jedes nachteilige Abweichen von mittlerer Art und Güte, das nicht nur gering / unbeachtlich ist

HIER u.U. (+) → die Parteien haben die Übereignung irgendeines Sacks Sommerroggen vereinbart, also einen Kaufvertrag über eine ***Gattungsschuld*** geschlossen; man könnte die Lieferung von

Winterroggen anstatt Sommerroggen als fehlerhafte Lieferung werten

aber:

die Lieferung von Winterroggen anstatt Sommerroggen könnte auch eine Falschlieferung (Lieferung eines aliud) darstellen; dies hätte zur Folge, daß die Lieferung nicht fehlerhaft im Sinne des § 459 I ist

fraglich ist demnach, ob eine fehlerhafte Lieferung oder eine Falschlieferung (aliud) vorliegt

Abgrenzung:

die Abgrenzung gestaltet sich bei dem Verkauf einer nur der Gattung nach bestimmten Sache als schwierig und ist im einzelnen umstritten; es werden insbesondere zwei Meinungen vertreten

- ***Meinung 1:***

das ***Abgrenzungskriterium des 378 HGB*** gilt nicht nur für den beiderseitigen Handelskauf (beide Vertragspartner sind Kaufleute etc.), sondern ist ***analog*** auf den BGB-Gattungskauf anzuwenden

ob die Sache fehlerhaft ist oder eine Falschlieferung darstellt, bemißt sich danach, ob die gelieferte Sache genehmigungsfähig ist oder nicht

genehmigungsfähig ist sie, wenn die Lieferung nicht ganz offensichtlich von der bestellten Sache abweicht

→ die gelieferte Sache wird als ***fehlerhaft,*** § 459 I behandelt (!!! um den Anspruch aus § 462 = Wandelung geltend machen zu können, muß der Käufer im normalen BGB-Gattungskauf - anders als der Käufer beim beiderseitigen Handelskauf - nicht die Mängelrüge der §§ 377, 378 erheben!!!)

nicht genehmigungsfähig ist sie, wenn die Lieferung ganz offensichtlich von der bestellten Sache abweicht; das ist zu bejahen, wenn ein vernünftiger Verkäufer mit dieser Lieferung nicht versuchen kann, zu erfüllen bzw. wenn vom Käufer nicht erwartet werden kann, daß er diese Sache behält

→ die gelieferte Sache wird nicht als fehlerhaft behandelt, sondern als ***Lieferung eines aliud***

HIER ist der gelieferte Winterroggen nicht genehmigungsfähig; er weicht ganz offensichtlich und erheblich von der bestellten Gattung Sommerroggen ab

→ also wird der gelieferte Winterroggen nicht als fehlerhaft gewertet, sondern stellt eine Falschlieferung (aliud) dar

- ***Meinung 2:***

das Abgrenzungskriterium des ***378 HGB*** gilt nur für den beiderseitigen Handelskauf (beide Vertragspartner sind Kaufleute etc.) und ist ***nicht analog*** auf den BGB-Gattungskauf anzuwenden

ob die Sache fehlerhaft ist oder eine Falschlieferung darstellt, bemißt sich danach, ob die gelieferte Sache der im Kaufvertrag vereinbarten Gattung angehört oder nicht

wenn die Lieferung der im Kaufvertrag vereinbarten ***Gattung*** angehört
→ wird die Sache als ***fehlerhaft***, § 459 I behandelt

wenn die Lieferung ***nicht*** der im Kaufvertrag vereinbarten ***Gattung*** angehört
→ wird die Sache nicht als fehlerhaft behandelt, sondern als ***Lieferung eines aliud***

HIER gehört der gelieferte Winterroggen nicht der im Kaufvertrag vereinbarten Gattung Sommerroggen an
→ also wird der gelieferte Winterroggen nicht als fehlerhaft gewertet, sondern stellt eine Falschlieferung (aliud) dar

demnach scheidet ein Fehler nach beiden vertretenen Ansichten aus

also: beachtlicher Fehler, § 459 I (–)

b. also: Voraussetzungen des § 459 (–)

3. also: Anspruch entstanden (–)

II. Ergebnis:
B gegen H Wandelungsanspruch und damit Anspruch auf Rückzahlung des Kaufpreises gemäß §§ 462, 480, 459, 465, 467, 346 ff (-)

B könnte den Kaufpreis zurückfordern, wenn ihm ein anderes Rücktrittsrecht zustünde. In Betracht kommt das Rücktrittsrecht gemäß § 325 I 1 wegen Unmöglichkeit der Leistung.

- B gegenüber H Rücktrittsrecht gemäß § 325 I 1 ?

1. Gegenseitiger Vertrag ?

HIER (+) → Kaufvertrag, § 433 zwischen H und K

2. Objektive oder subjektive Unmöglichkeit der Leistung ?

a. vereinbarte Leistung = Übereignung eines Sacks Sommerroggen, § 929 S. 1

b. Objektive oder subjektive Unmöglichkeit ?
= niemand kann die Leistung erbringen (objektive Unmöglichkeit) oder eine dritte Person, nicht aber der Schuldner kann die Leistung erbringen (subjektive Unmöglichkeit bzw. Unvermögen);
dies wiederum ist insbesondere dann denkbar, wenn es sich bei dem geschuldeten Gegenstand um eine Stückschuld oder eine konkretisierte Gattungsschuld handelt

aa. Stückschuld ?
= ein nur einmal existierender Gegenstand

HIER (–) → s.o.

bb. gemäß § 243 II zur Stückschuld konkretisierte Gattungsschuld ?
= der Schuldner muß das seinerseits Erforderliche zur Leistung getan haben (§ 243 II);
ob er das seinerseits Erforderliche getan hat, hängt davon ab, welche Art der Schuld (Holschuld, Bringschuld, Schickschuld) vorliegt

(1) Art der Schuld ?

HIER ***Holschuld*** → zwischen H und B war Abholung des Sacks vereinbart worden ist

(2) Konkretisierung durch den Schuldner ?
= bei Holschuld: Aussondern der Kaufsache und Benachrichtigung des Gläubigers von der Abholmöglichkeit

HIER (–) → er hat den falschen Roggensack ausgesondert

***(3) also: Konkretisierung* (–)**

aber: zu beachten ist außerdem, daß hier ein ganz besonderer Fall vorliegt; ***es handelt sich bei der Verpflichtung*** des H ***um eine Leistung, die nur zu einer bestimmten Jahreszeit***, nämlich im Frühling, ***erbracht werden kann*** (der Sommerroggen muß vor dem Sommer eingesät werden, damit er wachsen kann); immer wenn eine solche Konstellation vorliegt, bezeichnet man das Ganze als **Absolutes Fixgeschäft**

die Nichteinhaltung der vereinbarten Zeit bedeutet beim absoluten Fixgeschäft aber ***Unmöglichkeit der Leistung,*** da eine spätere Erfüllung sinnlos ist

***cc. also: Unmöglichkeit* (+)**

***c. also: Unmöglichkeit der Leistung* (+)**

3. Nachträgliche Unmöglichkeit ?
= sie darf erst nach Vertragsschluß entstanden sein

HIER (+) → die Leistung ist erst nach Vertragsschluß zwischen H und B unmöglich geworden

4. Vertretenmüssen des Schuldners der Leistung ?
= Haftung nach § 276 oder § 278

HIER (+) → der Schuldner haftet gemäß § 276 für eigenen Vorsatz und jede Fahrlässigkeit; H selbst hat den Roggen zumindest leicht fahrlässig verwechselt

***5. also: Voraussetzungen des § 325 I 1* (+)**

Ergebnis:

B gegenüber H Rücktrittsrecht gemäß § 325 I 1 (+)

Formulierungsvorschlag Fall 11

B hat einen Anspruch auf Rückzahlung des Kaufpreises, wenn er sich durch Rücktritt vom Vertrag lösen kann. In Betracht kommt zunächst ein gesetzlicher Rücktritt aufgrund Wandelung.

- B gegen H Wandelungsanspruch gemäß §§ 462, 459, 465, 467, 346 ff

B könnte gegen H einen Wandelungsanspruch gemäß §§ 462, 459, 465, 467, 346 ff haben.

I. Dann müßte der Anspruch zunächst entstanden sein.

1. Dies setzt einen wirksamen Kaufvertrag über eine Gattungsschuld voraus. H und B haben einen Kaufvertrag (§ 433) über einen Sack Sommerroggen geschlossen. Mithin handelt es sich um eine Gattungsschuld.

2. Weiterhin müßten die Voraussetzungen des § 459 vorliegen.

a. Die Kaufsache könnte einen beachtlichen Fehler, § 459 I aufweisen. Als Fehler einer Gattungsschuld wird jedes nachteilige Abweichen von mittlerer Art und Güte, das nicht nur gering bzw. unbeachtlich ist, gewertet.

Man könnte die Lieferung von Winterroggen anstatt Sommerroggen als fehlerhafte Lieferung werten. Die Lieferung von Winterroggen anstatt Sommerroggen könnte aber auch eine Falschlieferung (Lieferung eines aliud) darstellen. Dies hätte zur Folge, daß die Lieferung nicht fehlerhaft im Sinne des § 459 I wäre.

Fraglich ist demnach, ob eine fehlerhafte Lieferung oder eine Falschlieferung (aliud) vorliegt.

Die Abgrenzung gestaltet sich bei dem Verkauf einer nur der Gattung nach bestimmten Sache als schwierig und ist im einzelnen umstritten. Es werden insbesondere zwei Meinungen vertreten.

Nach der ersten Ansicht gilt das Abgrenzungskriterium des § 378 HGB nicht nur für den beiderseitigen Handelskauf (beide Vertragspartner sind Kaufleute etc.), sondern ist analog auf den BGB-Gattungskauf anzuwenden. Der Käufer im normalen BGB-Gattungskauf muß aber - anders als der Käufer beim beiderseitigen Handelskauf - nicht die Mängelrüge der §§ 377, 378 erheben.
Ob die Sache fehlerhaft ist oder eine Falschlieferung darstellt, bemißt sich folglich danach, ob die gelieferte Sache genehmigungsfähig ist oder nicht.
Genehmigungsfähig - und damit fehlerhaft i.S.d. § 459 I - ist sie, wenn die Lieferung nicht ganz offensichtlich von der bestellten Sache abweicht.
Nicht genehmigungsfähig - und damit ein aliud - ist sie, wenn die Lieferung ganz offensichtlich von der bestellten Sache abweicht. Das ist zu bejahen, wenn ein vernünftiger Verkäufer mit dieser Lieferung nicht versuchen kann, zu erfüllen bzw. wenn vom Käufer nicht erwartet werden kann, daß er diese Sache behält.

Hier ist der gelieferte Winterroggen nicht genehmigungsfähig. Er weicht ganz offensichtlich und erheblich von der bestellten Gattung Sommerroggen ab. Nach der ersten beschriebenen Meinung wird somit der gelieferte Winterroggen nicht als fehlerhaft gewertet, sondern stellt eine Falschlieferung (aliud) dar.

Die zweite zu diesem Problem vertretene Ansicht läßt das Abgrenzungskriterium des § 378 HGB nur für den beiderseitigen Handelskauf gelten. Eine analoge Anwendung auf den BGB-Gattungskauf wird abgelehnt.
Ob die Sache fehlerhaft ist oder eine Falschlieferung darstellt, bemißt sich danach, ob die gelieferte Sache der im Kaufvertrag vereinbarten Gattung angehört oder nicht.
Wenn die Lieferung der im Kaufvertrag vereinbarten Gattung angehört, wird die Sache als fehlerhaft, § 459 I behandelt. Wenn die Lieferung nicht der im Kaufvertrag vereinbarten Gattung angehört, wird die Sache nicht als fehlerhaft behandelt, sondern als Lieferung eines aliud.

Hier gehört der gelieferte Winterroggen nicht der im Kaufvertrag vereinbarten Gattung Sommerroggen an. Also wird der gelieferte Winterroggen nach der zweiten aufgeführten Meinung ebenfalls nicht als fehlerhaft gewertet, sondern stellt eine Falschlieferung (aliud) dar.

Da beide Ansichten zum selben Ergebnis führen, muß der Meinungsstreit nicht entschieden werden.

Ein beachtlicher Fehler i.S.d. § 459 I liegt also nicht vor.

b. Also liegen die Voraussetzungen des § 459 nicht vor.

3. Somit ist der Anspruch nicht entstanden.

II. B hat gegen H keinen Wandelungsanspruch und damit auch keinen Anspruch auf Rückzahlung des Kaufpreises gemäß §§ 462, 480, 459, 465, 467, 346 ff.

- B gegenüber H Recht auf Rücktritt gemäß § 325 I 1

Außerdem könnte B gegenüber H ein Recht auf Rücktritt vom Vertrag gemäß § 325 I haben.

1. Dies setzt einen wirksamen gegenseitigen Vertrag zwischen den Parteien voraus. H und B haben einen Kaufvertrag, § 433 über einen Sack Roggen geschlossen, also einen gegenseitigen Vertrag.

2. Weiterhin müßte die aus dem Vertrag resultierende Leistung unmöglich sein.

a. Der Vertrag beinhaltet als Leistung die Übereignung eines Sacks Sommerroggen, § 929 S. 1.

b. Eine Unmöglichkeit wäre zu bejahen, wenn niemand die Leistung erbringen kann (objektive Unmöglichkeit) oder wenn eine dritte Person, nicht aber der Schuldner die Leistung erbringen kann (subjektive Unmöglichkeit = Unvermögen). Dies wiederum ist nur denkbar, wenn es sich bei dem geschuldeten Gegenstand um eine Stückschuld oder eine konkretisierte Gattungsschuld handelt.

Bei dem geschuldeten Gegenstand handelt es sich nicht um eine Stückschuld (s.o.), sondern um eine Gattungsschuld.

Der Schuldner der Leistung könnte die ursprünglich bestehende Gattungsschuld jedoch zur Stückschuld konkretisiert haben.
Um eine Konkretisierung herbeizuführen, müßte er das seinerseits Erforderliche zur Leistung getan haben (§ 243 II). Dies wiederum hängt davon ab, welche Art der Schuld (Hol-, Bring- oder Schickschuld) zwischen den Parteien vereinbart worden ist. Es gilt demnach, die Schuldform einzuordnen.
H und B haben eine Holschuld vereinbart, da B den Sack abholen sollte. Bei der Holschuld tritt Konkretisierung der Gattungsschuld zur Stückschuld ein, wenn der Schuldner die Kaufsache ausgesondert und den Gläubiger über die Abholmöglichkeit benachrichtigt hat. H hat aber den falschen Roggensack ausgesondert, also nicht konkretisiert.

Zu beachten ist außerdem, daß hier ein ganz besonderer Fall vorliegt. Es handelt sich bei der Verpflichtung des H um eine Leistung, die nur zu einer bestimmten Jahreszeit, nämlich im Frühling, erbracht werden kann (der Sommerroggen muß vor dem Sommer eingesät werden, damit er wachsen kann). Immer wenn eine solche Konstellation vorliegt, bezeichnet man das Ganze als sog. absolutes Fixgeschäft. Die Nichteinhaltung der vereinbarten Zeit bedeutet beim absoluten Fixgeschäft aber Unmöglichkeit der Leistung, da eine spätere Erfüllung sinnlos ist.

c. Somit ist die Leistung unmöglich geworden.

3. Die Unmöglichkeit ist nach Vertragsschluß eingetreten, also nachträglich.

4. Letztlich müßte der Schuldner der Leistung die Unmöglichkeit zu vertreten haben. Das Vertretenmüssen bemißt sich grundsätzlich nach den §§ 276, 278.
H hat den Roggen zumindest leicht fahrlässig verwechselt, haftet also nach § 276.

5. Also sind alle Voraussetzungen des § 325 I 1 erfüllt.

B hat gegenüber H ein Rücktrittsrecht gemäß § 325 I. Im Rahmen des Vertragsrücktritts kann Rückzahlung des Kaufpreises verlangen.

Fazit

1. Ob es Winter- oder Sommerroggen gibt, weiß ich nicht. Das ist auch ziemlich irrelevant. Ein Landwirt mag mich eines Besseren belehren. Ich wollte nur von der in Lehrbüchern üblichen Abgrenzung Sommerweizen / Winterweizen abrücken. Das sich aus der Fallgestaltung ergebende Problem ist natürlich dasselbe.

2. Der vorliegende Fall ist - ich weiß es selbst - nicht gerade der einfachste. ***Problempunkt*** war und ist die ***Abgrenzung zwischen einer mangelhaften (Gattungs-) Sache und einer Falschlieferung, also einem aliud***.
Das eine schließt das andere aus. Schwierig ist, zu ermitteln, wann was vorliegt. Und schwierig ist auch der Aufbau eines solchen Falles. Doch eines nach dem anderen.

3. Zur Abgrenzung werden ***zwei Meinungen*** vertreten, die leider in schriftlichen Ausarbeitungen dargestellt werden müssen. Ich habe jedenfalls noch nie etwas anderes erlebt oder gehört. Wie diese Meinungen aussehen, könnt Ihr noch einmal oben in der Fallbearbeitung nachlesen. Das Ganze hier zu wiederholen wäre enorm seitenfüllend.
   Da in unserem Fall beide Abgrenzungsansichten zum selben Ergebnis führen, mußtet Ihr den Meinungsstreit nicht entscheiden. Wenn Ihr in einer anderen Konstellation zu verschiedenen Ergebnissen gelangen solltet, ist dummerweise eine Entscheidung für eine der Meinungen unentbehrlich.
   Das gelingt nur durch eine halbwegs sinnvolle Argumentation. Ihr könnt Euch dieser oder jener Meinung anschließen. Für beide gibt es mehr oder minder gute Argumente. Die einfachste Art, zu einem Ergebnis zu gelangen, ist die, auf den Gesetzeswortlaut zu verweisen und deshalb eine analoge Anwendung des § 378 HGB abzulehnen.

4. Ärgerlicherweise ging unser Fall aber noch weiter. Wenn Ihr die Wandelungsmöglichkeit (gesetzlicher Rücktritt) mangels eines Mangels ablehnt, kommt eine weitere ***Rücktrittsmöglichkeit*** in's Rennen. ***§ 325 I 1*** bietet eine solche ***bei der nachträglichen Unmöglichkeit der Leistung***. Und die hat es in sich. Viele von Euch werden mein Buch "Die Fälle - Schuldrecht AT" gelesen haben und wissen, wovon ich rede. Das ist übelster Schweinkram. Alles kann ich dazu in diesem Fazit nicht ausführen. Dann hätte das Fazit Buchformat und -umfang.

   Also in aller Kürze: Eine Unmöglichkeit der Leistung wird bejaht, wenn der Verkäufer eine Stückschuld nicht mehr übereignen kann. Die kann von Anfang an vorliegen oder auch nicht. Wenn nicht, liegt eine Gattungsschuld vor. Diese wiederum könnte aber zur Stückschuld konkretisiert worden sein. Das wiederum hängt von der Art der Schuld ab. Den Rest solltet Ihr abermals oben nachlesen.

   In unserem Fall wartete zudem eine weitere Gemeinheit auf Euch. Mangels Konkretisierung gab es erst einmal keine Unmöglichkeit der Leistung. Nichtsdestotrotz mußtet Ihr eine Besonderheit berücksichtigen.
   Da es sich bei der Verpflichtung des H um eine Leistung handelt, die nur zu einer bestimmten Jahreszeit, nämlich im Frühling, erbracht werden kann, lag ein sogenanntes absolutes Fixgeschäft vor. Die Nichteinhaltung der vereinbarten Zeit bedeutet beim absoluten Fixgeschäft aber Unmöglichkeit der Leistung, da eine spätere Erfüllung sinnlos ist.
   Na, ist das nicht schön?! Bitte bitte nicht grämen und/oder verzweifeln, wenn Ihr diesen Fall nicht lösen konntet. Er war wirklich sehr schwer. Aber jetzt seid Ihr schon ein ganzes Stück weiter.

5. In der Praxis muß B gegenüber H den ***Rücktritt erklären***, um zum von ihm erwünschten Ergebnis zu kommen.

6. Ergänzend sei folgendes bemerkt: Die ***Abgrenzung zwischen fehlerhafter Lieferung und Falschlieferung*** gestaltet sich bei einer ***Stückschuld*** ganz einfach.
   Eine falsche Sache, also ein ***aliud*** ist geliefert worden, wenn der Käufer eine ***andere Sache als die vertraglich vereinbarte*** erhalten hat. Denn beim Stückkauf haben die Parteien ja gerade vereinbart, daß dem Käufer eine ganz bestimmte Sache übereignet wird.
   Wenn dem Käufer die im Kaufvertrag vereinbarte Sache geliefert worden ist, kann die Sache allenfalls fehlerhaft sein.

Fall 12

K und Hundezüchter V schließen einen Kaufvertrag über einen bestimmten Hund namens "Bonzo". K nimmt das Tier mit und zahlt den geforderten Kaufpreis von 500,-- DM. Nachdem der Tierarzt bei "Bonzo" eine starke Fehlsichtigkeit diagnostiziert hat, überlegt K, wie er gegen V vorgehen kann. Er entschließt sich, das Tier zu behalten, möchte aber einen Teil des Kaufpreises zurückerhalten. Der Wert des Hundes hätte 400,-- DM betragen, wenn er gesund gewesen wäre. Mit der Augenkrankheit ist "Bonzo" lediglich 100,-- DM wert.

Frage: Kann K einen Teil des Kaufpreises zurückfordern ?

Lösungsskizze Fall 12

Vorüberlegung:

K kann die Rückzahlung eines Teils des Kaufpreises verlangen, wenn er einen Minderungsanspruch gegen V hat.

Grundüberlegung ist immer dieselbe:
Haben die Parteien einen Kaufvertrag über eine Stückschuld oder über eine Gattungsschuld geschlossen?

Es kommen folgende Anspruchsgrundlagen in Betracht:

wenn ***Stück***schuld → §§ ***462***, 459, 465, 472
wenn ***Gattung***sschuld → §§ ***462, 480***, 459, 465, 472

Hier haben die Parteien einen ***Kaufvertrag*** über einen bestimmten Hund, also ***über*** eine ***Stückschuld*** geschlossen.

- K gegen V Minderungsanspruch gemäß §§ 462, 459, 465, 472 ?

I. Anspruch entstanden ?

1. Kaufvertrag über Stückschuld, § 433 ?

HIER (+) → die Parteien haben die Übereignung eines bestimmten Hundes gegen Entgelt vereinbart

2. Voraussetzungen des § 459 ?

= beachtlicher Fehler der Kaufsache oder Fehlen einer zugesicherten Eigenschaft zur Zeit des Gefahrübergangs

a. beachtlicher Fehler, § 459 I ?

= bei der ***Stückschuld*** jedes für den Käufer nachteilige Abweichen der Ist- von der Soll-Beschaffenheit, das nicht nur gering / unbeachtlich ist

HIER (+) → der Hund leidet an einer extrem starken Sehschwäche; die obige Voraussetzung ist erfüllt

b. Vorliegen des Mangels bei Gefahrübergang ?
= bei der Übergabe, § 446 oder bei der Übergabe an Transportperson, § 447

HIER (+) → bei der Übergabe

c. also: Voraussetzungen des § 459 (+)

3. Kein Ausschluß der Gewährleistung ? (+)

4. Durchführung der Minderung

→ gemäß § 465 muß der Käufer gegenüber dem Verkäufer die Minderung erklären und dieser damit einverstanden sein;
→ sollte der Verkäufer die erforderliche Einverständnis-Willenserklärung verweigern, kann der Käufer direkt auf teilweise Rückzahlung der Vergütung klagen; das zusprechende Urteil beinhaltet einen richterlichen Gestaltungsakt; hieraus resultiert die Umwandlung in ein Rückgewährschuldverhältnis (modifizierte Vertragstheorie)

5. Rechtsfolgen / Umfang der Minderung

→ **§ 472 I, II** → !! Berechnung !!:

$$\text{geminderter Kaufpreis} = \frac{\text{Wert der Sache mit Mangel} \times \text{vereinbarter Kaufpreis}}{\text{Wert der Sache ohne Mangel}}$$

also:

$$\text{geminderter Kaufpreis} = \frac{100,\text{--} \times 500,\text{--}}{400,\text{--}} = \underline{\underline{125,\text{-- DM}}}$$

6. also: Anspruch entstanden (+)

II. Anspruch untergegangen ? (–)

III. Anspruch durchsetzbar ? (+)

IV. Ergebnis:

**K gegen V Minderungsanspruch und damit Anspruch auf teilweise Rückzahlung des Kaufpreises gemäß §§ 462, 459 I, 465, 472 (+);
der geminderte Kaufpreis beträgt 125,-- DM; K kann also von V 375,-- DM zurückverlangen.**

Formulierungsvorschlag Fall 12

K kann einen Teil des Kaufpreises zurückfordern, wenn er einen Minderungsanspruch gegen V hat.

- K gegen V Minderungsanspruch gemäß §§ 462, 459, 465, 472 ?

K könnte gegen V einen Minderungsanspruch gemäß §§ 462, 459, 465, 472 haben.

I. Dann müßte der Anspruch zunächst entstanden sein.

1. Dies setzt einen wirksamen Kaufvertrag über eine Stückschuld voraus. V und K haben einen Kaufvertrag (§ 433) über einen bestimmten Hund geschlossen. Mithin handelt es sich um eine Stückschuld.

2. Weiterhin müßten die Voraussetzungen des § 459 vorliegen.

a. Die Kaufsache könnte einen beachtlichen Fehler, § 459 I aufweisen. Als Fehler einer Stückschuld wird jedes für den Käufer nachteilige Abweichen der Ist- von der Soll-Beschaffenheit, das nicht nur gering bzw. unbeachtlich ist, gewertet.
Der Hund leidet an einer extrem starken Sehschwäche. Dies stellt eine Abweichung von der Soll-Beschaffenheit (Normalsichtigkeit) dar. Die Fehlsichtigkeit ist somit ein beachtlicher Fehler im Sinne des § 459 I.

b. Der Mangel der Kaufsache lag auch im Zeitpunkt des Gefahrübergangs, d.h. bei der Übergabe (§ 446) vor.

c. Also liegen die Voraussetzungen des § 459 vor.

3. Ein Ausschluß der Gewährleistung ist nicht ersichtlich.

4. Gemäß § 465 muß der Käufer gegenüber dem Verkäufer die Minderung erklären und dieser damit einverstanden sein. Sollte der Verkäufer die erforderliche Einverständnis-Willenserklärung verweigern, kann der Käufer direkt auf Rückzahlung der Vergütung klagen. Das zusprechende Urteil beinhaltet einen richterlichen Gestaltungsakt. Hieraus resultiert die Umwandlung in ein Rückgewährschuldverhältnis (modifizierte Vertragstheorie).

5. Die Rechtsfolgen der Minderung bestimmen sich nach § 472 I und II. Der geminderte Kaufpreis errechnet sich nach der Formel: geminderter Kaufpreis = (Wert der Sache mit Mangel x vereinbarter Kaufpreis) geteilt durch den Wert der Sache ohne Mangel. Demnach beträgt der geminderte Kaufpreis (100 x 500) geteilt durch 400 = 125,-- DM.

6. Also ist der Anspruch entstanden.

II. Der Anspruch des K ist nicht untergegangen.

III. Er ist auch durchsetzbar.

IV. K hat gegen V einen Minderungsanspruch und damit einen Anspruch auf teilweise Rückzahlung des Kaufpreises gemäß §§ 462, 459 I, 465, 472.
Der geminderte Kaufpreis beträgt 125,-- DM. K kann von V 375,-- DM zurückverlangen.

Fazit

1. Ein an sich problemloser und nichtsdestotrotz wichtiger ***Einstiegsfall*** aus dem Bereich der ***Minderung***. Ihr solltet lediglich erkennen, wie ein solcher Anspruch aufzubauen ist und mit welchen Tücken Ihr zu kämpfen habt.

2. Es ist wie bei den Wandelungsansprüchen. Schaut Euch zur Abrundung noch einmal die ***Vorüberlegung*** an. Sie enthält den existentiellen Schlüssel zum richtigen Lösungseinstieg!!

3. Und wiederum zurück zur Wandelung. Habt Ihr es bemerkt? Fast alles im Prüfungsaufbau wiederholt sich. Das ist die gute Erkenntnis. ***Ihr könnt bezüglich aller Probleme auf die Ausführungen in den Wandelungsfällen zurückgreifen***.

4. Der Verkäufer haftet erst einmal ganz automatisch, es handelt sich um eine sog. ***Garantiehaftung***. Ihr müßt also nicht überprüfen, ob der Verkäufer oder ein etwaiger Erfüllungsgehilfe vorsätzlich oder fahrlässig bezüglich eines Fehlers der Kaufsache oder des Fehlens einer zugesicherten Eigenschaft gehandelt hat.

5. Und dann kommt wieder - wie bei der Wandelung - der ziemlich untypische Prüfungspunkt ***I. 4. Durchführung der Minderung***. Leider leider treten die Rechtsfolgen der Minderung nicht automatisch ein, wenn die Kaufsache kaputt ist. Auch eine Erklärung der Minderung reicht nicht aus. Vielmehr muß der Verkäufer auch noch mit der Minderung einverstanden sein. Das ergibt sich aus § 465 (lesen!).

6. Die Berechnung des Anspruchs (unter Punkt ***I. 5.***) wird gemäß § 472 I, II vorgenommen und zwar nach der Formel:

$$\text{geminderter Kaufpreis} = \frac{\text{Wert der Sache mit Mangel} \times \text{vereinbarter Kaufpreis}}{\text{Wert der Sache ohne Mangel}}$$

7. Denkt bitte daran, im Ergebnis nicht nur den geminderten Kaufpreis aufzuführen, sondern danach kurz zu erläutern, wieviel Geld der Anspruchsteller zurückfordern kann. Der Betrag ergibt sich aus der Differenz zwischen ursprünglichem Kaufpreis und gemindertem Kaufpreis.

Fall 13

Jurastudent J erwirbt für 40,-- DM in der Universitäts-Buchhandlung des U das 320 Seiten starke Buch eines renommierten Autors namens Brox mit dem schicksalsschwangeren Titel "BGB Schuldrecht Besonderer Teil". Nach sieben Monaten bemerkt er, daß die Seiten 81 bis 96 fehlen. Er nutzt daraufhin die Kopiermöglichkeit der örtlichen juristischen Bibliothek, um die fraglichen Seiten zu kopieren und wendet sich mit dem Verlangen nach Minderung des Kaufpreises an U. Eine Einigung wird nicht erzielt. Daraufhin erhebt J Klage.

Frage: Kann J einen Teil des Kaufpreises zurückfordern ?

Lösungsskizze Fall 13

Vorüberlegung:

J kann die Rückzahlung eines Teils des Kaufpreises verlangen, wenn er einen Minderungsanspruch gegen U hat.

Grundüberlegung ist immer dieselbe:
Haben die Parteien einen Kaufvertrag über eine Stückschuld oder über eine Gattungsschuld geschlossen?

Es kommen folgende Anspruchsgrundlagen in Betracht:

wenn ***Stück***schuld → §§ ***462***, 459, 465, 472
wenn ***Gattung***sschuld → §§ ***462, 480***, 459, 465, 472

Hier haben die Parteien einen ***Kaufvertrag*** über irgendein Buch des Autors mit dem genannten Titel, also ***über*** eine ***Gattungsschuld*** geschlossen.

- J gegen U Minderungsanspruch gemäß §§ 462, 480, 459, 465, 472 ?

I. Anspruch entstanden ?

1. Kaufvertrag über Gattungsschuld, § 433 ?

HIER (+) → die Parteien haben die Übereignung irgendeines Buchs des Autors mit dem genannten Titel gegen Entgelt vereinbart

2. Voraussetzungen des § 459 ?

= beachtlicher Fehler der Kaufsache oder Fehlen einer zugesicherten Eigenschaft zur Zeit des Gefahrübergangs

a. beachtlicher Fehler, § 459 I ?

= bei der ***Gattungsschuld*** jedes nachteilige Abweichen von mittlerer Art und Güte, das nicht nur gering / unbeachtlich ist

HIER (+) → dem Buch fehlen 16 Seiten; die obige Voraussetzung ist erfüllt

b. Vorliegen des Mangels bei Gefahrübergang ?

= bei der Übergabe, § 446 oder bei der Übergabe an Transportperson, § 447

HIER (+) → bei der Übergabe

c. also: Voraussetzungen des § 459 (+)

3. Kein Ausschluß der Gewährleistung ? (+)

4. Durchführung der Minderung

→ gemäß § 465 muß der Käufer gegenüber dem Verkäufer die Minderung erklären und dieser damit einverstanden sein;

→ sollte der Verkäufer die erforderliche Einverständnis-Willenserklärung verweigern, kann der Käufer direkt auf teilweise Rückzahlung der Vergütung klagen; das zusprechende Urteil beinhaltet einen richterlichen Gestaltungsakt; hieraus resultiert die Umwandlung in ein Rückgewährschuldverhältnis (modifizierte Vertragstheorie)

5. Rechtsfolgen / Umfang der Minderung

→ **§ 472 I, II** → !! Berechnung !!:

$$\text{geminderter Kaufpreis} = \frac{\text{Wert der Sache mit Mangel} \times \text{vereinbarter Kaufpreis}}{\text{Wert der Sache ohne Mangel}}$$

!!! wegen der konkreten Berechnung (fehlt hier) vgl. Fazit !!!

6. also: Anspruch entstanden (+)

II. Anspruch untergegangen ? (–)

III. Anspruch durchsetzbar ?

1. Verjährung des Anspruchs ?
= beim Minderungsanspruch: § 477 I 1
→ 6 Monate bei beweglichen Sachen ab Ablieferung

HIER (+) → J hat den Mangel gegenüber U nicht innerhalb der erforderlichen Frist angezeigt, sondern erst nach 7 Monaten

2. also: Anspruch durchsetzbar (–)

IV. Ergebnis:

J gegen U Minderungsanspruch und damit Anspruch auf teilweise Rückzahlung des Kaufpreises gemäß §§ 462, 480 I, 459 I, 465, 472 (+), aber wegen § 477 nicht durchsetzbar

Formulierungsvorschlag Fall 13

J kann einen Teil des Kaufpreises zurückfordern, wenn er einen Minderungsanspruch gegen U hat.

- J gegen U Minderungsanspruch gemäß §§ 462, 480, 459, 465, 472 ?

J könnte gegen U einen Minderungsanspruch gemäß §§ 462, 480, 459, 465, 472 haben.

I. Dann müßte der Anspruch zunächst entstanden sein.

1. Dies setzt einen wirksamen Kaufvertrag über eine Gattungsschuld voraus. U und J haben einen Kaufvertrag (§ 433) über irgendein Buch des Autors Brox mit dem o.g. Titel geschlossen. Mithin handelt es sich um eine Gattungsschuld.

2. Weiterhin müßten die Voraussetzungen des § 459 vorliegen.

a. Die Kaufsache könnte einen beachtlichen Fehler, § 459 I aufweisen. Als Fehler einer Gattungsschuld wird jedes nachteilige Abweichen von mittlerer Art und Güte, das nicht nur gering bzw. unbeachtlich ist, gewertet.
Dem Buch fehlen 16 Seiten. Dies stellt eine Abweichung von mittlerer Art und Güte (volle Seitenanzahl) dar. Das Fehlen der Seiten ist somit ein beachtlicher Fehler im Sinne des § 459 I.

b. Der Mangel der Kaufsache lag auch im Zeitpunkt des Gefahrübergangs, d.h. bei der Übergabe (§ 446) vor.

c. Also liegen die Voraussetzungen des § 459 vor.

3. Ein Ausschluß der Gewährleistung ist nicht ersichtlich.

4. Gemäß § 465 muß der Käufer gegenüber dem Verkäufer die Minderung erklären und dieser damit einverstanden sein. Sollte der Verkäufer die erforderliche Einverständnis-Willenserklärung verweigern, kann der Käufer direkt auf Rückzahlung der Vergütung klagen. Das zusprechende Urteil beinhaltet einen richterlichen Gestaltungsakt. Hieraus resultiert die Umwandlung in ein Rückgewährschuldverhältnis (modifizierte Vertragstheorie).

5. Die Rechtsfolgen der Minderung bestimmen sich nach § 472 I und II. Der geminderte Kaufpreis errechnet sich nach der Formel: geminderter Kaufpreis = (Wert der Sache mit Mangel x vereinbarter Kaufpreis) geteilt durch den Wert der Sache ohne Mangel.

6. Also ist der Anspruch entstanden.

II. Der Anspruch des J ist nicht untergegangen.

III. Fraglich ist, ob der Anspruch durchsetzbar ist.

1. In Betracht kommt eine Verjährung des Anspruchs gemäß § 477 I 1. Der Anspruch verjährt nach der genannten Norm bei beweglichen Sachen sechs Monate nach deren Ablieferung.
J hat den Mangel gegenüber U nicht innerhalb der erforderlichen Frist angezeigt, sondern erst nach 7 Monaten. Also ist die Frist des § 477 I 1 verstrichen.

2. Somit ist der Anspruch nicht durchsetzbar.

IV. Der Minderungsanspruch des J gegen U gemäß §§ 462, 480 I, 459 I, 465, 472 ist wegen § 477 nicht durchsetzbar. Demnach scheitert eine Durchsetzbarkeit des Anspruchs auf teilweise Rückzahlung des Kaufpreises.

Fazit

1. Der Minderungsanspruch ist hier an der Durchsetzbarkeit gescheitert. Die Verjährungsfrist des § 477 I 1 war verstrichen.

2. Ihr habt es schon in der Lösungsskizze bemerkt, daß etwas fehlt. Unter Punkt ***I. 5. Rechtsfolgen / Umfang der Minderung*** habe ich darauf verzichtet, eine konkrete Berechnung vorzunehmen. Und warum? Ganz einfach: Das eigentliche Problem taucht später auf und führt dazu, daß unser armer J doch kein Geld bekommt. Unter Punkt ***III. Durchsetzbarkeit*** macht dem J nämlich die Verjährung einen Strich durch die Rechnung.
Nun ist es aber ziemlich überflüssig, konkrete Berechnungen anzustellen, wenn man weiß, daß J im Endeffekt doch nix bekommt, oder? Der hier vorgeschlagene Weg hat natürlich einen kleinen Haken. Streng gesehen vernachlässigt er die Systematik und den ganz ganz korrekten Gutachtenstil. Aber die kleine "Mogelei" erspart Euch das allzu lästige Rechnen (iudex non calculat, gell). Zur Berechnung solltet Ihr den nächsten Punkt des Fazits aufmerksam lesen.

3. Hätte J seinen Minderungsanspruch direkt oder alsbald nach Entdecken des Mangel (innerhalb der Sechsmonatsfrist) eingeklagt, wäre der Anspruch natürlich durchsetzbar.
Die Berechnung des Anspruchs (unter Punkt ***I. 5.***) gemäß § 472 I, II würde wie folgt aussehen:

$$\text{geminderter Kaufpreis} = \frac{\text{Wert der Sache mit Mangel} \times \text{vereinbarter Kaufpreis}}{\text{Wert der Sache ohne Mangel}}$$

Dem 320 Seiten starken Buch fehlen 16 Seiten. Also wäre der Wert der Sache 1/20stel (= 5 %) niedriger zu bewerten. Beim angegebenen Kaufpreis von 40,-- DM betrüge der Wert des Buchs mit Mangel somit 40,-- DM minus 5 % = 2,-- DM = 38,-- DM. Der Wert der Sache ohne Mangel entspräche mangels gegenteiliger Angaben dem vereinbarten Kaufpreis.

also:

$$\text{geminderter Kaufpreis} = \frac{38,\text{--} \times 40,\text{--}}{40,\text{--}}$$

$$= \underline{\underline{38,\text{-- DM}}}$$

Demnach würde der geminderte Kaufpreis (38 x 40) geteilt durch 40 = 38,-- DM betragen.
J könnte somit von U (40,-- DM minus 38,-- DM =) 2,-- DM zurückverlangen.

Fall 14

Sexshopinhaber S verkauft dem K eine Gummipuppe des Typs "Lolita". Der Vertrag wird sofort abgewickelt. Bald darauf muß K entsetzt feststellen, daß sich ein Lufteinfüllstutzen nicht ordnungsgemäß verschließen läßt. Die Puppe ist "undicht". Deshalb verlangt er von S Rücknahme der Gummipuppe. Im gleichen Zuge will er von S eine neue Puppe erhalten. S weigert sich vehement.

Frage: Kann K von S eine neue Gummipuppe verlangen ?

Lösungsskizze Fall 14

K kann eine neue Gummipuppe des Typs "Lolita" verlangen, wenn er gegen S einen Nachlieferungsanspruch hat.

Vorüberlegung:

Ein ***Nachlieferungsanspruch*** kommt nur in Betracht, wenn die Parteien die Übereignung einer Gattungsschuld vereinbart haben. Bei der Vereinbarung der Übereignung einer Stückschuld klappt das nicht. Lediglich in § 480 - und der gilt nur für die Gattungsschuld - wird dem Käufer ein Nachlieferungsrecht eingeräumt. Ihr müßt demnach im Vorfeld gedanklich klären, ob das der Fall ist.

Maßgeblich für die Beantwortung der Eingangsfrage ist nur der Zeitpunkt des eigentlichen Vertragsschlusses. Hier ist dies unproblematisch. Die Parteien haben einen ***Kaufvertrag*** über eine beliebige Gummipuppe des Typs "Lolita", also ***über*** eine ***Gattungsschuld*** geschlossen. Anspruchsgrundlage ist also §§ ***480***, 459.

- K gegen S Anspruch auf Nachlieferung einer neuen Gummipuppe gemäß §§ 480, 459 ?

I. Anspruch entstanden ?

1. Kaufvertrag über Gattungsschuld, § 433 ?

HIER (+) → die Parteien haben die Übereignung irgendeiner Gummipuppe des genannten Typs gegen Entgelt vereinbart

2. Voraussetzungen des § 459 ?

= beachtlicher Fehler der Kaufsache oder Fehlen einer zugesicherten Eigenschaft zur Zeit des Gefahrübergangs

a. beachtlicher Fehler, § 459 I ?

= bei der ***Gattungsschuld*** (und nur die ist im Rahmen des § 480 relevant) jedes nachteilige Abweichen von mittlerer Art und Güte, das nicht nur gering / unbeachtlich ist

HIER (+) → die Puppe ist undicht; die obige Voraussetzung ist erfüllt

b. Vorliegen des Mangels bei Gefahrübergang ?

= bei der Übergabe, § 446 oder bei der Übergabe an Transportperson, § 447

HIER (+) → bei der Übergabe

c. also: Voraussetzungen des § 459 (+)

3. Kein Ausschluß der Gewährleistung ? (+)

4. Durchführung der Nachlieferung

→ in entsprechender Anwendung des § 465 muß der Käufer gegenüber dem Verkäufer das Nachlieferungsbegehren erklären und dieser damit einverstanden sein;
→ sollte der Verkäufer die erforderliche Einverständnis-Willenserklärung verweigern, kann der Käufer direkt auf Nachlieferung klagen

5. also: Anspruch entstanden (+)

II. Anspruch untergegangen ? (−)

III. Anspruch durchsetzbar ? (+)

IV. Ergebnis:
K gegen S Anspruch auf Nachlieferung eine Gummipuppe gemäß §§ 480 I, 459 I (+)

Formulierungsvorschlag Fall 14

K kann eine neue Gummipuppe des Typs "Lolita" verlangen, wenn er gegen S einen Nachlieferungsanspruch hat.

- K gegen S Anspruch auf Nachlieferung einer neuen Gummipuppe gemäß §§ 480, 459

K könnte gegen S einen Anspruch auf Nachlieferung einer neuen Gummipuppe des gemäß §§ 480, 459 haben.

I. Dann müßte der Anspruch zunächst entstanden sein.

1. Dies setzt einen wirksamen Kaufvertrag über eine Gattungsschuld voraus. Die Parteien haben die Übereignung irgendeiner Gummipuppe des genannten Typs gegen Entgelt vereinbart. Mithin handelt es sich um einen Kaufvertrag über eine Gattungsschuld.

2. Weiterhin müßten die Voraussetzungen des § 459 vorliegen.

a. Die Kaufsache könnte einen beachtlichen Fehler, § 459 I aufweisen. Als Fehler einer Gattungsschuld wird jedes nachteilige Abweichen von mittlerer Art und Güte, das nicht nur gering bzw. unbeachtlich ist, gewertet.
Die aufblasbare Puppe ist undicht. Dies stellt eine Abweichung von mittlerer Art und Güte (Dichtheit) dar. Die Undichtigkeit ist somit ein beachtlicher Fehler im Sinne des § 459 I.

b. Der Mangel der Kaufsache lag auch im Zeitpunkt des Gefahrübergangs, d.h. bei der Übergabe (§ 446) vor.

c. Also liegen die Voraussetzungen des § 459 vor.

3. Ein Ausschluß der Gewährleistung ist nicht ersichtlich.

4. In entsprechender Anwendung des § 465 muß der Käufer gegenüber dem Verkäufer das Nachlieferungsbegehren erklären und dieser damit einverstanden sein. Sollte der Verkäufer die erforderliche Einverständnis-Willenserklärung verweigern, kann der Käufer direkt auf Nachlieferung klagen.

5. Demnach ist der Anspruch entstanden.

II. Der Anspruch des K ist nicht untergegangen.

III. Er ist auch durchsetzbar.

IV. K hat gegen S einen Anspruch auf Nachlieferung einer Gummipuppe des Typs "Lolita" gemäß §§ 480 I, 459 I.

Fazit

1. Ich habe in dieses Buch nur einen Fall eingebaut, der sich mit einem ***Nachlieferungsanspruch*** auseinandersetzt. Das hat auch Sinn, wenn man bedenkt, daß Ihr im problematischen Bereich - wie bei der Minderung - auf die Ausführungen in den Wandelungsfällen zurückgreifen könnt.
Hier ging es lediglich um eine Darstellung der Besonderheiten, die Ihr beachten solltet.

2. Einige Worte zum Nachlieferungsanspruch: Wenn der Verkäufer eine mangelhafte Sache leistet, könnte man meinen, er habe noch nicht erfüllt. Das klingt erst einmal logisch, oder? Dann müßte aber der ursprüngliche Erfüllungsanspruch aus § 433 I 1 immer noch existieren. Der Käufer könnte somit gegen den Verkäufer den Anspruch auf Übereignung der Kaufsache geltend machen, weil der Verkäufer nicht erfüllt hat. Weit gefehlt. Ich will an dieser Stelle nicht in tiefste Tiefen juristischer Finessen abtauchen.

   Merksatz ist in diesem Zusammenhang:

   Der ursprüngliche Erfüllungsanspruch des Käufers gegen den Verkäufer (§ 433 I 1) wird durch die Sonderregel des § 480 verdrängt.

   Sollte eine Sache mangelhaft sein - und das müßt Ihr vorab gedanklich abklären - ist mit keinem Wort auf den Anspruch aus § 433 I 1 einzugehen. Ihr startet direkt mit der Prüfung des Nachlieferungsanspruchs aus §§ 480, 459.

3. Entbehrlich ist im übrigen der in den Wandelungs- und Minderungsansprüchen aufgeführte Prüfungspunkt ***I. 5. Rechtsfolgen / Umfang der Wandelung / der Minderung***. Beim Nachlieferungsanspruch ist klar, was der Käufer bekommt. Er bekommt eine neue Sache. Da muß nicht hin und her abgewickelt oder berechnet werden.

Fall 15

K hat am 02.02. beim Händler M für 4.000,-- DM ein gebrauchtes Motorrad gekauft, das ihm sofort übergeben worden ist. Die Parteien haben eine Stundung des Kaufpreises bis zum 31.08. vereinbart. Am 10.07. stellt sich heraus, daß der Rahmen des Motorrades aufgrund eines Unfalls des Voreigentümers angebrochen ist. Dem M war der Schaden nicht bekannt. K kann aber nun nicht mehr mit dem Krad fahren, weil die Gefahr eines vollständigen Zusammenbruchs besteht. Deshalb wendet er sich am 15.07. an M und stellt das Motorrad zur Verfügung. M reagiert darauf nicht. Am 01.09. verlangt M von K Zahlung des Kaufpreises. K verweigert die Zahlung mit Hinweis auf den Unfallschaden. M ist der Ansicht, ein möglicher Anspruch des K sei verjährt und klagt deshalb gegen K auf Zahlung von 4.000,-- DM.

Frage: Wird M mit seiner Klage Erfolg haben ?

Lösungsskizze Fall 15

M wird mit seiner Klage Erfolg haben, wenn er einen durchsetzbaren Kaufpreisanspruch gegen K hat.

- M gegen K Kaufpreiszahlung gemäß § 433 II ?

I. Anspruch entstanden ?

1. Wirksamer Kaufvertrag, § 433 ?

HIER (+) → M und K haben einen Vertrag bezüglich der Übereignung eines gebauchten Motorrades zum Preis von 4.000,-- DM, also einen Kaufvertrag geschlossen

2. <u>also</u>: Anspruch entstanden **(+)**

II. Anspruch untergegangen ? **(–)**

III. Anspruch durchsetzbar ?

1. Mängeleinrede im Rahmen des § 478 I 1 ?

= Erhaltung der Mängeleinrede (hier: Wandelungseinrede) des K und daraus resultierendes Zahlungsverweigerungsrecht

a. Anzeige eines Mangels vor Ablauf der Verjährungsfrist ?

HIER (+) → die Verjährungsfrist beträgt nach § 477 I bei beweglichen Sachen sechs Monate ab Ablieferung; K hat das Motorrad am 02.02. erhalten und es dem M unter Schilderung der Sachlage am 15.07. zur Verfügung gestellt

b. Wandelungsanspruch des K ?

Vorüberlegung:

K kann Rückzahlung des Kaufpreises verlangen, wenn er sich durch Rücktritt vom Vertrag lösen kann. In Betracht kommt ein gesetzlicher Rücktritt aufgrund <u>Wandelung</u> des Kaufvertrages.

Grundüberlegung
ist immer dieselbe: Haben die Parteien einen Kaufvertrag über eine Stückschuld oder über eine Gattungsschuld geschlossen?

Es kommen folgende Anspruchsgrundlagen in Betracht:

wenn ***Stück***schuld → §§ ***462***, 459, 465, 467, 346 ff.
wenn ***Gattung***sschuld → §§ ***462, 480***, 459, 465, 467, 346 ff.

Hier haben die Parteien einen ***Kaufvertrag*** über ein bestimmtes gebrauchtes Motorrad, also ***über*** eine ***Stückschuld*** geschlossen.

Zu prüfen ist der Anspruch aus §§ ***462***, 459, 465, 467, 346 ff.

aa. Anspruch (des K) entstanden ?

(1) Kaufvertrag über Stückschuld, § 433 ?

HIER (+) → die Parteien haben die Übereignung eines bestimmten gebrauchten Motorrades gegen Entgelt vereinbart

(2) Voraussetzungen des § 459 ?
= beachtlicher Fehler der Kaufsache oder Fehlen einer zugesicherten Eigenschaft zur Zeit des Gefahrübergangs

(a) beachtlicher Fehler, § 459 I ?
= bei der ***Stückschuld*** jedes für den Käufer nachteilige Abweichen der Ist- von der Soll-Beschaffenheit, das nicht nur gering / unbeachtlich ist

HIER (+) → das Motorrad hat einen Rahmenbruch; die obige Voraussetzung ist erfüllt

(b) Vorliegen des Mangels bei Gefahrübergang ?
= bei der Übergabe, § 446 oder bei der Übergabe an Transportperson, § 447

HIER (+) → bei der Übergabe

(c) also: Voraussetzungen des § 459 (+)

(3) Kein Ausschluß der Gewährleistung ? (+)

(4) also: Anspruch (des K) entstanden (+)

bb. Anspruch (des K) untergegangen ? (–)

cc. Anspruch (des K) durchsetzbar ? (+)

dd. also: Wandelungsanspruch des K (+)

c. also: Mängeleinrede des K im Rahmen des § 478 I 1 (+)

2. also: Anspruch (des M auf Kaufpreiszahlung) durchsetzbar (–)

IV. Ergebnis:
M gegen K Kaufpreiszahlung gemäß § 433 II (+), aber nicht durchsetzbar; M wird demnach mit seiner Klage keinen Erfolg haben.

Formulierungsvorschlag Fall 15

M wird mit seiner Klage Erfolg haben, wenn er einen durchsetzbaren Kaufpreisanspruch gegen K hat.

- M gegen K Kaufpreiszahlung gemäß § 433 II

M könnte gegen K einen Kaufpreisanspruch gemäß § 433 II haben.

I. Dann müßte der Anspruch zunächst entstanden sein.

1. Dies setzt einen wirksamen Kaufvertrag zwischen den Parteien voraus. M und K haben einen Kaufvertrag über ein Motorrad des M zum Preis von 4.000,-- DM geschlossen.

2. Demnach ist der Anspruch entstanden.

II. Der Anspruch ist nicht untergegangen.

III. Fraglich ist jedoch, ob er auch durchsetzbar ist.

1. Möglicherweise kann K gegen den Anspruch des M erfolgreich die Mängeleinrede in Form der Wandelungseinrede im Rahmen des § 478 I 1 erheben.

a. K müßte dem M einen Mangel der Kaufsache vor Ablauf der Verjährungsfrist angezeigt haben.
Die Verjährungsfrist beträgt nach § 477 I bei beweglichen Sachen sechs Monate ab Ablieferung. K hat das Motorrad am 02.02. erhalten und es dem M unter Schilderung der Sachlage am 15.07. zur Verfügung gestellt. Er hat also einen Mangel innerhalb der Verjährungsfrist angezeigt.

b. Außerdem müßte K gegen M einen Wandelungsanspruch haben. In Betracht kommt ein Anspruch gemäß §§ 462, 459, 465, 467, 346 ff.

aa. Dann müßte der Anspruch zunächst entstanden sein.

Dies setzt einen wirksamen Kaufvertrag über eine Stückschuld voraus. Die Parteien haben die Übereignung eines bestimmten gebrauchten Motorrads gegen Entgelt vereinbart. Mithin handelt es sich um eine Stückschuld.

Weiterhin müßten die Voraussetzungen des § 459 vorliegen.

Die Kaufsache könnte einen beachtlichen Fehler, § 459 I aufweisen. Als Fehler einer Stückschuld wird jedes für den Käufer nachteilige Abweichen der Ist- von der Soll-Beschaffenheit, das nicht nur gering bzw. unbeachtlich ist, gewertet.
Das Motorrad hat einen Rahmenbruch. Dies stellt eine Abweichung von der Soll-Beschaffenheit dar. Der Rahmenbruch ist somit ein beachtlicher Fehler im Sinne des § 459 I.

Der Fehler der Kaufsache lag auch im Zeitpunkt des Gefahrübergangs, d.h. bei der Übergabe (§ 446) vor.

Also liegen die Voraussetzungen des § 459 vor.

Ein Ausschluß der Gewährleistung ist nicht ersichtlich.

Demnach ist der Anspruch entstanden.

bb. Der Anspruch des K ist nicht untergegangen.

cc. Er ist auch durchsetzbar.

dd. K hat also gegen M einen Wandelungsanspruch gemäß §§ 462, 459 I, 465, 467, 346 ff.

c. K kann somit gegen den Anspruch des M erfolgreich die Mängeleinrede im Rahmen des § 478 I 1 geltend machen.

2. Der Kaufpreisanspruch des M ist nicht durchsetzbar.

IV. Mangels Durchsetzbarkeit des Kaufpreisanspruchs (§ 433 II) wird M mit seiner Klage keinen Erfolg haben.

Fazit

1. Tjaja. Eine Materie, die oft vernachlässigt wird, ist die ***Mängeleinrede im Rahmen des § 478 I 1***. Sie kann in verschiedenen Formen erhoben werden. Aus der Norm selbst geht hervor, daß sie als ***Wandelungseinrede*** oder als ***Minderungseinrede*** geltend gemacht werden kann. Aber ***auch*** eine ***Nachlieferungseinrede*** ist im Rahmen des § 478 I 1 in entsprechender Anwendung anerkannt.
   Die - zur (teilweisen) Zahlungsverweigerung führende - Mängeleinrede ist im Gesetz zwar nicht ausdrücklich normiert. Der Gesetzgeber hielt (und hält) es aber für selbstverständlich, daß der Käufer nach Erhalt einer mangelhaften Sache den Kaufpreis verweigern kann. § 478 I 1 normiert lediglich, daß dem Käufer die Mängeleinrede unter bestimmten Voraussetzungen auch nach Ablauf der Verjährung erhalten bleibt.

2. ***Anknüpfungspunkt*** für die Mängeleinrede (egal in welcher der drei Formen) ist der ***Kaufpreisanspruch*** des Verkäufers gegen den Käufer aus § 433 II. In der Frage der Durchsetzbarkeit des Anspruchs (Prüfungspunkt III.) kommt die Einrede zum Zuge.

3. Wichtig ist im Rahmen des § 478 I 1, daß der Käufer dem Verkäufer einen ***Mangel*** der Kaufsache vor Ablauf der Verjährungsfrist ***angezeigt*** hat. Eine ***Absendung*** der Anzeige ***reicht*** aus. Die Verjährungsfristen ergeben sich aus § 477 I.

4. Anschließend kommt das eigentlich Entscheidende. Ihr prüft innerhalb des nächsten Prüfungspunktes, ob der Käufer einen ***Wandelungsanspruch*** hat. Hier können alle Probleme auftauchen, die Ihr schon kennengelernt habt. Ihr seht: Die Mängelhaftung ist ein großer Baukasten.

5. Die ***wesentlichen Unterschiede*** zu den (normalen) Wandelungsansprüchen sind folgende:
   Zur Durchführung der Wandelung müßt Ihr kein Wort erwähnen. Eine Anzeige des Mangels (die habt Ihr oben schon geprüft) reicht. Außerdem ist ein Eingehen auf die Rechtsfolgen / den Umfang der Wandelung entbehrlich.

Fall 16

K hat am 02.02. beim Händler M für 4.000,-- DM ein gebrauchtes Motorrad gekauft, das ihm sofort übergeben worden ist. Die Parteien haben eine Stundung des Kaufpreises bis zum 31.08. vereinbart. Am 20.08. stellt sich heraus, daß der Rahmen des Motorrades aufgrund eines Unfalls des Voreigentümers angebrochen ist. Dem M war der Unfallschaden bereits beim Verkauf des Motorrades an K bekannt. K kann aber nun nicht mehr mit dem Krad fahren, weil die Gefahr eines vollständigen Zusammenbruchs besteht. Deshalb wendet er sich an M und stellt das Motorrad zur Verfügung. M reagiert darauf nicht. Am 01.09. verlangt M von K Zahlung des Kaufpreises. K verweigert die Zahlung mit Hinweis auf den Unfallschaden. M ist der Ansicht, ein möglicher Anspruch des K sei verjährt und klagt deshalb gegen K auf Zahlung von 4.000,-- DM.

Frage: Wird M mit seiner Klage Erfolg haben ?

Lösungsskizze Fall 16

M wird mit seiner Klage Erfolg haben, wenn er einen durchsetzbaren Kaufpreisanspruch gegen K hat.

- M gegen K Kaufpreiszahlung gemäß § 433 II ?

I. Anspruch entstanden ?

1. Wirksamer Kaufvertrag, § 433 ?

HIER (+) → M und K haben einen Vertrag bezüglich der Übereignung eines Motorrades zum Preis von 4.000,-- DM, also einen Kaufvertrag geschlossen

2. <u>also</u>: Anspruch entstanden (+)

II. Anspruch untergegangen ? (–)

III. Anspruch durchsetzbar ?

1. Mängeleinrede im Rahmen des § 478 I 1 ?

= Erhaltung der Mängeleinrede (hier: Wandelungseinrede) des K und daraus resultierendes Zahlungsverweigerungsrecht

a. Anzeige eines Mangels vor Ablauf der Verjährungsfrist ?

aa. Rechtzeitige Anzeige ?

HIER (–) → die Verjährungsfrist beträgt nach § 477 I bei beweglichen Sachen sechs Monate ab Ablieferung; K hat das Motorrad am 02.02. erhalten und dem M erst am 20.08. von dem Schaden berichtet, also erst nach Ablauf der Frist

bb. Entbehrlichkeit der rechtzeitigen Anzeige ?

HIER (+) → der rechtzeitigen Anzeige des Mangels bedarf es nicht, wenn der Verkäufer den Mangel arglistig verschwiegen hat, § 478 II; M hat einen Fehler arglistig verschwiegen; er kannte den gravierenden Schaden und hat ihn dem K nicht offenbart

cc. also: Entbehrlichkeit (+)

b. Wandelungsanspruch des K ?

Vorüberlegung:
K kann Rückzahlung des Kaufpreises verlangen, wenn er sich durch Rücktritt vom Vertrag lösen kann. In Betracht kommt ein gesetzlicher Rücktritt aufgrund Wandelung des Kaufvertrages.

Grundüberlegung
ist immer dieselbe: Haben die Parteien einen Kaufvertrag über eine Stückschuld oder über eine Gattungsschuld geschlossen?

Es kommen folgende Anspruchsgrundlagen in Betracht:

wenn ***Stück***schuld → §§ ***462***, 459, 465, 467, 346 ff.
wenn ***Gattung***sschuld → §§ ***462, 480***, 459, 465, 467, 346 ff.

Hier haben die Parteien einen ***Kaufvertrag*** über ein bestimmtes gebrauchtes Motorrad, also ***über*** eine ***Stückschuld*** geschlossen.

Zu prüfen ist der Anspruch aus §§ ***462***, 459, 465, 467, 346 ff.

aa. Anspruch (des K) entstanden ?

(1) Kaufvertrag über Stückschuld, § 433 ?

HIER (+) → die Parteien haben die Übereignung eines bestimmten gebrauchten Motorrades gegen Entgelt vereinbart

(2) Voraussetzungen des § 459 ?
= beachtlicher Fehler der Kaufsache oder Fehlen einer zugesicherten Eigenschaft zur Zeit des Gefahrübergangs

(a) beachtlicher Fehler, § 459 I ?
= bei der ***Stückschuld*** jedes für den Käufer nachteilige Abweichen der Ist- von der Soll-Beschaffenheit, das nicht nur gering / unbeachtlich ist

HIER (+) → das Motorrad hat einen Rahmenbruch; die obige Voraussetzung ist erfüllt

(b) Vorliegen des Mangels bei Gefahrübergang ?
= bei der Übergabe, § 446 oder bei der Übergabe an Transportperson, § 447

HIER (+) → bei der Übergabe

(c) also: Voraussetzungen des § 459 (+)

(3) Kein Ausschluß der Gewährleistung ? (+)

(4) <u>also</u>: Anspruch (des K) entstanden (+)

bb. Anspruch (des K) untergegangen ? (–)

cc. Anspruch (des K) durchsetzbar ? (+)

dd. <u>also</u>: Wandelungsanspruch des K (+)

c. <u>also</u>: Mängeleinrede des K im Rahmen des § 478 I 1 (+)

2. <u>also</u>: Anspruch (des M auf Kaufpreiszahlung) durchsetzbar (–)

IV. Ergebnis:

M gegen K Kaufpreiszahlung gemäß § 433 II (+), aber nicht durchsetzbar; M wird demnach mit seiner Klage keinen Erfolg haben.

Formulierungsvorschlag Fall 16

M wird mit seiner Klage Erfolg haben, wenn er einen durchsetzbaren Kaufpreisanspruch gegen K hat.

- M gegen K Kaufpreiszahlung gemäß § 433 II

M könnte gegen K einen Kaufpreisanspruch gemäß § 433 II haben.

I. Dann müßte der Anspruch zunächst entstanden sein.

1. Dies setzt einen wirksamen Kaufvertrag zwischen den Parteien voraus. M und K haben einen Kaufvertrag über ein Motorrad des M zum Preis von 4.000,-- DM geschlossen.

2. Demnach ist der Anspruch entstanden.

II. Der Anspruch ist nicht untergegangen.

III. Fraglich ist jedoch, ob er auch durchsetzbar ist.

1. Möglicherweise kann K gegen den Anspruch des M erfolgreich die Mängeleinrede in Form der Wandelungseinrede im Rahmen des § 478 I 1 erheben.

a. K müßte dem M einen Mangel der Kaufsache vor Ablauf der Verjährungsfrist angezeigt haben.
Die Verjährungsfrist beträgt nach § 477 I bei beweglichen Sachen sechs Monate ab Ablieferung. K hat das Motorrad am 02.02. erhalten und dem M erst am 20.08. von dem Schaden berichtet. Die Frist war also an sich abgelaufen.
Der rechtzeitigen Anzeige des Mangels bedarf es jedoch nicht, wenn der Verkäufer den Mangel arglistig verschwiegen hat, § 478 II. M kannte den gravierenden Schaden und hat ihn nicht dem K offenbart. Er hat den Fehler somit arglistig verschwiegen.
K mußte den Mangel demnach nicht innerhalb der sechsmonatigen Frist anzeigen.

b. Außerdem müßte K gegen M einen Wandelungsanspruch haben. In Betracht kommt ein Anspruch gemäß §§ 462, 459, 465, 467, 346 ff.

aa. Dann müßte der Anspruch zunächst entstanden sein.

Dies setzt einen wirksamen Kaufvertrag über eine Stückschuld voraus. Die Parteien haben die Übereignung eines bestimmten gebrauchten Motorrads gegen Entgelt vereinbart. Mithin handelt es sich um eine Stückschuld.

Weiterhin müßten die Voraussetzungen des § 459 vorliegen.

Die Kaufsache könnte einen beachtlichen Fehler, § 459 I aufweisen. Als Fehler einer Stückschuld wird jedes für den Käufer nachteilige Abweichen der Ist- von der Soll-Beschaffenheit, das nicht nur gering bzw. unbeachtlich ist, gewertet.
Das Motorrad hat einen Rahmenbruch. Dies stellt eine Abweichung von der Soll-Beschaffenheit dar. Der Rahmenbruch ist somit ein beachtlicher Fehler im Sinne des § 459 I.

Der Fehler der Kaufsache lag auch im Zeitpunkt des Gefahrübergangs, d.h. bei der Übergabe (§ 446) vor.

Also liegen die Voraussetzungen des § 459 vor.

Ein Ausschluß der Gewährleistung ist nicht ersichtlich.

Demnach ist der Anspruch entstanden.

bb. Der Anspruch des K ist nicht untergegangen.

cc. Er ist auch durchsetzbar.

dd. K hat also gegen M einen Wandelungsanspruch gemäß §§ 462, 459 I, 465, 467, 346 ff.

c. K kann somit gegen den Anspruch des M erfolgreich die Mängeleinrede im Rahmen des § 478 I 1 geltend machen.

2. Der Kaufpreisanspruch des M ist nicht durchsetzbar.

IV. Mangels Durchsetzbarkeit des Kaufpreisanspruchs (§ 433 II) wird M mit seiner Klage keinen Erfolg haben.

Fazit

1. Zuerst sollet Ihr abermals das Fazit des letzten Falles lesen. Das vertieft und sichert Euer Wissen zur Mängeleinrede im Rahmen des § 478.

2. Der Käufer muß den Mangel nicht innerhalb der Frist des § 477 I anzeigen, wenn der Verkäufer den Mangel arglistig verschwiegen hat. Das ergibt sich aus § 478 II.
   Solltet Ihr in Eurer Prüfung zu einer Arglist des Verkäufers kommen, beträgt die Verjährungsfrist 30 Jahre (§ 195).

Fall 17

K kauft beim Möbelhändler H eine altdeutsche Schrankwand (Epoche früher Hertie bis später Kaufhof) der Marke "Standfest". Die Parteien vereinbaren eine einjährige Stundung des Kaufpreises. Die Schrankwand wird geliefert und im Wohnzimmer des K aufgestellt. Nach fünf Monaten bricht sie irreparabel zusammen, weil sie minderwertig verklebt ist. K zeigt dies dem H sofort an. Nach weiteren sieben Monaten fordert H von K Kaufpreiszahlung.

Frage: Kann H Zahlung des Kaufpreises verlangen ?

Lösungsskizze Fall 17

H kann von K Kaufpreiszahlung fordern, wenn er einen durchsetzbaren Kaufpreisanspruch gegen K hat.

- H gegen K Kaufpreiszahlung gemäß § 433 II ?

I. Anspruch entstanden ?

1. Wirksamer Kaufvertrag, § 433 ?

HIER (+) → H und K haben einen Vertrag bezüglich der Übereignung einer Schrankwand gegen Entgelt, also einen Kaufvertrag geschlossen; der Kaufpreisanspruch war auch fällig, da die einjährige Stundungszeit abgelaufen ist

2. also: Anspruch entstanden (+)

II. Anspruch untergegangen ? (–)

III. Anspruch durchsetzbar ?

1. Mängeleinrede im Rahmen des § 478 I 1 ?

= Erhaltung der Mängeleinrede (hier: Wandelungseinrede) des K und daraus resultierendes Zahlungsverweigerungsrecht

a. Anzeige eines Mangels vor Ablauf der Verjährungsfrist ?

HIER (+) → die Verjährungsfrist beträgt nach § 477 I bei beweglichen Sachen sechs Monate ab Ablieferung; innerhalb dieser Zeit hat K den Zusammenbruch der Schrankwand angezeigt

b. Wandelungsanspruch des K ?

Vorüberlegung:

K kann Rückzahlung des Kaufpreises verlangen, wenn er sich durch Rücktritt vom Vertrag lösen kann. In Betracht kommt ein gesetzlicher Rücktritt aufgrund Wandelung des Kaufvertrages.

Grundüberlegung

ist immer dieselbe: Haben die Parteien einen Kaufvertrag über eine Stückschuld oder über eine Gattungsschuld geschlossen?

Es kommen folgende Anspruchsgrundlagen in Betracht:

wenn ***Stück***schuld → §§ ***462***, 459, 465, 467, 346 ff.
wenn ***Gattung***sschuld → §§ ***462, 480***, 459, 465, 467, 346 ff.

Hier haben die Parteien einen ***Kaufvertrag*** über irgendeine Schrankwand des genannten Typs, also ***über*** eine ***Gattungsschuld*** geschlossen.

Zu prüfen ist somit der Anspruch aus §§ ***462, 480***, 459, 465, 467, 346 ff.

aa. Anspruch (des K) entstanden ?

(1) Kaufvertrag über Gattungsschuld, § 433 ?

HIER (+) → die Parteien haben die Übereignung irgendeiner Schrankwand der genannten Marke gegen Entgelt vereinbart

(2) Voraussetzungen des § 459 ?
= beachtlicher Fehler der Kaufsache oder Fehlen einer zugesicherten Eigenschaft zur Zeit des Gefahrübergangs

(a) beachtlicher Fehler, § 459 I ?
= bei der ***Gattungsschuld*** jedes nachteilige Abweichen von mittlerer Art und Güte, das nicht nur gering / unbeachtlich ist

HIER (+) → die Verklebung des Schranks war minderwertig; die obige Voraussetzung ist erfüllt

(b) Vorliegen des Mangels bei Gefahrübergang ?
= bei der Übergabe, § 446 oder bei der Übergabe an Transportperson, § 447

HIER (+) → bei der Übergabe

(c) also: Voraussetzungen des § 459 **(+)**

(3) Kein Ausschluß der Gewährleistung ? **(+)**

(4) also: Anspruch (des K) entstanden **(+)**

bb. Anspruch (des K) untergegangen ?

(1) gemäß § 467 S. 1 i.V.m. § 351 S. 1 ?
= **Verschulden** des Untergangs ...... durch den **Käufer** vor Vollzug der Wandelung

!! Problem: Verschulden

→ **vor** Kenntnis des Käufers vom Wandelungsgrund
= Benutzung der Sache in untypischer gefährlicher Weise

HIER (−) → für eine Überlastung des Schrankes gibt der Sachverhalt keine Anhaltspunkte; K hat die Kaufsache also nicht in untypischer gefährlicher Weise benutzt

(2) __also__: Anspruch untergegangen (–)

cc. Anspruch (des K) durchsetzbar ? (+)

dd. __also__: Wandelungsanspruch des K (+)

c. __also__: Mängeleinrede des K im Rahmen des § 478 I 1 (+)

2. __also__: Anspruch (des H auf Kaufpreiszahlung) durchsetzbar (–)

IV. Ergebnis:

H gegen K Kaufpreiszahlung gemäß § 433 II (+), aber nicht durchsetzbar

Formulierungsvorschlag Fall 17

H kann Zahlung des Kaufpreises verlangen, wenn er einen durchsetzbaren Kaufpreisanspruch gegen K hat.

- H gegen K Kaufpreiszahlung gemäß § 433 II

H könnte gegen K einen Kaufpreisanspruch gemäß § 433 II haben.

I. Dann müßte der Anspruch zunächst entstanden sein.

1. Dies setzt einen wirksamen Kaufvertrag zwischen den Parteien voraus. H und K haben einen Kaufvertrag über eine altdeutsche Schrankwand des H geschlossen. Die vereinbarte Stundungsfrist ist auch abgelaufen, der Anspruch also fällig.

2. Demnach ist der Anspruch entstanden.

II. Der Anspruch ist nicht untergegangen.

III. Fraglich ist jedoch, ob er auch durchsetzbar ist.

1. Möglicherweise kann K gegen den Anspruch des H erfolgreich die Mängeleinrede in Form der Wandelungseinrede im Rahmen des § 478 I 1 erheben.

a. K müßte dem H einen Mangel der Kaufsache vor Ablauf der Verjährungsfrist angezeigt haben. Die Verjährungsfrist beträgt nach § 477 I bei beweglichen Sachen sechs Monate ab Ablieferung. K hat den Zusammenbruch der Schrankwand fünf Monate nach Ablieferung angezeigt. Die Frist war also noch nicht abgelaufen.

b. Außerdem müßte K gegen H einen Wandelungsanspruch haben. In Betracht kommt ein Wandelungsanspruch gemäß §§ 462, 480, 459, 465, 467, 346 ff.

aa. Dann müßte der Anspruch zunächst entstanden sein.

Dies setzt einen wirksamen Kaufvertrag über eine Gattungsschuld voraus. Die Parteien haben die Übereignung irgendeiner Schrankwand der genannten Marke gegen Entgelt vereinbart. Mithin handelt es sich um eine Gattungsschuld.

Weiterhin müßten die Voraussetzungen des § 459 vorliegen.

Die Kaufsache könnte einen beachtlichen Fehler, § 459 I aufweisen. Als Fehler einer Gattungsschuld wird jedes nachteilige Abweichen von mittlerer Art und Güte, das nicht nur gering bzw. unbeachtlich ist, gewertet.
Die Schrankwand war minderwertig verklebt. Dies stellt eine Abweichung von mittlerer Art und Güte (ordnungsgemäße Verklebung) dar. Die minderwertige Verklebung ist somit ein beachtlicher Fehler im Sinne des § 459 I.

Der Fehler der Kaufsache lag auch im Zeitpunkt des Gefahrübergangs, d.h. bei der Übergabe (§ 446) vor.

Also liegen die Voraussetzungen des § 459 vor.

Ein Ausschluß der Gewährleistung ist nicht ersichtlich.

Demnach ist der Anspruch entstanden.

bb. Fraglich ist, ob der Anspruch des K untergegangen ist.

In Betracht kommt ein Erlöschen des Anspruchs gemäß § 467 S. 1 i.V.m. § 351 S. 1.

Dann müßte der Käufer vor Vollzug der Wandelung den Untergang der Kaufsache verschuldet haben.
Die Schrankwand ist zusammengebrochen, also untergegangen.

Vor Kenntnis des Käufers vom Wandelungsgrund wird ein Verschulden bejaht, wenn der Käufer die Sache in untypischer gefährlicher Weise benutzt. Für eine Überlastung des Schrankes gibt der Sachverhalt keine Anhaltspunkte. K hat die Kaufsache also nicht in untypischer gefährlicher Weise benutzt.

Ein Erlöschen des Anspruchs gemäß § 467 S. 1 i.V.m. § 351 S. 1 scheidet also aus.

Somit ist der Anspruch nicht untergegangen.

cc. Er ist auch durchsetzbar.

dd. K hat also gegen H einen Wandelungsanspruch gemäß §§ 462, 480, 459 I, 465, 467, 346 ff.

c. K kann somit gegen den Anspruch des H erfolgreich die Mängeleinrede im Rahmen des § 478 I 1 geltend machen.

2. Der Kaufpreisanspruch des H ist nicht durchsetzbar.

IV. Mangels Durchsetzbarkeit des Kaufpreisanspruchs (§ 433 II) wird H mit seinem Zahlungsanspruch nicht durchdringen.

Fazit

1. Ein altbekanntes Problem, daß immer wieder in Klausuren und Hausarbeiten herumgeistert, ist der mögliche Untergang des Wandelungsanspruchs gemäß § 467 S. 1 i.V.m. § 351 S. 1.

2. Diesmal ist es in der "verschachtelten Version", d.h. innerhalb der Frage, ob der Kaufpreisanspruch des Verkäufers durchsetzbar ist, aufgetaucht.

Fall 18

Hobbybauer B bestellt im Frühling beim Händler H einen Sack Sommerroggen. H sondert versehentlich einen Sack Winterroggen aus und benachrichtigt B von der Abholmöglichkeit. Nachdem B den Sack abgeholt hat, sät er den Roggen ein. Drei Monate nach dem Kauf stellt sich das Versehen des H heraus. Der Roggen reift nicht aus. H verlangt nach fünf Monaten von B Zahlung. B ist demgegenüber der Meinung, er könne den Vertrag wandeln oder sonst vom Vertrag zurücktreten. Er erklärt dem H sofort, er sei mit der gelieferten Ware nicht einverstanden. Den Kaufpreis werde er nicht bezahlen.

Frage: Kann H Zahlung des Kaufpreises verlangen ?

Lösungsskizze Fall 18

H kann von B Kaufpreiszahlung fordern, wenn er einen durchsetzbaren Kaufpreisanspruch gegen B hat.

- H gegen B Kaufpreiszahlung gemäß § 433 II ?

I. Anspruch entstanden ?

1. Wirksamer Kaufvertrag, § 433 ?

HIER (+) → H und B haben einen Vertrag bezüglich der Übereignung eines Sacks Roggen gegen Entgelt, also einen Kaufvertrag geschlossen

2. <u>also</u>: Anspruch entstanden (+)

II. Anspruch untergegangen ?

1. gemäß § 323 I ?

a. Gegenseitiger Vertrag ?

HIER (+) → s.o. = § 433 zwischen H und K

b. Objektive oder subjektive Unmöglichkeit der Leistung ?

aa. Vereinbarte Leistung = Übereignung eines Sacks Sommerroggen, § 929 S. 1

bb. Objektive oder subjektive Unmöglichkeit ?

= niemand kann die Leistung erbringen (objektive Unmöglichkeit) oder eine dritte Person, nicht aber der Schuldner kann die Leistung erbringen (subjektive Unmöglichkeit bzw. Unvermögen);
dies wiederum ist insbesondere dann denkbar, wenn es sich bei dem geschuldeten Gegenstand um eine <u>Stückschuld</u> <u>oder</u> eine <u>konkretisierte Gattungsschuld</u> handelt

(1) Stückschuld ?
= ein nur einmal existierender Gegenstand

HIER (–) → B hat sich nicht für einen bestimmten Sack entschieden, es handelt sich also um eine Gattungsschuld

(2) gemäß § 243 II zur Stückschuld konkretisierte Gattungsschuld ?
= der Schuldner muß das seinerseits Erforderliche zur Leistung getan haben (§ 243 II);
ob er das seinerseits Erforderliche getan hat, hängt davon ab, welche Art der Schuld (Holschuld, Bringschuld, Schickschuld) vorliegt

(a) Art der Schuld ?

HIER ***Holschuld***, → zwischen H und B ist Abholung des Sacks vereinbart worden

(b) Konkretisierung durch den Schuldner ?
= bei der Holschuld: Aussondern der Kaufsache und Benachrichtigung des Gläubigers von der Abholmöglichkeit

HIER (–) → er hat die falschen Roggensäcke ausgesondert

(c) also: Konkretisierung (–)

aber: zu beachten ist außerdem, daß hier ein ganz besonderer Fall vorliegt; ***es handelt sich bei der Verpflichtung*** des H ***um eine Leistung, die nur zu einer bestimmten Jahreszeit***, nämlich im Frühling, ***erbracht werden kann*** (der Sommerroggen muß vor dem Sommer eingesät werden, damit er wachsen kann); immer wenn eine solche Konstellation vorliegt, bezeichnet man das Ganze als **Absolutes Fixgeschäft**

die Nichteinhaltung der vereinbarten Zeit bedeutet beim absoluten Fixgeschäft aber ***Unmöglichkeit der Leistung***, da eine spätere Erfüllung sinnlos ist

(3) also: Unmöglichkeit (+)

cc. also: Unmöglichkeit der Leistung (+)

c. Nachträgliche Unmöglichkeit ?
= sie darf erst nach Vertragsschluß entstanden sein

HIER (+) → die Leistung ist erst nach Vertragsschluß zwischen H und B unmöglich geworden

d. Kein Vertretenmüssen des einen oder des anderen ?
= weder der eine (Schuldner der Leistung) noch der andere Vertragspartner (Schuldner der Gegenleistung) haftet nach § 276 oder § 278

- *der eine*
  = H (Schuldner der Leistung)

  HIER (- !!!) → der Schuldner haftet grundsätzlich für Vorsatz und jede Fahrlässigkeit; H hat die Unmöglichkeit zu vertreten, weil er zumindest leicht fahrlässig den Roggen verwechselt hat

e. also: § 323 I (–)

2. Wegen Rücktritts gemäß § 325 I 3 und 1 i.V.m. § 323 ?

a. Gegenseitiger Vertrag ? (+), s.o.

b. Unmöglichkeit der Leistung ? (+), s.o.

c. Nachträgliche Unmöglichkeit ? (+), s.o.

d. Vertretenmüssen des Schuldners der Leistung ?
= Haftung gemäß §§ 276, 278

HIER (+), s.o. → der Schuldner haftet grundsätzlich für Vorsatz und jede Fahrlässigkeit; H hat die Unmöglichkeit zu vertreten, weil er zumindest leicht fahrlässig den Roggen verwechselt hat

e. Durchführung des Rücktritts
= gemäß § 349 muß der Anspruchsteller gegenüber dem Anspruchsgegner den Rücktritt erklären

HIER (+) → B hat gegenüber H erklärt, er sei mit der Ware nicht einverstanden und verweigere die Zahlung des Kaufpreises

f. also: Rücktritt gemäß § 325 I 3 und 1 i.V.m. § 323 (+)

3. also: Anspruch untergegangen (+)

III. Ergebnis:
H gegen B Kaufpreiszahlung gemäß § 433 II (–)

Formulierungsvorschlag Fall 18

H kann Zahlung des Kaufpreises verlangen, wenn er einen durchsetzbaren Kaufpreisanspruch gegen B hat.

- H gegen B Kaufpreiszahlung gemäß § 433 II

H könnte gegen B einen Kaufpreisanspruch gemäß § 433 II haben.

I. Dann müßte der Anspruch zunächst entstanden sein.

1. Dies setzt einen wirksamen Kaufvertrag zwischen den Parteien voraus. H und B haben einen Kaufvertrag über einen Sack Roggen geschlossen.

2. Demnach ist der Anspruch entstanden.

II. Der Anspruch des H könnte jedoch untergegangen sein.

1. In Betracht kommt ein Erlöschen des Anspruchs gemäß § 323 I.

a. Dann müßte zwischen H und B ein gegenseitiger Vertrag bestehen. Die Parteien haben einen Kaufvertrag, also einen gegenseitigen Vertrag geschlossen.

b. Weiterhin müßte die aus dem Vertrag resultierende Leistung objektiv oder subjektiv unmöglich sein.

aa. Der Vertrag beinhaltet als Leistung die Übereignung eines Sacks Sommerweizen.

bb. Eine Unmöglichkeit wäre zu bejahen, wenn niemand die Leistung erbringen kann (objektive Unmöglichkeit) oder wenn eine dritte Person, nicht aber der Schuldner die Leistung erbringen kann (subjektive Unmöglichkeit = Unvermögen). Dies wiederum ist nur denkbar, wenn es sich bei dem geschuldeten Gegenstand um eine Stückschuld oder um eine konkretisierte Gattungsschuld handelt.

Fraglich ist, ob es sich bei dem geschuldeten Gegenstand um eine Stückschuld handelt. Eine Stückschuld liegt vor, wenn der geschuldete Gegenstand nur einmal existiert. Das ist insbesondere bei gebrauchten Gegenständen und bei neuen Einzelstücken zu bejahen.
Beim Kaufgegenstand handelt es sich jedoch nicht um ein Einzelstück, sondern um einen beliebigen Sack Sommerroggen, also um eine Gattungsschuld.

Der Schuldner der Leistung könnte die ursprünglich existierende Gattungsschuld jedoch zur Stückschuld konkretisiert haben.
Um eine Konkretisierung herbeizuführen, müßte er das seinerseits Erforderliche zur Leistung getan haben (§ 243 II). Dies wiederum hängt davon ab, welche Art der Schuld (Hol-, Bring- oder Schickschuld) zwischen den Parteien vereinbart worden ist. Es gilt demnach, die Schuldform zuzuordnen.
H und B haben eine Holschuld vereinbart, da B den Sack abholen sollte. Bei der Holschuld tritt Konkretisierung der Gattungsschuld zur Stückschuld ein, wenn der Schuldner die Kaufsache ausgesondert und den Gläubiger über die Abholmöglichkeit benachrichtigt hat.
H hat aber nicht die Kaufsache (Sommerroggen) ausgesondert, sondern einen Sack Winterroggen. Demnach scheidet eine Konkretisierung der Gattungsschuld zur Stückschuld aus.

Zu beachten ist jedoch außerdem, daß hier ein ganz besonderer Fall vorliegt. Es handelt sich bei der Verpflichtung des H um eine Leistung, die nur zu einer bestimmten Jahreszeit, nämlich im Frühling, erbracht werden kann. Der Sommerroggen muß vor dem Sommer eingesät werden, damit er wachsen kann. Immer wenn eine solche Konstellation vorliegt, bezeichnet man das Ganze als sog. absolutes Fixgeschäft.

Die Nichteinhaltung der vereinbarten Zeit bedeutet beim absoluten Fixgeschäft aber Unmöglichkeit der Leistung, da eine spätere Erfüllung sinnlos ist.

cc. Die Leistung ist somit doch unmöglich.

c. Die Unmöglichkeit ist erst nach Vertragsschluß eingetreten, also nachträglich.

d. Letztlich dürfte weder der Schuldner der Leistung (der eine) noch der Schuldner der Gegenleistung (der andere) die Unmöglichkeit zu vertreten haben.
.Das Vertretenmüssen bemißt sich grundsätzlich nach den §§ 276, 278.
H (der eine) haftet gemäß § 276 grundsätzlich für eigenen Vorsatz und jede eigene Fahrlässigkeit. Er hat zumindest leicht fahrlässig den Roggen verwechselt. Somit hat er die Unmöglichkeit zu vertreten.
Demnach hat doch eine der Parteien die Unmöglichkeit zu vertreten.

e. Da die letzte Voraussetzung nicht erfüllt ist, ist der Anspruch nicht gemäß § 323 I untergegangen.

2. Möglicherweise ist der Anspruch des H jedoch wegen eines wirksamen Rücktritts nach § 325 I 1 und 3 untergegangen.
Gemäß § 325 I 3 kann der Käufer - bei Vorliegen der Voraussetzungen de § 325 I 1 - auch die Rechte des § 323 geltend machen.

a. H und B haben einen Kaufvertrag, also einen gegenseitigen Vertrag geschlossen (s.o.).

b. Die aus dem Vertrag resultierende Leistung ist unmöglich (s.o.).

c. Die Unmöglichkeit ist nachträglich (s.o.).

d. Der Schuldner der Leistung hat die Unmöglichkeit zu vertreten (s.o.).

e. Gemäß § 349 muß der Anspruchsteller gegenüber dem Anspruchsgegner den Rücktritt erklären.
B hat gegenüber H erklärt, er sei mit der Ware nicht einverstanden und verweigere die Zahlung des Kaufpreises. Eine Erklärung des Rücktritts liegt somit vor.

f. Somit liegt ein wirksamer Rücktritt gemäß § 325 I 3 und 1 i.V.m. § 323 vor.

3. Also ist der Anspruch untergegangen.

III. H hat gegen B keinen Kaufpreisanspruch gemäß § 433 II.

Fazit

1. ***Und noch einmal:*** Ob es Winter- oder Sommerroggen gibt, weiß ich nicht. Das ist auch ziemlich irrelevant. Ein Landwirt mag mich eines Besseren belehren. Ich wollte nur von der in Lehrbüchern üblichen Abgrenzung Sommerweizen / Winterweizen abrücken. Das sich aus der Fallgestaltung ergebende Problem ist natürlich dasselbe.

2. Hier ging es ***nur vordergründig*** um das ***Abgrenzungsproblem*** Falschlieferung - Fehlerhafte Lieferung.

   Wie Ihr gesehen habt, spielt sich in diesem Fall alles im Bereich der ***Unmöglichkeit der Leistung*** ab. Zu einer - grundsätzlich möglichen - Wandelungseinrede des § 478 kommt Ihr gar nicht. Welch ein Ärger!!!

3. Derartige Fälle sind aber denkbar. Wenn keine Unmöglichkeit der Leistung zu bejahen ist, scheidet sowohl ein ***Untergang*** des Anspruchs ***gemäß § 323 I*** als auch ein ***Untergang gemäß § 325 I 3 und 1 i.V.m. § 323*** aus. Das ist wohl logisch.

   Dann aber eröffnet sich die Möglichkeit, daß der Anspruch wegen der Mängeleinrede im Rahmen des § 478 nicht durchsetzbar ist.
   Innerhalb dieses Prüfungspunktes müßtet Ihr dann ermitteln, ob der Käufer dem Verkäufer einen Mangel vor Ablauf der Verjährungsfrist angezeigt hat und ob der Käufer gegen den Verkäufer einen Wandelungsanspruch hat.

   Wenn - wie in unserem Fall - lediglich ein Wandelungsanspruch gemäß §§ ***462, 480***, 459, 465, 467, 346 ff in Betracht kommt, fängt der Streß abermals an.
   Im Prüfungspunkt "Voraussetzungen des § 459" müßtet Ihr innerhalb der Frage, ob die Sache einen beachtlichen Fehler (§ 459 I) hat klären, ob eine fehlerhafte Lieferung oder eine Falschlieferung (aliud) vorliegt. Die schon bekannte Auflistung des Meinungsstreits (bei Gattungsschulden) wäre wiederum angebracht.

   Wenn Euch das Ganze im Moment unklar ist, gibt es eine einfache Hilfestellung. Schaut noch einmal in den letzten Fall, der sich mit einem Wandelungsanspruch beschäftigt (wenn Ihr ihn nicht finden solltet: im Sachverzeichnis unter dem Stichwort aliud nachsehen).
   Dort ist das Problem haarklein aufgeführt.

   Systematisch müßte der Problempunkt in solchen Konstellationen wie folgt aufgebaut werden:

...

III. Anspruch durchsetzbar ?

1. Mängeleinrede im Rahmen des § 478 I 1 ?

a. Anzeige eines Mangels vor Ablauf der Verjährungsfrist ?

b. Wandelungsanspruch des B ?

- §§ ***462, 480***, 459, 465, 467, 346 ff. ?

aa. Anspruch (des B) entstanden ?

(1) Kaufvertrag über Gattungsschuld, § 433 ?

(2) Voraussetzungen des § 459 ?

(a) beachtlicher Fehler, § 459 I ?

!!! an dieser Stelle müßtet Ihr Euch mit der Abgrenzungsfrage: Fehlerhafte Lieferung - Falschlieferung und dem hierzu vertretenen Meinungsstreit auseinandersetzen

→ ***wenn aliud (+):***
Wandelung und damit Mängeleinrede des § 478 I (−); damit ist der Kaufpreisanspruch des H durchsetzbar!!!!!!

→ ***wenn Fehler* (+):**
wie üblich weiter in der Prüfung:

(b) Vorliegen des Mangels bei Gefahrübergang ?

***(c) <u>also</u>: Voraussetzungen des § 459* (+)**

(3) Kein Ausschluß der Gewährleistung ?

***(4) <u>also</u>: Anspruch (des B) entstanden* (+)**

bb. Anspruch (des B) untergegangen ?

cc. Anspruch (des B) durchsetzbar ?

***dd. <u>also</u>: Wandelungsanspruch des B* (+)**

***c. <u>also</u>: Mängeleinrede des B im Rahmen des § 478 I 1* (+)**

***2. <u>also</u>: Anspruch (des H auf Kaufpreiszahlung) durchsetzbar* (−)**

IV. Ergebnis

Fall 19

Jurastudent J kauft anfangs des Sommersemesters in der Universitäts-Buchhandlung des befreundeten U das 320 Seiten starke Buch eines renommierten Autors namens Brox mit dem schicksalsschwangeren Titel "BGB Schuldrecht Besonderer Teil". U will dem J diesbezüglich eine Rechnung schicken, weil J im Moment die erforderlichen 40,-- DM nicht aufbringen kann. Nach fünf Monaten bemerkt J, daß die Seiten 81 bis 96 fehlen. Er nutzt daraufhin die Kopiermöglichkeit der örtlichen juristischen Bibliothek, um die fraglichen Seiten zu kopieren und wendet sich an U, um das Fehlen der Seiten anzuzeigen. J will erreichen, daß U sein Minderungsbegehren in der noch erwarteten Rechnung berücksichtigt. Dies tut er jedoch nicht. Die darauf folgenden Verhandlungen ziehen sich über zwei Monate hin. Eine Einigung wird nicht erzielt. Nun erhebt U Klage auf Zahlung des vollen Kaufpreises. Im Prozeß weist er darauf hin, daß ein möglicher teilweise entgegenstehender Minderungsanspruch des J verjährt sei.

Frage: Wird U mit seiner Klage Erfolg haben?

Lösungsskizze Fall 19

U wird mit seiner Klage Erfolg haben, wenn er einen durchsetzbaren Kaufpreisanspruch gegen J hat.

- U gegen J Kaufpreiszahlung gemäß § 433 II ?

I. Anspruch entstanden ?

1. Wirksamer Kaufvertrag, § 433 ?

HIER (+) → U und J haben einen Vertrag bezüglich der Übereignung eines Buchs gegen Entgelt, also einen Kaufvertrag geschlossen; der Kaufpreisanspruch ist auch fällig, da U eine Rechnung gestellt hat

2. <u>also</u>: Anspruch entstanden **(+)**

II. Anspruch untergegangen ? **(–)**

III. Anspruch durchsetzbar ?

1. Mängeleinrede im Rahmen des § 478 I 1 ?

= Erhaltung der Mängeleinrede (hier: Minderungseinrede) des J und daraus resultierendes teilweises Zahlungsverweigerungsrecht

a. Anzeige eines Mangels vor Ablauf der Verjährungsfrist ?

HIER (+) → die Verjährungsfrist beträgt nach § 477 I bei beweglichen Sachen sechs Monate ab Ablieferung; innerhalb dieser Zeit hat J das Fehlen der Seiten angezeigt

b. Minderungsanspruch des J ?

Vorüberlegung:
J kann Teil-Rückzahlung des Kaufpreises verlangen, wenn er ein Minderungsrecht hat.

Grundüberlegung
ist immer dieselbe: Haben die Parteien einen Kaufvertrag über eine Stückschuld oder über eine Gattungsschuld geschlossen?

Es kommen folgende Anspruchsgrundlagen in Betracht:

wenn ***Stück***schuld → §§ ***462***, 459, 465, 472
wenn ***Gattung***sschuld → §§ ***462, 480***, 459, 465, 472

Hier haben die Parteien haben die Übereignung irgendeines Buchs des Autors mit dem genannten Titel gegen Entgelt vereinbart, also einen Kaufvertrag über eine ***Gattungsschuld*** geschlossen.

Zu prüfen ist der Anspruch aus §§ ***462, 480***, 459, 465, 472.

aa. Anspruch (des J) entstanden ?

(1) Kaufvertrag über Gattungsschuld, § 433 ?

HIER (+) → die Parteien haben die Übereignung irgendeines Buchs des Autors mit dem genannten Titel gegen Entgelt vereinbart

(2) Voraussetzungen des § 459 ?
= beachtlicher Fehler der Kaufsache oder Fehlen einer zugesicherten Eigenschaft zur Zeit des Gefahrübergangs

(a) Beachtlicher Fehler, § 459 I ?
= bei der ***Gattungsschuld*** jedes nachteilige Abweichen von mittlerer Art und Güte, das nicht nur gering / unbeachtlich ist

HIER (+) → dem Buch fehlen 16 Seiten; die obige Voraussetzung ist erfüllt

(b) Vorliegen des Mangels bei Gefahrübergang ?
= bei der Übergabe, § 446 oder bei der Übergabe an Transportperson, § 447

HIER (+) → bei der Übergabe

(c) also: Voraussetzungen des § 459 (+)

(3) Kein Ausschluß der Gewährleistung ? (+)

(4) Rechtsfolgen / Umfang der Minderung

§ 472 I, II → !! Berechnung !!:

$$\text{geminderter Kaufpreis} = \frac{\text{Wert der Sache mit Mangel} \times \text{vereinbarter Kaufpreis}}{\text{Wert der Sache ohne Mangel}}$$

Dem 320 Seiten starken Buch fehlen 16 Seiten. Also wäre der Wert der Sache 1/20stel (= 5 %) niedriger zu bewerten. Beim angegebenen Kaufpreis von 40,-- DM betrüge der Wert des Buchs mit Mangel somit 40,-- DM minus 5 % = 2,-- DM = 38,-- DM. Der Wert der Sache ohne Mangel entspräche mangels gegenteiliger Angaben dem vereinbarten Kaufpreis.

also:

$$\text{geminderter Kaufpreis} = \frac{38,\text{--} \times 40,\text{--}}{40,\text{--}}$$

= <u>38,-- DM</u>

(5) <u>also</u>: Anspruch (des J) entstanden (+)

bb. Anspruch (des J) untergegangen ? (−)

cc. Anspruch (des J) durchsetzbar ?

(1) <u>Verjährung</u> des Anspruchs ?
= beim Minderungsanspruch: § 477 I 1
→ 6 Monate bei beweglichen Sachen ab Ablieferung

HIER (−) → J hat dem U den Mangel innerhalb der Frist angezeigt

(2) <u>also</u>: Anspruch (des J) durchsetzbar (+)

dd. <u>also</u>: Minderungsanspruch des J (+)

c. <u>also</u>: Mängeleinrede des J im Rahmen des § 478 I 1 (+)

2. <u>also</u>: Anspruch (des U auf Kaufpreiszahlung) durchsetzbar (−)

IV. Ergebnis:

U gegen J Kaufpreiszahlung gemäß § 433 II in voller Höhe (−);
U wird demnach mit seiner Klage lediglich in Höhe von 38,-- Erfolg haben

Formulierungsvorschlag Fall 19

U wird mit seiner Klage Erfolg haben, wenn er einen durchsetzbaren Kaufpreisanspruch gegen J hat.

- U gegen J Kaufpreiszahlung gemäß § 433 II

U könnte gegen J einen Kaufpreisanspruch gemäß § 433 II haben.

I. Dann müßte der Anspruch zunächst entstanden sein.

1. Dies setzt einen wirksamen Kaufvertrag zwischen den Parteien voraus. U und J haben einen Kaufvertrag über ein Buch geschlossen. Die Fälligkeit ist mit Rechnungsstellung eingetreten.

2. Demnach ist der Anspruch entstanden.

II. Der Anspruch ist nicht untergegangen.

III. Fraglich ist jedoch, ob er auch durchsetzbar ist.

1. Möglicherweise kann J gegen einen Teil des Anspruchs des U erfolgreich die Mängeleinrede in Form der Minderungseinrede im Rahmen des § 478 I 1 erheben.

a. J müßte dem U einen Mangel der Kaufsache vor Ablauf der Verjährungsfrist angezeigt haben.
Die Verjährungsfrist beträgt nach § 477 I bei beweglichen Sachen sechs Monate ab Ablieferung. J hat das Fehlen der Seiten fünf Monate nach Ablieferung angezeigt. Die Frist war also noch nicht abgelaufen.

b. Außerdem müßte J gegen U einen Minderungsanspruch haben. In Betracht kommt ein Anspruch gemäß §§ 462, 480, 459, 465, 472.

aa. Dann müßte der Anspruch zunächst entstanden sein.

Dies setzt einen wirksamen Kaufvertrag über eine Gattungsschuld voraus. Die Parteien haben die Übereignung irgendeines Buchs des Autors mit dem genannten Titel vereinbart. Mithin handelt es sich um eine Gattungsschuld.

Weiterhin müßten die Voraussetzungen des § 459 vorliegen.

Die Kaufsache könnte einen beachtlichen Fehler, § 459 I aufweisen. Als Fehler einer Gattungsschuld wird jedes nachteilige Abweichen von mittlerer Art und Güte, das nicht nur gering bzw. unbeachtlich ist, gewertet.
Dem Buch fehlen 16 Seiten. Dies stellt eine Abweichung von mittlerer Art und Güte (volle Seitenanzahl) dar. Das Fehlen der Seiten ist somit ein beachtlicher Fehler im Sinne des § 459 I.

Der Fehler der Kaufsache lag auch im Zeitpunkt des Gefahrübergangs, d.h. bei der Übergabe (§ 446) vor.

Also liegen die Voraussetzungen des § 459 vor.

Ein Ausschluß der Gewährleistung ist nicht ersichtlich.

Die Rechtsfolgen der Minderung bestimmen sich nach § 472 I und II. Der geminderte Kaufpreis errechnet sich nach der Formel: geminderter Kaufpreis = (Wert der Sache mit Mangel x vereinbarter Kaufpreis) geteilt durch den Wert der Sache ohne Mangel.
Dem 320 Seiten starken Buch fehlen 16 Seiten. Also wäre der Wert der Sache 1/20stel (= 5 %) niedriger zu bewerten. Beim angegebenen Kaufpreis von 40,-- DM betrüge der Wert des Buchs mit Mangel somit 40,-- DM minus 5 % = 2,-- DM = 38,-- DM. Der Wert der Sache ohne Mangel entspräche mangels gegenteiliger Angaben dem vereinbarten Kaufpreis

Demnach beträgt der geminderte Kaufpreis (38 x 40) geteilt durch 40 = 38,-- DM.

Demnach ist der Anspruch entstanden.

bb. Der Anspruch des J ist nicht untergegangen.

cc. Fraglich ist, ob der Anspruch des J durchsetzbar ist.

In Betracht kommt eine Verjährung des Anspruchs gemäß § 477 I 1. Der Anspruch verjährt nach der genannten Norm bei beweglichen Sachen sechs Monate nach deren Ablieferung.
J hat den Mangel gegenüber U innerhalb der Frist angezeigt. Also ist die Frist des § 477 I 1 nicht verstrichen.

Somit ist der Anspruch wegen § 477 I 1 durchsetzbar.

dd. Der Minderungsanspruch des J ist also durchsetzbar.

c. J kann gegen den Anspruch des U erfolgreich die Mängeleinrede im Rahmen des § 478 I 1 erheben.

2. Der Kaufpreisanspruch des U ist demnach nicht in voller Höhe durchsetzbar.

IV. U hat gegen J lediglich den Kaufpreisanspruch gemäß § 433 II in Höhe von 38,--DM. U wird somit mit seiner Klage lediglich in der genannten Höhe Erfolg haben.

Fazit

1. Es gibt also auch eine Minderungseinrede. Sie ist eine weitere Variante der ***Mängeleinrede*** und ist - Ihr habt es gesehen - dem Minderungsanspruch nachgebildet.

2. ***Anknüpfungspunkt*** für die Mängeleinrede ist der ***Kaufpreisanspruch*** des Verkäufers gegen den Käufer aus § 433 II. In der Frage der Durchsetzbarkeit des Anspruchs (Prüfungspunkt III.) kommt die Einrede zum Zuge.

3. Wie bei der Wandelungseinrede muß der Käufer dem Verkäufer im Rahmen des § 478 einen ***Mangel*** der Kaufsache vor Ablauf der Verjährungsfrist ***angezeigt*** haben. Eine ***Absendung*** der Anzeige ***reicht*** aus. Die Verjährungsfristen ergeben sich aus § 477 I.

4. Anschließend kommt - wie bei der Wandelungseinrede - das eigentlich Entscheidende. Ihr prüft innerhalb des nächsten Prüfungspunktes, ob der Käufer einen ***Minderungsanspruch*** hat. Hier können alle Probleme auftauchen, die Ihr schon kennengelernt habt. Ihr seht: Die Mängelhaftung ist ein großer Baukasten.

5. Zur Durchführung der Wandelung müßt Ihr kein Wort erwähnen. Eine Anzeige des Mangels (die habt Ihr oben schon geprüft) reicht.

Fall 20

Fischhändler F bestellt beim Großhändler G hundert schottische Lachsseiten. Als Kaufpreis vereinbaren die Parteien 800,-- DM. Das Geld soll F innerhalb von 60 Tagen an G überweisen. Nachdem der Fisch in geschlossenen Metallboxen geliefert wird, stellt F die Kisten in sein Kühlhaus. Eine Woche später öffnet er die Metallboxen, um den Lachs verkaufsfertig zu machen. Sofort schlägt ihm ein ätzender Gestank entgegen, der ihn fast ohnmächtig werden läßt. Im folgenden stellt sich heraus, daß ein Angestellter des G vergessen hat, die Boxen für den Transport mit Eis aufzufüllen. Aufgrund dieser Tatsache war der Fisch schon während des Transports verdorben. F beschließt, die Ware erst zu bezahlen, wenn er eine neue unverdorbene Lieferung Lachs von G erhält. Hierüber informiert er den G unter Angabe der Gründe unverzüglich. G ist mit der Lieferung neuer Ware aber nicht einverstanden. Als F innerhalb der vereinbarten Frist nicht bezahlt, erhebt er Klage auf Zahlung der 800,-- DM.

Frage: Wird G mit seiner Klage Erfolg haben?

Lösungsskizze Fall 20

G wird mit seiner Klage Erfolg haben, wenn er einen durchsetzbaren Kaufpreisanspruch gegen F hat.

- G gegen F Kaufpreiszahlung gemäß § 433 II ?

I. Anspruch entstanden ?

1. Wirksamer Kaufvertrag, § 433 ?

HIER (+) → G und F haben einen Vertrag bezüglich der Übereignung von Lachs gegen Entgelt, also einen Kaufvertrag geschlossen; der Kaufpreisanspruch ist auch fällig, da die vereinbarte Zahlungsfrist abgelaufen ist

2. <u>also</u>: Anspruch entstanden (+)

II. Anspruch untergegangen ? (–)

III. Anspruch durchsetzbar ?

1. Einrede im Rahmen des § 478 I 1 analog ?

= Erhaltung der Nachlieferungseinrede des F und daraus resultierendes Zahlungsverweigerungsrecht; § 478 I 1 ist auf Nachlieferungsansprüche entsprechend anwendbar

a. Anzeige eines Mangels vor Ablauf der Verjährungsfrist ?

HIER (+) → die Verjährungsfrist beträgt (auch beim Nachlieferungsanspruch) nach § 477 I bei beweglichen Sachen sechs Monate ab Ablieferung; innerhalb dieser Zeit hat F angezeigt, daß der Fisch verdorben war

b. Nachlieferungsanspruch des F ?

Vorüberlegung:

Ein ***Nachlieferungsanspruch*** kommt nur in Betracht, wenn die Parteien die Übereignung einer ***Gattungsschuld*** vereinbart haben. Bei der Vereinbarung der Übereignung einer Stückschuld klappt das nicht. Lediglich in § 480 - und der gilt nur für die Gattungsschuld - wird dem Käufer ein Nachlieferungsrecht eingeräumt. Ihr müßt demnach im Vorfeld gedanklich klären, ob das der Fall ist.

Maßgeblich ist nur der Zeitpunkt des eigentlichen Vertragsschlusses.

Hier haben die Parteien einen ***Kaufvertrag*** über 100 <u>beliebige</u> schottische Lachsseiten, also ***über*** eine ***Gattungsschuld*** geschlossen. Anspruchsgrundlage ist also

- §§ ***480***, 459

aa. Anspruch (des F) entstanden ?

(1) Kaufvertrag über Gattungsschuld, § 433 ?

HIER (+) → die Parteien haben die Übereignung 100 schottischer Lachsseiten vereinbart; es handelt sich nicht um bestimmte Lachsseiten

(2) Voraussetzungen des § 459 ?

= beachtlicher Fehler der Kaufsache <u>oder</u> Fehlen einer zugesicherten Eigenschaft zur Zeit des Gefahrübergangs

(a) beachtlicher Fehler, § 459 I ?

= bei der ***Gattungsschuld*** (und nur die ist im Rahmen des § 480 I relevant!!!) jedes nachteilige Abweichen von mittlerer Art und Güte, das nicht nur gering / unbeachtlich ist

HIER (+) → der Fisch ist verdorben

(b) Vorliegen des Mangel bei Gefahrübergang ?

= bei der Übergabe, § 446 oder bei der Übergabe an Transportperson, § 447

HIER (+) → bei der Übergabe

(c) <u>also</u>: Voraussetzungen des § 459 (+)

(3) Kein Ausschluß der Gewährleistung ? (+)

(4) <u>also</u>: Anspruch (des F) entstanden (+)

bb. Anspruch (des F) untergegangen ?

(1) gemäß § 377 HGB ?

= der Kauf ist für beide Seiten ein **Handelsgeschäft** und der Käufer **untersucht** die Ware **nicht unverzüglich** nach Erhalt **und unterrichtet** bei deren Mangelhaftigkeit den Verkäufer **nicht unverzüglich**

HIER (+) → beide Vertragsparteien sind Kaufleute; F hat die Ware erst eine Woche nach deren Erhalt, also nicht unverzüglich untersucht; die unverzügliche Anzeige des Mangels an den Verkäufer reicht nicht aus

***(2) also: Anspruch untergegangen* (+)**

***cc. also: Nachlieferungsanspruch des F* (−)**

***c. also: Einrede des F im Rahmen des § 478 I 1* (−)**

***2. also: Anspruch (des G auf Kaufpreiszahlung) durchsetzbar* (+)**

IV. Ergebnis:

G gegen F Kaufpreiszahlung gemäß § 433 II in voller Höhe (+);
G wird demnach mit seiner Klage Erfolg haben.

Formulierungsvorschlag Fall 20

G wird mit seiner Klage Erfolg haben, wenn er einen durchsetzbaren Kaufpreisanspruch gegen F hat.

- G gegen F Kaufpreiszahlung gemäß § 433 II

G könnte gegen F einen Kaufpreisanspruch gemäß § 433 II haben.

I. Dann müßte der Anspruch zunächst entstanden sein.

1. Dies setzt einen wirksamen Kaufvertrag zwischen den Parteien voraus. G und F haben einen Kaufvertrag über 100 Seiten schottischen Lachs geschlossen. Die vereinbarte Zahlungsfrist ist auch abgelaufen, der Anspruch also fällig.

2. Demnach ist der Anspruch entstanden.

II. Der Anspruch ist nicht untergegangen.

III. Fraglich ist jedoch, ob er auch durchsetzbar ist.

1. Möglicherweise kann F gegen den Anspruch des G erfolgreich die Nachlieferungseinrede im Rahmen des § 478 I 1 erheben. Die genannte Norm ist auf Nachlieferungsansprüche entsprechend anwendbar.

a. F müßte dem G einen Mangel der Kaufsache vor Ablauf der Verjährungsfrist angezeigt haben.
Die Verjährungsfrist beträgt nach § 477 I bei beweglichen Sachen sechs Monate ab Ablieferung. F hat etwa eine Woche nach Ablieferung angezeigt, daß der Fisch verdorben ist. Die Frist war also noch nicht abgelaufen.

b. Außerdem müßte F gegen G einen Nachlieferungsanspruch haben. In Betracht kommt ein Nachlieferungsanspruch gemäß §§ 480, 459.

aa. Dann müßte der Anspruch zunächst entstanden sein.

Dies setzt einen wirksamen Kaufvertrag über eine Gattungsschuld voraus.

G und F haben einen Kaufvertrag (§ 433) über 100 beliebige Seiten schottischen Lachs, also über eine Gattungsschuld geschlossen.

Weiterhin müßten die Voraussetzungen des § 459 vorliegen.

Die Kaufsache könnte einen beachtlichen Fehler, § 459 I aufweisen.
Als Fehler einer Gattungsschuld wird jedes nachteilige Abweichen von mittlerer Art und Güte, das nicht nur gering bzw. unbeachtlich ist, gewertet.
Der Fisch war verdorben. Dies stellt eine Abweichung von mittlerer Art und Güte dar. Der Lachs hat somit einen beachtlichen Fehler im Sinne des § 459 I.

Der Fehler der Kaufsache lag auch im Zeitpunkt des Gefahrübergangs, d.h. bei der Übergabe (§ 446) vor.

Also liegen die Voraussetzungen des § 459 vor.

Ein Ausschluß der Gewährleistung ist nicht ersichtlich.

Demnach ist der Anspruch entstanden.

bb. Fraglich ist, ob der Anspruch des F untergegangen ist.

In Betracht kommt ein Erlöschen des Anspruchs gemäß § 477 HGB.

Dann müßte der Kauf für beide Parteien ein Handelsgeschäft darstellen. Beide Vertragsparteien sind Kaufleute, die ein Handelsgeschäft abgeschlossen haben.
Um einem Ausschluß des Anspruchs zu entgehen, müßte der Käufer die Ware unverzüglich nach Erhalt untersucht haben. F hat die Ware erst eine Woche nach deren Erhalt, also nicht unverzüglich untersucht.
Die unverzügliche Anzeige des Mangels an den Verkäufer reicht nicht aus.

Also liegen die Voraussetzungen des § 477 HGB vor.

Somit ist der Anspruch untergegangen.

cc. F hat also gegen G keinen Nachlieferungsanspruch gemäß §§ 480, 459.

c. F kann somit gegen den Anspruch des G nicht die Nachlieferungseinrede im Rahmen des § 478 I 1 analog geltend machen.

2. Der Kaufpreisanspruch des G ist durchsetzbar.

IV. G kann von F gemäß § 433 II Zahlung des Kaufpreises in voller Höhe verlangen. Er wird mit seiner Klage Erfolg haben.

Fazit

1. Und es gibt also auch eine ***Nachlieferungseinrede***. Diese Einrede kann dem Kaufpreisanspruch (§ 433 II) des Verkäufers entgegengesetzt werden.
§ 478 enthält allerdings nur Regelungen bezüglich etwaiger Wandelungs- und Minderungseinreden. Es ist jedoch allgemein anerkannt, daß auch eine Nachlieferungseinrede im Rahmen des **§ *478 analog*** geltend gemacht werden kann.

2. Die Besonderheiten der Nachlieferungseinrede sind dieselben wie bei der Wandelungs- bzw. Minderungseinrede. Vergleicht dazu bitte die vorhergehenden Fälle und das jeweils dazugehörige Fazit.

3. Und wieder stellt sich heraus, daß die gesamte Mängelhaftung ein großes Baukastensystem ist. Ein Wandelungsanspruch / Minderungsanspruch / Nachlieferungsanspruch kann gemäß § 377 HGB untergehen. Genauso kann eine Mängeleinrede untergehen. Hier ist es die Nachlieferungseinrede.

Fall 21

V erklärt gegenüber dem Tierhändler T, sein männliches Meerschwein "Lumpi" sei ganz besonders und effektiv zu Zuchtzwecken einzusetzen. Er will das Tier für 100,-- DM verkaufen. T, der ein äußerst begattungsfreudiges Exemplar seit langem sucht, wird daraufhin mit V handelseinig. Der Meereber wechselt den Eigentümer. Schon direkt nach der Übereignung stellt sich heraus, daß "Lumpi" die in ihn gestellten Erwartungen bei weitem nicht erfüllt. T wendet sich sogleich an V und stellt das Meerschwein zur Verfügung. Wäre das Tier derart begattungsfreudig gewesen, wie von V angepriesen, hätte sein Wert 120,-- DM betragen. T will deshalb von V den gezahlten Kaufpreis zurückerhalten und beansprucht zusätzlich die Differenz zwischen Kaufpreis und Wert des Tieres.

Frage: Kann T von V Schadensersatz verlangen ?

Lösungsskizze Fall 21

Vorüberlegung:

Gefragt ist nach einem möglichen Schadensersatzanspruch des T gegen V. Wir befinden uns im Bereich der Kaufmängelhaftung.
Dort stehen ***mehrere denkbare Anspruchsgrundlagen*** zur Verfügung, nämlich entweder § 463 oder § 480 II. Welche dieser Anspruchsgrundlagen die richtige ist, läßt sich anhand einer ***Hilfsfrage*** beantworten:

Haben die Parteien einen Kaufvertrag über eine Stückschuld oder über eine Gattungsschuld geschlossen ?

wenn ***Stück***schuld → ist **§ *463*** die Anspruchsgrundlage
wenn ***Gattung***sschuld → ist **§ *480 II*** die Anspruchsgrundlage

Maßgeblich für die Beantwortung der Frage ist nur der Zeitpunkt des eigentlichen Vertragsschlusses.

Hier haben die Parteien einen **Kaufvertrag** über einen bestimmten Eber des V, also **über** eine **Stückschuld** geschlossen.

Anspruchsgrundlage kann also nur **§ *463*** sein!!!

- T gegen V Schadensersatz gemäß § 463 ?

I. Anspruch entstanden ?

1. Kaufvertrag über Stückschuld, § 433 ?

HIER (+) → die Parteien haben die Übereignung eines bestimmten Meerschweins vereinbart

2. Voraussetzungen des § 463 S. 1 oder 2 ?

a. Fehlen einer zugesicherten Eigenschaft, § 463 S. 1 ?

Zugesicherte Eigenschaft = alle gegenwärtigen, wertbildenden Faktoren, die der Verkäufer besonders hervorgehoben hat (auch unwesentliche Abweichungen)

HIER (+) → V hat die Eignung des Tieres zu Zuchtzwecken besonders hervorgehoben; diese liegt aber nicht vor

b. Fehlen der Eigenschaft im Zeitpunkt des Kaufs ?
= sowohl im Zeitpunkt des Kaufvertragsschlusses als auch bei der Übergabe, § 446 oder bei der Übergabe an Transportperson, § 447

HIER (+) → beim Kaufvertragsschluß und bei der Übergabe

***c. also: Voraussetzungen des § 463 S. 1* (+)**

***3. Kein Ausschluß der Gewährleistung ?* (+)**

4. Durchführung des Schadensersatzanspruchs

→ der Käufer muß lediglich den Schadensersatzanspruch gegenüber dem Verkäufer erklären (der Verkäufer muß also - im Gegensatz zur Wandelung / Minderung ... - nicht damit einverstanden sein)

HIER (+) → T hat erklärt, er wolle Schadensersatz

5. Umfang des Schadensersatzanspruchs

→ (immer) Ersatz des ***Mangel***schadens

entweder
- sog. großer Schadensersatzanspruch
= der Käufer kann die mangelhafte Sache zurückgeben **und** Kaufpreisrückzahlung fordern **und** weitergehenden Schadensersatz fordern

oder
- sog. kleiner Schadensersatzanspruch
= der Käufer darf die Sache behalten und als Schadensersatz **entweder** Wertdifferenz zwischen mangelhafter und mangelfreier Sache **oder** den erforderlichen Betrag zur Mängelbeseitigung verlangen

HIER → T hat das Tier zur Verfügung gestellt, ist also nicht mehr an der Kaufsache interessiert; er kann ihn zurückgeben, Rückzahlung des Kaufpreises verlangen und zusätzlich die Differenz zwischen Kaufpreis und Wert der Kaufsache fordern; bei Rückgabe des Meerebers kann er somit (100,-- DM + 20,-- DM =) 120,-- DM von V fordern (sog. großer Schadensersatzanspruch)

***6. also: Anspruch entstanden* (+)**

***II. Anspruch untergegangen ?* (–)**

***III. Anspruch durchsetzbar ?* (+)**

IV. Ergebnis:
T gegen V Schadensersatz gemäß § 463 S. 1
in Höhe von 120,-- DM (+)

Formulierungsvorschlag Fall 21

- T gegen V Schadensersatz gemäß § 463

T könnte gegen V einen Schadensersatzanspruch gemäß § 463 haben.

I. Dann müßte der Anspruch zunächst entstanden sein.

1. Dies setzt einen wirksamen Kaufvertrag über eine Stückschuld voraus. Die Parteien haben einen Kaufvertrag (§ 433) über ein bestimmtes Meerschwein, also über eine Stückschuld geschlossen.

2. Weiterhin müßten die Voraussetzungen des § 463 S. 1 oder S. 2 vorliegen.

a. Fraglich ist, ob der Kaufsache eine zugesicherte Eigenschaft fehlt, § 463 S. 1. Zugesicherte Eigenschaften sind alle gegenwärtigen, wertbildenden Faktoren, die der Verkäufer besonders hervorgehoben hat. In Betracht kommen auch unwesentliche Abweichungen.
V hat die Eignung des Tieres zu Zuchtzwecken besonders hervorgehoben. Diese liegt aber nicht vor. Demnach fehlt der Kaufsache eine zugesicherte Eigenschaft.

b. Die zugesicherte Eigenschaft fehlte der Kaufsache sowohl im Zeitpunkt des Kaufvertragsschlusses als auch bei der Übergabe, also im Zeitpunkt des Kaufs.

c. Die Voraussetzungen des § 463 S. 1 liegen somit vor.

3. Ein Ausschluß der Gewährleistung ist nicht ersichtlich.

4. Der Käufer muß gegenüber dem Verkäufer lediglich erklären, daß er Schadensersatz fordert. Ein Einverständnis des Verkäufers ist nicht erforderlich. T hat seinen Anspruch auf Schadensersatz gegenüber V geltend gemacht.

5. T hat das Tier zur Verfügung gestellt, ist also nicht mehr an der Kaufsache interessiert. Er kann es zurückgeben, Rückzahlung des Kaufpreises verlangen und zusätzlich die Differenz zwischen Kaufpreis und Wert der Kaufsache fordern (sog. großer Schadensersatzanspruch). Bei Rückgabe des Meerschweins kann er somit (100,-- DM + 20,-- DM =) 120,-- DM von V fordern.

6. Demnach ist der Anspruch entstanden.

II. Der Anspruch des T ist nicht untergegangen.

III. Er ist auch durchsetzbar.

IV. T hat gegen V einen Schadensersatzanspruch gemäß § 463 S. 1 in Höhe von 120,-- DM.

Fazit

1. Das war der erste (einfache) Fall aus dem Bereich der Schadensersatzansprüche im Bereich der Kaufmängelhaftung. Er sollte Euch lediglich einen Einstieg in die Problematik bieten.
Ihr habt bestimmt bemerkt, daß viele der Prüfungspunkte identisch mit Prüfungspunkten bei Wandelungs- / Minderungs- / Nachlieferungsansprüchen sind.
Um jedoch einige Besonderheiten zu verdeutlichen, die eminent wichtig für die folgenden Fälle sein könnten, müßt Ihr Euch im folgenden mit einen ziemlich langen Fazit herumquälen. Es lohnt sich. Versprochen!!!

2. ***Und noch einmal:***
Bei Schadensersatzansprüchen im Bereich der (Kauf-) Mängelhaftung stehen ***mehrere Anspruchsgrundlagen*** zur Verfügung, nämlich entweder § 463 oder § 480 II. Welche dieser Anspruchsgrundlagen die richtige ist, läßt sich anhand einer ***Hilfsfrage*** beantworten:

   Haben die Parteien einen Kaufvertrag über eine Stückschuld oder über eine Gattungsschuld geschlossen ?

   wenn ***Stück***schuld → ist **§ *463*** die Anspruchsgrundlage
   wenn ***Gattung***sschuld → ist **§ *480 II*** die Anspruchsgrundlage

   Maßgeblich für die Beantwortung der Frage ist nur der Zeitpunkt des eigentlichen Vertragsschlusses.

   In unserem Fall hatten die Parteien nicht einen Kaufvertrag bezüglich irgendeines Zuchtmeerschweins (Gattungsschuld), sondern bezüglich eines bestimmten Schweins (Stückschuld) geschlossen. Anspruchsgrundlage konnte demnach nur § 463 sein.

3. ***Im Obersatz*** der Prüfung solltet Ihr ***nicht erwähnen***, was und ***wieviel*** der Anspruchsteller vom Anspruchsgegner verlangen kann.
Das stellt sich erst unter Punkt ***I. 5.* Umfang des Schadensersatzanspruchs** heraus und findet dann nochmals unter Punkt ***IV. Ergebnis*** Erwähnung (s.o.).

   Eine ***Ausnahme*** von diesem Grundsatz ist in zwei Varianten denkbar:

   Zum einen kann die ***konkrete Fallfrage*** von Euch verlangen, direkt im Obersatz bestimmte Geldsummen anzusprechen. Wenn die Frage am Ende des Sachverhalts etwa lautet: "Kann X von Y 5.000,-- DM Schadensersatz verlangen?", muß der Obersatz (bei angenommener Stückschuld) wie folgt formuliert werden: "X könnte gegen Y einen Schadensersatzanspruch in Höhe von 5.000,-- DM gemäß § 463 haben."

   Zum zweiten ist es möglich, daß Euer lieber ***Professor*** ausdrücklich verlangt, konkrete Zahlen in den Obersatz aufzunehmen. Haltet Euch dann daran. Es wird Euch nicht umbringen. Alles ist eben Geschmackssache.

4. Hier kam ein ***Schadensersatzanspruch wegen des Fehlens einer zugesicherten Eigenschaft (§ 463 S. 1)*** in Betracht. Das habt Ihr unter Punkt ***I. 2. a.*** geprüft.

5. Im folgenden unterscheidet sich der Prüfungspunkt ***I. 2.*** allerdings von dem vergleichbaren Prüfungspunkt bei Wandelungs- / Minderungs- / Nachlieferungsansprüchen.
   Während bei den zuletzt genannten Ansprüchen lediglich gefragt wird, ob die zugesicherte Eigenschaft zum Zeitpunkt des Gefahrübergangs fehlte, setzt § 463 (hier Prüfungspunkt ***I. 2. b.***) ein ***Fehlen der zugesicherten Eigenschaft zur Zeit des Kaufs*** voraus. Die Eigenschaft muß sowohl im Zeitpunkt des Kaufvertragsschlusses als auch im Zeitpunkt des Gefahrübergangs (bei der Übergabe, § 446 oder bei der Übergabe an Transportperson, § 447) fehlen.

6. Im Prüfungspunkt ***I. 4.*** solltet Ihr lediglich erwähnen, daß der Anspruchsteller nur erklären muß, Schadensersatz zu fordern. Ein Einverständnis des Anspruchsgegners (so beim Wandelungs,- / Minderungs- / Nachlieferungsanspruch) ist nicht erforderlich.

7. Eines solltet Ihr schon jetzt wissen. Eben ist mehrmals der Begriff ***"großer Schadensersatzanspruch"*** gefallen. Wenn es einen solchen gibt, liegt es nahe, daß auch ein ***"kleiner Schadensersatzanspruch"*** geltend gemacht werden kann.

   Der Anspruchsteller hat bei Vorliegen der Voraussetzungen des § 463 grundsätzlich ein Wahlrecht zwischen den beiden genannten Ansprüchen.

   Ob der eine oder andere Anspruch einschlägig ist, bestimmt sich nach den jeweiligen Angaben im Sachverhalt und / oder nach der jeweiligen Fallfrage. Ihr solltet also immer darauf achten, was der Anspruchsteller will.

   Ersetzt wird regelmäßig der eigentliche Mangelschaden, d.h. der Schaden an der Sache selbst. In welchem Umfang der Mangelschaden zu ersetzen ist, hängt davon ab, ob der Käufer die Sache behalten will oder nicht.

   Er kann den ***sog. kleinen Schadensersatzanspruch*** geltend machen:

   dann darf er die Sache behalten und als Schadensersatz verlangen

   entweder Wertdifferenz zwischen mangelhafter und mangelfreier Sache

   oder den erforderlichen Betrag zur Mängelbeseitigung

   Der Anspruchsteller kann aber auch den ***sog. großen Schadensersatzanspruch*** geltend machen:

   dann muß er die mangelhafte Sache zurückgeben (bzw. kann deren Annahme verweigern)

   und kann Kaufpreisrückzahlung fordern

   und kann weitergehenden Schadensersatz fordern

Fall 22

Sexshopinhaber S verkauft dem K eine Gummipuppe des Typs "Lolita". Es handelt sich hierbei um ein Sonderangebot. Die 150,-- DM werte Puppe kostet nur 100,-- DM. Der Vertrag wird sofort abgewickelt. Bald darauf muß K entsetzt feststellen, daß sich ein Lufteinfüllstutzen nicht ordnungsgemäß verschließen läßt. Die Puppe ist "undicht". Jetzt erinnert sich K daran, daß er den S bei den Kaufvertragsverhandlungen ausdrücklich gefragt hat, ob es zu diesbezüglichen Problemen kommen kann. S erklärte damals vehement und unmißverständlich, K müsse sich diesbezüglich keine Sorgen machen. Fehler dieser Art seien bei dem Produkt keinesfalls zu befürchten. K verlangt nun von S Schadensersatz. Da die erworbene Gummipuppe nicht nutzbar ist stellt er sie dem S zur Verfügung und beansprucht neben der Rückzahlung des Kaufpreises die Differenz zwischen tatsächlichem Wert und Kaufpreis.
S verweist aber auf einen an der Kasse angebrachten, für alle Käufer sichtbaren Zettel, auf dem steht: "Hiermit mache ich auf meine allgemeinen Geschäftsbedingungen aufmerksam." In den in der Kassenschublade befindlichen Geschäftsbedingungen findet sich unter § 7 der Passus: "Sollte der Kaufsache eine zugesicherte Eigenschaft fehlen, kann der Käufer lediglich Wandelung des Vertrages verlangen." S ist deshalb der Ansicht, etwaige Schadensersatzansprüche des K seien ausgeschlossen

Frage: Kann K von S Schadensersatz verlangen ?

Lösungsskizze Fall 22

Vorüberlegung:

Gefragt ist nach einem möglichen Schadensersatzanspruch des K gegen S. Wir befinden uns im Bereich der Kaufmängelhaftung.
Dort stehen ***mehrere denkbare Anspruchsgrundlagen*** zur Verfügung, nämlich entweder § 463 oder § 480 II. Welche dieser Anspruchsgrundlagen die richtige ist, läßt sich anhand einer ***Hilfsfrage*** beantworten:

Haben die Parteien einen Kaufvertrag über eine <u>Stück</u>schuld <u>oder</u> über eine <u>Gattung</u>sschuld geschlossen ?

wenn ***Stück***schuld → ist **§ *463*** die Anspruchsgrundlage
wenn ***Gattung***sschuld → ist **§ *480 II*** die Anspruchsgrundlage

Maßgeblich für die Beantwortung der Frage ist nur der Zeitpunkt des eigentlichen Vertragsschlusses.

Hier haben die Parteien einen **Kaufvertrag** über <u>irgendeine</u> Gummipuppe des Typs "Lolita", also **über** eine **Gattungsschuld** geschlossen. Anspruchsgrundlage ist also **§ *480 II*.**

- K gegen S Schadensersatz gemäß § 480 II ?

I. Anspruch entstanden ?

1. Kaufvertrag über Gattungsschuld, § 433 ?

HIER (+) → die Parteien haben die Übereignung irgendeiner Gummipuppe des Typs "Lolita" vereinbart

2. Voraussetzungen des § 480 II ?

a. Fehlen einer zugesicherten Eigenschaft, § 480 II, Var. 1 ?

Zugesicherte Eigenschaft = alle gegenwärtigen, wertbildenden Faktoren, die der Verkäufer besonders hervorgehoben hat (auch unwesentliche Abweichungen)

HIER (+) → S hat die "Dichtigkeit" der Puppe besonders hervorgehoben; diese liegt aber nicht vor

b. Fehlten der Eigenschaft bei Gefahrübergang ?

= bei der Übergabe, § 446 oder bei der Übergabe an Transportperson, § 447

HIER (+) → bei der Übergabe

c. also: Voraussetzungen des § 480 II, Var. 1 (+)

3. Kein Ausschluß der Gewährleistung ?

a. gemäß § 7 der Geschäftsbedingungen des S ?

= Beschränkung der Gewährleistungsrechte auf Wandelung
= Ausschluß von Schadensersatzansprüchen

HIER an sich (+), aber:

aa. Wirksamkeit der Klausel ?

= bei Übereinstimmung mit dem AGBG

(1) Allgemeine Geschäftsbedingung i.S.d. § 1 AGBG ?

HIER (+) → sie ist für eine Vielzahl von Verträgen vorformuliert

(2) Wirksame Einbeziehung der Klausel in den Vertrag, § 2 AGBG ?

HIER (+) → ein deutlich sichtbarer Aushang mit Hinweis auf die AGB (Zettel an der Kasse) reicht aus; K hatte zudem die Möglichkeit, in zumutbarer Weise bei Vertragsschluß vom Inhalt der AGB Kenntnis zu nehmen (die AGB lagen direkt in der Kassenschublade)

(3) Unwirksamkeit der Klausel nach AGBG-Bestimmungen ?

(Prüfungsreihenfolge immer: § 11 - § 10 - § 9 AGBG)

HIER (+) → § 11 Ziffer 11; in allgemeinen Geschäftsbedingungen ist eine Klausel unwirksam, durch die (insb.) bei einem Kaufvertrag Schadensersatzansprüche gem. § 463 oder § 480 II ausgeschlossen werden

(4) also: Wirksamkeit der Klausel (–)

bb. <u>also</u>: Ausschluß nach § 7 der Geschäftsbedingungen des S **(–)**

b. <u>also</u>: kein Ausschluß der Gewährleistung **(+)**

4. Durchführung des Schadensersatzanspruchs

→ der Käufer muß lediglich den Schadensersatzanspruch gegenüber dem Verkäufer erklären (der Verkäufer muß also - im Gegensatz zur Wandelung / Minderung ... - nicht damit einverstanden sein)

HIER (+) → K hat erklärt, er wolle Schadensersatz

5. Umfang des Schadensersatzanspruchs

→ (immer) Ersatz des ***<u>Mangel</u>***schadens

entweder

- ***sog. <u>großer</u> Schadensersatzanspruch***
  = der Käufer kann die mangelhafte Sache zurückgeben **und** Kaufpreisrückzahlung fordern **und** weitergehenden Schadensersatz fordern

oder

- ***sog. <u>kleiner</u> Schadensersatzanspruch***
  = der Käufer darf die Sache behalten und als Schadensersatz **entweder** Wertdifferenz zwischen mangelhafter und mangelfreier Sache **oder** den erforderlichen Betrag zur Mängelbeseitigung verlangen

HIER → K hat die Puppe zur Verfügung gestellt, ist also nicht mehr an der Kaufsache interessiert; er kann sie zurückgeben, Rückzahlung des Kaufpreises verlangen und zusätzlich die Differenz zwischen Kaufpreis und Wert der Kaufsache fordern; bei Rückgabe der Puppe kann er somit (100,-- DM + 50,-- DM =) 150,-- DM von S fordern

6. <u>also</u>: Anspruch entstanden **(+)**

II. Anspruch untergegangen ? **(–)**

III. Anspruch durchsetzbar ? **(+)**

IV. Ergebnis:

K gegen S Schadensersatz gemäß § 480 II, Var. 1
in Höhe von 150,-- DM (+)

Formulierungsvorschlag Fall 22

- K gegen S Schadensersatz gemäß § 480 II

K könnte gegen S einen Schadensersatzanspruch gemäß § 480 II haben.

I. Dann müßte der Anspruch zunächst entstanden sein.

1. Dies setzt einen wirksamen Kaufvertrag über eine Gattungsschuld voraus. Die Parteien haben einen Kaufvertrag (§ 433) über irgendeine Gummipuppe des Typs "Lolita", also über eine Gattungsschuld geschlossen.

2. Weiterhin müßten die Voraussetzungen des § 480 II vorliegen.

a. Fraglich ist, ob der Kaufsache eine zugesicherte Eigenschaft fehlt, § 480 II, Var. 1. Zugesicherte Eigenschaften sind alle gegenwärtigen, wertbildenden Faktoren, die der Verkäufer besonders hervorgehoben hat. In Betracht kommen auch unwesentliche Abweichungen.
S hat die "Dichtigkeit" der Puppe besonders hervorgehoben. Diese liegt aber nicht vor. Demnach fehlt der Kaufsache eine zugesicherte Eigenschaft.

b. Die zugesicherte Eigenschaft fehlte der Kaufsache bei der Übergabe, also im Zeitpunkt des Gefahrübergangs.

c. Die Voraussetzungen des § 480 II, Var. 1 liegen somit vor.

3. Fraglich ist, ob ein Ausschluß der Gewährleistung in Betracht kommt.

a. S könnte durch § 7 seiner Geschäftsbedingungen eine Beschränkung der Gewährleistung auf ein Wandelungsrecht des Käufers herbeigeführt haben. Schadensersatzansprüche des K wären demzufolge ausgeschlossen.

Hierzu müßte die Klausel jedoch wirksam sein. Die Wirksamkeit bestimmt sich nach den Vorschriften des AGBG, wenn die Geschäftsbedingungen des S - und damit auch der in Frage stehende § 7 - allgemeine Geschäftsbedingungen i.S. dieses Gesetzes sind.

Dann müßten sie den Voraussetzungen des § 1 AGBG genügen. Das wird bejaht, wenn die Bedingungen für eine Vielzahl von Verträgen vorformuliert ist. Mangels entgegenstehender Anhaltspunkte ist hiervon auszugehen. Die Bedingungen des S sind allgemeine Geschäftsbedingungen i.S.d. AGBG.

Fraglich ist, ob die Bedingungen wirksam in den Vertrag einbezogen worden sind, § 2 AGBG. In diesem Zusammenhang reicht ein deutlich sichtbarer Aushang mit Hinweis auf die AGB (Zettel an der Kasse) aus.
K hatte zudem die Möglichkeit, in zumutbarer Weise bei Vertragsschluß vom Inhalt der AGB Kenntnis zu nehmen, da die AGB direkt in der Kassenschublade lagen. Eine wirksame Einbeziehung gemäß § 2 I AGBG liegt somit vor.

Möglicherweise ist der § 7 der Geschäftsbedingungen des S jedoch gemäß § 11 Ziffer 11 ABGB unwirksam.
Nach der genannten Norm ist in allgemeinen Geschäftsbedingungen eine Klausel unwirksam, durch die bei einem Kaufvertrag Schadensersatzansprüche gem. § 463 oder § 480 II ausgeschlossen werden. S hat dem K in

§ 7 seiner Geschäftsbedingungen beim Fehlen zugesicherter Eigenschaften lediglich ein Recht auf Wandelung eingeräumt, also einen Schadensersatzanspruch gem. § 480 II ausgeschlossen.
Die von S verwendete Klausel ist demnach gemäß § 11 Ziffer 11 ABGB unwirksam.

§ 7 der Geschäftsbedingungen des S ist also nicht wirksam.

Eine Beschränkung der Gewährleistungsrechte des K auf ein Nachbesserungsrecht durch § 7 der Geschäftsbedingungen des S kommt somit nicht in Betracht.

b. Die üblichen gesetzlichen Gewährleistungsrechte sind somit nicht ausgeschlossen.

4. Der Käufer muß gegenüber dem Verkäufer lediglich erklären, daß er Schadensersatz fordert. Ein Einverständnis des Verkäufers ist nicht erforderlich. K hat seinen Anspruch auf Schadensersatz gegenüber S geltend gemacht.

5. K hat die Puppe zur Verfügung gestellt, ist also nicht mehr an der Kaufsache interessiert. Er kann sie zurückgeben, Rückzahlung des Kaufpreises verlangen und zusätzlich die Differenz zwischen Kaufpreis und Wert der Kaufsache fordern (sog. großer Schadensersatzanspruch). Bei Rückgabe der Puppe kann er somit (100,-- DM + 50,-- DM =) 150,-- DM von S fordern.

6. Demnach ist der Anspruch entstanden.

II. Der Anspruch des K ist nicht untergegangen.

III. Er ist auch durchsetzbar.

IV. K hat gegen S einen Schadensersatzanspruch gemäß § 480 II Var. 1 in Höhe von 150,-- DM.

Fazit

1. Nun dürfte es klar sein: ***Im wesentlichen gleichen sich die Schadensersatzansprüche aus § 463 S. 1*** (bei Stückschulden) ***und 480 II*** (bei Gattungsschulden). Es gibt nur einen kleinen Unterschied:

2. Im Gegensatz zum Schadensersatzanspruch bei mangelhaften Stückschulden gemäß § 463 (vgl. dazu den letzten Fall) darf die ***Eigenschaft*** beim Anspruch gemäß § 480 II lediglich ***zur Zeit des Gefahrübergangs fehlen***, d.h. bei der Übergabe (Prüfungspunkt ***I. 2. b.***). Insofern ist diese Voraussetzung wieder identisch mit den normalen Wandelungs-, Minderungs- und Nachlieferungsvoraussetzungen.
   Die Eigenschaft muß - anders als bei § 463 - nicht auch bei Vertragsabschluß fehlen, weil zu diesem Zeitpunkt oft noch gar nicht feststeht, welche konkrete Sache aus einer Gattung übereignet werden soll.

3. Bezüglich des Prüfungspunktes ***I. 3.*** (Ausschluß der Gewährleistung) ist Euch ein altbekanntes Problem über den Weg gelaufen. Wie beim Wandelungs- und Minderungsanspruch ist es denkbar, daß "***Allgemeine Geschäftsbedingungen***" des Verkäufers den Schadensersatzanspruch des Käufers ausschließen. Die Prüfung orientiert sich an den AGBG-Vorschriften und ist immer dieselbe.
   Lediglich in § 11 AGBG müßt Ihr von Fall zu Fall ein wenig Zeit aufwenden, um eine einschlägige Norm zu finden, die den Anspruch kippen könnte. Da die genannte Vorschrift sich nicht gerade durch Kürze und Überschaubarkeit auszeichnet, empfiehlt es sich, einige lange Frühlings-, Sommer-, Herbst- oder Winterabende für's Durcharbeiten und Verstehen zu reservieren. Keine Angst. Sooo lange dauert es nicht.

4. Im Prüfungspunkt ***III.*** (Durchsetzbarkeit des Anspruchs) war an dieser Stelle nichts problematisch. Der Vollständigkeit halber sei aber schon an dieser Stelle erwähnt, daß sowohl der Anspruch aus § 463 S. 1 als auch der vergleichbare Anspruch aus § 480 II, Var. 1 (beide: Schadensersatz wegen des Fehlens einer zugesicherten Eigenschaft) der ***Verjährung*** des § 477 I 1 unterliegen. Und die kennt Ihr ja schon.

Fall 23

Der größenwahnsinnige neureiche N ist sehr an dem alten, nur noch in wenigen Stückzahlen existierenden Bugatti Royal des V interessiert. Er möchte es genießen, in einer geschlossenen Fahrgastzelle zu sitzen, während sein Chauffeur auf der davor liegenden nicht überdachten Sitzbank seiner Arbeit nachgeht. Bei den Verkaufsverhandlungen erwähnt V nicht, daß das Gefährt in jüngster Vergangenheit in einen schweren Unfall verwickelt war und erst in mühevoller dreimonatiger Kleinarbeit wieder repariert worden ist. Nachdem N den geforderten Kaufpreis in Höhe von 500.000,-- DM - der im übrigen dem Wert eines unfallfreien Wagens entspricht - gezahlt hat, wechselt das Auto den Eigentümer. Acht Monate später wird der Altschaden anläßlich einer umfangreichen Inspektion entdeckt. Nach weiteren sieben Monaten verlangt N von V Zahlung von 150.000,-- DM. Dieser Betrag entspricht der Differenz zwischen dem Wert der Sache im mangelfreien Zustand zum Wert der Sache im mangelhaften Zustand. V verweist auf die von N unterzeichnete Kaufvertragsurkunde. Hier haben die Parteien handschriftlich vereinbart, daß jegliche Gewährleistungsrechte des Käufers ausgeschlossen sind.

Frage: Kann N von V Schadensersatz verlangen ?

Anmerkung: Deliktische Ansprüche müssen nicht geprüft werden!!

Lösungsskizze Fall 23

Vorüberlegung:

Gefragt ist nach einem möglichen Schadensersatzanspruch des N gegen V. Wir befinden uns im Bereich der Kaufmängelhaftung.
Dort stehen ***mehrere denkbare Anspruchsgrundlagen*** zur Verfügung, nämlich entweder § 463 oder § 480 II. Welche dieser Anspruchsgrundlagen die richtige ist, läßt sich anhand einer ***Hilfsfrage*** beantworten:

Haben die Parteien einen Kaufvertrag über eine Stückschuld oder über eine Gattungsschuld geschlossen ?

wenn ***Stück***schuld → ist **§ *463*** die Anspruchsgrundlage
wenn ***Gattung***sschuld → ist **§ *480 II*** die Anspruchsgrundlage

Maßgeblich für die Beantwortung der Frage ist nur der Zeitpunkt des eigentlichen Vertragsschlusses.

Hier haben die Parteien einen **Kaufvertrag** über einen bestimmten Wagen des V, also **über** eine **Stückschuld** geschlossen. Anspruchsgrundlage ist also **§ *463***.

- N gegen V Schadensersatz gemäß § 463 ?

I. Anspruch entstanden ?

1. Kaufvertrag über Stückschuld, § 433 ?

HIER (+) → die Parteien haben die Übereignung eines bestimmten Autos vereinbart

2. Voraussetzungen des § 463 S. 1 oder 2 ?

a. Fehlen einer zugesicherten Eigenschaft, § 463 S. 1 ? (–)

b. Arglistiges Verschweigen eines Fehlers, § 463 S. 2 ?

aa. beachtlicher Fehler, § 459 I ?
= bei der ***Stückschuld*** jedes für den Käufer nachteilige Abweichen der Ist- von der Soll-Beschaffenheit, das nicht nur gering / unbeachtlich ist

HIER (+) → es handelt sich um einen Unfallwagen

bb. Arglistiges Verschweigen ?
= Verkäufer hat eine Pflicht zur Offenbarung des Fehlers, kommt dieser aber nicht nach

HIER (+) → bei Autokäufen besteht die Pflicht des Verkäufers, den Käufer (auch ungefragt) auf schwere Unfallschäden hinzuweisen; V hat aber nicht auf den Unfall hingewiesen

cc. also: arglistiges Verschweigen eines Fehlers (+)

c. bei Vertragsschluß ? (+)

d. also: Voraussetzungen des § 463 S. 2 (+)

3. Kein Ausschluß der Gewährleistung ?

a. aufgrund der vertraglichen Ausschlußklausel ?
= Ausschluß jeglicher Gewährleistungsansprüche

HIER (–) → zwar können in einem individuell ausgehandelten Kaufvertrag - im Gegensatz zu "Allgemeinen Geschäftsbedingungen" - alle Gewährleistungsrechte ausgeschlossen werden; der Ausschluß von Gewährleistungsrechten ist aber dann unwirksam, wenn der Verkäufer einen Fehler arglistig verschwiegen hat (allg. Meinung); dies hat V aber getan (s.o.); somit ist der Ausschluß aufgrund der Vertragsklausel unwirksam

b. also: kein Ausschluß der Gewährleistung (+)

4. Durchführung des Schadensersatzanspruchs

→ der Käufer muß lediglich den Schadensersatzanspruch gegenüber dem Verkäufer erklären (der Verkäufer muß also - im Gegensatz zur Wandelung / Minderung ... - nicht damit einverstanden sein)

HIER (+) → N hat erklärt, er wolle Schadensersatz

5. Umfang des Schadensersatzanspruchs

→ (immer) Ersatz des ***Mangel***schadens

entweder

- ***sog. <u>großer</u> Schadensersatzanspruch***
  = der Käufer kann die mangelhafte Sache zurückgeben **und** Kaufpreisrückzahlung fordern **und** weitergehenden Schadensersatz fordern

oder

- ***sog. <u>kleiner</u> Schadensersatzanspruch***
  = der Käufer darf die Sache behalten und als Schadensersatz **entweder** Wertdifferenz zwischen mangelhafter und mangelfreier Sache **oder** den erforderlichen Betrag zur Mängelbeseitigung verlangen

HIER → N will das Auto behalten; er hat sich lediglich dazu entschieden, die Wertdifferenz zwischen mangelhafter und mangelfreier Sache von V zu fordern; die Differenz beträgt (500.000,-- DM - 350.000,-- DM =) 150.000,-- DM.

6. <u>also</u>: Anspruch entstanden **(+)**

II. Anspruch untergegangen ? **(–)**

III. Anspruch durchsetzbar ?

1. Verjährung des Anspruchs ?
= beim arglistigen Verschweigen eines Mangel: § 195
→ 30 Jahre

HIER (–) → da V den Mangel arglistig verschwiegen hat, gilt die 30jährige Frist des § 195; innerhalb dieser Frist hat N seinen Anspruch geltend gemacht

2. <u>also</u>: Anspruch durchsetzbar **(+)**

IV. Ergebnis:

N gegen V Schadensersatz gemäß § 463
in Höhe von 150.000,-- DM (+)

Formulierungsvorschlag Fall 23

- N gegen V Schadensersatz gemäß § 463

N könnte gegen V einen Schadensersatzanspruch gemäß § 463 haben.

I. Dann müßte der Anspruch zunächst entstanden sein.

1. Dies setzt einen wirksamen Kaufvertrag über eine Stückschuld voraus. Die Parteien haben einen Kaufvertrag (§ 433) über ein bestimmtes Auto des V, also über eine Stückschuld geschlossen.

2. Weiterhin müßten die Voraussetzungen des § 463 S. 1 oder S. 2 vorliegen.

a. Das Fehlen einer zugesicherten Eigenschaft, § 463 S. 1 ist nicht ersichtlich.

b. Der Verkäufer könnte einen Fehler der Kaufsache arglistig verschwiegen haben, § 463 S. 2.

Die Kaufsache müßte einen beachtlichen Fehler, § 459 I aufweisen. Als Fehler einer Stückschuld wird jedes für den Käufer nachteilige Abweichen der Ist- von der Soll-Beschaffenheit, das nicht nur gering bzw. unbeachtlich ist, gewertet.
Der Wagen ist nicht unfallfrei. Dies stellt eine Abweichung von der Soll-Beschaffenheit (Unfallfreiheit) dar. Die Tatsache, daß das Auto in einen Unfall verwickelt war, ist somit ein beachtlicher Fehler im Sinne des § 459 I.

Weiterhin müßte der Verkäufer den Fehler der Kaufsache arglistig verschwiegen haben. Dies wäre zu bejahen, wenn der Verkäufer eine Pflicht zur Offenbarung des Fehlers hat, dieser aber nicht nachgekommen ist.
Bei Autokäufen besteht die Pflicht des Verkäufers, den Käufer (auch ungefragt) auf schwere Unfallschäden hinzuweisen. V hat aber nicht auf den Unfall hingewiesen, den Mangel der Kaufsache also arglistig verschwiegen.

Also hat V einen Fehler arglistig verschwiegen.

c. Die Täuschung geschah auch bei Vertragsschluß.

d. Die Voraussetzungen des § 463 S. 2 liegen somit vor.

3. Fraglich ist, ob ein Ausschluß der Gewährleistung in Betracht kommt.

a. V könnte aufgrund der vertraglichen Ausschlußklausel jegliche Gewährleistungsansprüche des N ausgeschlossen haben.
In privatvertraglicher Form können Gewährleistungsrechte grundsätzlich ausgeschlossen werden. Ein Ausschluß wird jedoch dann als unwirksam angesehen, wenn der Verkäufer einen Fehler arglistig verschwiegen hat. Dies hat V aber getan (s.o.). Die vertragliche Ausschlußklausel entfaltet somit keine Wirkung.

b. Die üblichen gesetzlichen Gewährleistungsrechte sind somit nicht ausgeschlossen.

4. Der Käufer muß gegenüber dem Verkäufer lediglich erklären, daß er Schadensersatz fordert. Ein Einverständnis des Verkäufers ist nicht erforderlich. N hat seinen Anspruch auf Schadensersatz gegenüber V geltend gemacht.

5. Der Käufer (N) hat das Recht, die Sache zu behalten und als Schadensersatz entweder die Wertdifferenz zwischen mangelhafter und mangelfreier Sache oder den erforderlichen Betrag zur Mängelbeseitigung zu verlangen (sog. kleiner Schadensersatzanspruch).
N will das Auto behalten. Er hat sich dazu entschieden, die Wertdifferenz zwischen mangelhafter und mangelfreier Sache von V zu fordern. Die Differenz beträgt (500.000,-- DM - 350.000,-- DM =) 150.000,-- DM.

6. Demnach ist der Anspruch entstanden.

II. Der Anspruch des N ist nicht untergegangen.

III. Fraglich ist, ob der Anspruch des N durchsetzbar ist.

1. Der Anspruch aus § 463 S. 2 (Arglistiges Verschweigen eines Fehlers) unterliegt der Verjährungsfrist des § 195, also einer dreißigjährigen Verjährung.

Für eine Nichtbeachtung der geltenden Frist bestehen jedoch keine Anhaltspunkte.

2. Somit ist der Anspruch auch durchsetzbar.

IV. N hat gegen V einen Schadensersatzanspruch gemäß § 463 in Höhe von 150.000,-- DM.

Fazit

1. Dieses Mal war es also die zweite denkbare Schadensersatzanspruchsvariante bei Stückschulden. Bei einer arglistigen Täuschung ist § 463 S. 2 einschlägig.

2. Auch hier gibt es wieder eine kleine Abweichung zum bisher Erlernten. die arglistige Täuschung muß - selbstverständlich - bei Vertragsschluß stattgefunden haben. Auf einen späteren Zeitpunkt ("bei Gefahrübergang") kommt es nicht an.

3. Im Prüfungspunkt ***I. 3.*** habt Ihr hoffentlich an etwas Altbekanntes gedacht. Ein Anspruch kann ausgeschlossen sein, wenn eine dementsprechende vertragliche Vereinbarung zwischen den Parteien existiert. Eine solche ist - im Gegensatz zu AGBs - grundsätzlich wirksam. Wir leben ja im System einer sogenannten Privatautonomie, in der jeder das machen darf, was er will. Zumindest im vertraglichen Bereich.
   All das darf natürlich nicht zu weit gehen. Deshalb ist der freien vertraglichen Vereinbarung dort ein Riegel vorgeschoben, wo sich der Verkäufer danebenbenimmt. Im Klartext: Wenn der Verkäufer arglistig handelt, ist die Ausschlußvereinbarung nichtig.

4. In unserem Fall wollte der Käufer etwas anderes, als in den letzten Fällen. Er wollte die mangelhafte Kaufsache behalten.
   Wenn er sich dafür entscheidet, kann er den ***sog. <u>kleinen</u> Schadensersatzanspruch*** geltend machen:

   dann darf er die Sache behalten und als Schadensersatz verlangen

   entweder Wertdifferenz zwischen mangelhafter und mangelfreier Sache

   oder den erforderlichen Betrag zur Mängelbeseitigung

   Hier hat er sich dazu entschieden, die Wertdifferenz zwischen mangelhafter und mangelfreier Sache vom Verkäufer zu fordern.

5. Eminent wichtig ist noch ein ganz anderer Punkt. Der Anspruch aus § 463 S. 2 (Arglistiges Verschweigen eines Fehlers) unterliegt der Verjährungsfrist des § 195, also einer dreißigjährigen Verjährung. Das ist unter Punkt ***III.*** (Durchsetzbarkeit des Anspruchs) zu beachten. Ganz anderes ist das beim Anspruch aus § 463 S. 1 (vgl. letzter Fall).
   Der Käufer soll eben wesentlich länger geschützt werden, wenn der Verkäufer ein böser böser Mensch ist. Recht so!!!

Fall 24

A kauft im Second-Hand-Spielzeuggeschäft des V einen aufblasbaren Hüpfball für 55,-- DM, um sein lädiertes Allgemeinbefinden durch sportliche Aktivität zu trainieren. Da A ein vorsichtiger Mensch ist, fragt er V, ob der Ball sein Gewicht von 100 Kilogramm aushalten werde. V versichert, ein Grund zur Sorge bestehe nicht. A könne beruhigt seinen Gelüsten frönen. Beim ersten Hüpfversuch im Wohnzimmer platzt der Ball, weil dessen Nähte der Gewichtsbelastung nicht standhalten. A kommt zu Fall und zieht sich einen komplizierten Bruch des rechten dicken Zehs zu. Die ärztliche Behandlung kostet 1.000,-- DM. A traut sich zunächst nicht, dem V von seinem Mißgeschick zu berichten. Endlich faßt er sich nach sieben Monaten ein Herz und wendet sich an V. Er erklärt, er habe an dem Ball kein Interesse mehr und fordert Schadensersatz.

Frage: Kann A von V Schadensersatz verlangen ?

Anmerkung: Deliktische Ansprüche müssen nicht geprüft werden!!

Lösungsskizze Fall 24

Vorüberlegung:

Gefragt ist nach einem möglichen Schadensersatzanspruch des A gegen V. Wir befinden uns im Bereich der Kaufmängelhaftung.
Dort stehen ***mehrere denkbare Anspruchsgrundlagen*** zur Verfügung, nämlich entweder § 463 oder § 480 II. Welche dieser Anspruchsgrundlagen die richtige ist, läßt sich anhand einer ***Hilfsfrage*** beantworten:

Haben die Parteien einen Kaufvertrag über eine Stückschuld oder über eine Gattungsschuld geschlossen ?

wenn ***Stück***schuld → ist **§ *463*** die Anspruchsgrundlage
wenn ***Gattung***sschuld → ist **§ *480 II*** die Anspruchsgrundlage

Maßgeblich für die Beantwortung der Frage ist nur der Zeitpunkt des eigentlichen Vertragsschlusses.

Hier haben die Parteien einen **Kaufvertrag** über eine bestimmten (gebrauchten) Hüpfball, also **über** eine **Stückschuld** geschlossen. Anspruchsgrundlage ist also **§ *463***.

- A gegen V Schadensersatz gemäß § 463 ?

I. Anspruch entstanden ?

1. Kaufvertrag über Stückschuld, § 433 ?

HIER (+) → die Parteien haben die Übereignung eines bestimmten gebrauchten Hüpfballs vereinbart

2. *Voraussetzungen des § 463 ?*

a. *Fehlen einer zugesicherten Eigenschaft, § 463 S. 1 ?*

Zugesicherte Eigenschaft = alle gegenwärtigen, wertbildenden Faktoren, die der Verkäufer besonders hervorgehoben hat (auch unwesentliche Abweichungen)

HIER (+) → V hat die Belastbarkeit des Balls besonders hervorgehoben; diese liegt aber nicht vor

b. *Fehlen der Eigenschaft im Zeitpunkt des Kaufs ?*

= sowohl im Zeitpunkt des Kaufvertragsschlusses als auch bei der Übergabe, § 446 oder bei der Übergabe an Transportperson, § 447

HIER (+) → beim Kaufvertragsschluß und bei der Übergabe

c. *<u>also:</u> Voraussetzungen des § 463 S. 1 (+)*

3. *Kein Ausschluß der Gewährleistung ? (+)*

4. *Durchführung des Schadensersatzanspruchs*

→ der Käufer muß lediglich den Schadensersatzanspruch gegenüber dem Verkäufer erklären (der Verkäufer muß also - im Gegensatz zur Wandelung / Minderung ... - nicht damit einverstanden sein)

HIER (+) → A hat erklärt, er wolle Schadensersatz

5. *Umfang des Schadensersatzanspruchs*

→ (immer) Ersatz des ***<u>Mangel</u>***schadens

entweder

- ***sog. <u>großer</u> Schadensersatzanspruch***

  = der Käufer kann die mangelhafte Sache zurückgeben **und** Kaufpreisrückzahlung fordern **und** weitergehenden Schadensersatz fordern

oder

- ***sog. <u>kleiner</u> Schadensersatzanspruch***

  = der Käufer darf die Sache behalten und als Schadensersatz **entweder** Wertdifferenz zwischen mangelhafter und mangelfreier Sache **oder** den erforderlichen Betrag zur Mängelbeseitigung verlangen

HIER → A hat erklärt, er sei nicht mehr an dem Hüpfball interessiert; er kann ihn zurückgeben und Rückzahlung des Kaufpreises (55,-- DM) verlangen; bezüglich eines weitergehenden Schaden an der Sache selbst (= Mangelschaden) beinhaltet der Sachverhalt keine Anhaltspunkte;

!!! ein über den eigentlichen Mangelschaden hinausgehender Schaden (= Mangel<u>folge</u>schaden) wird dann über § 463 (bei Gattungsschulden über § 480 II) ersetzt, wenn er vom objektiven Sinn der Zusicherung umfaßt wird; das ist zu bejahen, wenn die Zusicherung gerade bezweckt, den Käufer vor solchen Schäden zu bewahren

HIER → V hat ausdrücklich versichert, der Ball werde dem Gewicht des A standhalten; die Zusicherung bezweckte somit gerade, den A vor Schäden zu bewahren, die aus einem Platzen des Balls resultieren könnten; ein Schutz vor Körperverletzungen und daraus erwachsenden Vermögensschäden ist also von der Zusicherung umfaßt; der Anspruch aus § 463 beinhaltet den Mangelfolgeschaden des K; er kann Ersatz der 1.000,-- DM Arztkosten verlangen

***6. also: Anspruch entstanden* (+)**

II. Anspruch untergegangen ?

1. gemäß § 467 S. 1 i.V.m. § 351 S. 1 analog ?

= **Verschulden** des Untergangs .... durch den **Käufer** vor Kenntnis des Schadensersatzgrundes

(Anmerkung !!!: Nicht nur die Wandelung ist unter den Voraussetzungen des (§ 467 S. 1 i.V.m.) § 351 S. 1 ausgeschlossen. In einer bestimmten - häufig auftretende - Konstellation kann auch ein Anspruch auf Schadensersatz gemäß § 463 unter den Voraussetzungen des § 351 (analog) untergegangen sein. Es handelt sich dabei regelmäßig um den Fall, in dem der Anspruchsteller den sogenannten "großen Schadensersatzanspruch" geltend macht. Dieser beinhaltet ja gerade, daß der Käufer - neben einem weitergehenden Schadensersatz - den Kaufpreis gegen Rückgabe der mangelhaften Kaufsache zurückerhalten will. Insofern ist ein "Teil" des "großen Schadensersatzanspruchs" mit der Wandelung vergleichbar. Wenn der Käufer aber die Kaufsache nicht mehr zurückgeben kann, weil sie zerstört ist, muß der eigentlich für den Rücktritt (die Wandelung) geltende § 351 S. 1 auch im Falle des Anspruchs aus § 463 entsprechende Anwendung finden.**)**

!! ***Problem:*** **Verschulden**

→ **vor** Kenntnis des Käufers Schadensersatzgrund
= bei Benutzung der Sache in untypischer gefährlicher Weise

HIER (–) → A hat den Hüpfball in üblicher Weise benutzt; für eine unsachgemäße Benutzung gibt der Sachverhalt keine Anhaltspunkte; A hat die Kaufsache also nicht in untypischer gefährlicher Weise benutzt

***2. also: Anspruch untergegangen* (–)**

III. Anspruch durchsetzbar ?

1. Verjährung des Anspruchs ?

= beim Fehlen einer zugesicherten Eigenschaft: bei beweglichen Sachen § 477 I 1
→ 6 Monate ab Ablieferung

HIER (+) → V hat sich erst 7 Monate nach Mitnahme des Balls bei V gemeldet und einen Schadensersatzanspruch geltend gemacht; die Frist des § 477 I 1 ist verstrichen

***2. also: Anspruch durchsetzbar* (–)**

IV. Ergebnis:

A gegen V Schadensersatz (Hüpfball und Verletzung) gemäß § 463 S. 1 in Höhe von (55,-- DM + 1.000,-- DM =) 1.055,-- DM (+), aber nicht durchsetzbar

Formulierungsvorschlag Fall 24

- A gegen V Schadensersatz gemäß § 463

A könnte gegen V einen Schadensersatzanspruch gemäß § 463 haben.

I. Dann müßte der Anspruch zunächst entstanden sein.

1. Dies setzt einen wirksamen Kaufvertrag über eine Stückschuld voraus. Die Parteien haben einen Kaufvertrag (§ 433) über einen bestimmten gebrauchten Hüpfball, also über eine Stückschuld geschlossen.

2. Weiterhin müßten die Voraussetzungen des § 463 vorliegen.

a. Fraglich ist, ob der Kaufsache eine zugesicherte Eigenschaft fehlt, § 463 S. 1. Zugesicherte Eigenschaften sind alle gegenwärtigen, wertbildenden Faktoren, die der Verkäufer besonders hervorgehoben hat. In Betracht kommen auch unwesentliche Abweichungen.
V hat die Belastbarkeit des Hüpfballs besonders hervorgehoben. Diese liegt aber nicht vor. Demnach fehlt der Kaufsache eine zugesicherte Eigenschaft.

b. Die zugesicherte Eigenschaft fehlte der Kaufsache sowohl im Zeitpunkt des Kaufvertragsschlusses als auch bei der Übergabe, also im Zeitpunkt des Kaufs.

c. Die Voraussetzungen des § 463 S. 1 liegen somit vor.

3. Ein Ausschluß der Gewährleistung ist nicht ersichtlich.

4. Der Käufer muß gegenüber dem Verkäufer lediglich erklären, daß er Schadensersatz fordert. Ein Einverständnis des Verkäufers ist nicht erforderlich. A hat seinen Anspruch auf Schadensersatz gegenüber V geltend gemacht.

5. A ist nicht mehr an dem Hüpfball interessiert. Er kann ihn zurückgeben, Rückzahlung des Kaufpreises verlangen und zusätzlich weitergehenden Schadensersatz fordern (sog. großer Schadensersatzanspruch). Bei Rückgabe des Balls kann er somit 55,-- DM von V verlangen. Bezüglich eines weitergehenden Schadens an der Sache selbst (= Mangelschaden) beinhaltet der Sachverhalt keine Anhaltspunkte.

Ein über den eigentlichen Mangelschaden hinausgehender Schaden (Mangelfolgeschaden) wird dann über § 463 ersetzt, wenn er vom objektiven Sinn der Zusicherung umfaßt wird. Das ist zu bejahen, wenn die Zusicherung gerade bezweckt, den Käufer vor solchen Schäden zu bewahren.

V hat ausdrücklich versichert, der Ball werde dem Gewicht des A standhalten. Die Zusicherung bezweckte somit gerade, den A vor Schäden zu bewahren, die aus einem Platzen des Balls resultieren könnten. Ein Schutz vor Körperverletzungen und daraus erwachsenden Vermögensschäden ist also von der Zusicherung umfaßt. Der Anspruch aus § 463 S. 1 beinhaltet den Mangelfolgeschaden des A. Er kann Ersatz der 1.000,-- DM Arztkosten verlangen.

6. Demnach ist der Anspruch entstanden.

II. Möglicherweise ist der Anspruch des A untergegangen.

1. In Betracht kommt ein Erlöschen des Anspruchs gemäß § 351 S. 1 analog. Nicht nur die Wandelung ist unter den Voraussetzungen des (§ 467 S. 1 i.V.m.) § 351 S. 1 ausgeschlossen. Wenn der Käufer den sogenannten "großen Schadensersatzanspruch" geltend macht, kann auch ein Anspruch auf Schadensersatz gemäß § 463 S. 1 unter den Voraussetzungen des § 351 untergegangen sein. Der "große Schadensersatzanspruch" beinhaltet, daß der Käufer - neben einem weitergehenden Schadensersatz - den Kaufpreis gegen Rückgabe der mangelhaften Kaufsache zurückerhalten will. Insofern ist ein "Teil" des "großen Schadensersatzanspruchs" mit der Wandelung vergleichbar. Wenn der Käufer aber die Kaufsache nicht mehr zurückgeben kann, weil sie zerstört ist, muß der eigentlich für den Rücktritt (die Wandelung) geltende § 351 S. 1 auch im Falle des Anspruchs aus § 463 entsprechende Anwendung finden.

Damit der Anspruch entsprechend § 351 S. 1 erloschen ist, müßte der Käufer (A) vor Kenntnis des Schadensersatzgrundes den Untergang der Kaufsache verschuldet haben.
Die Ball ist geplatzt, also untergegangen.
Vor Kenntnis des Käufers vom Schadensersatzgrund wird ein Verschulden bejaht, wenn der Käufer die Sache in untypischer gefährlicher Weise benutzt.
A hat den Hüpfball in üblicher Weise benutzt. Für eine unsachgemäße Benutzung gibt der Sachverhalt keine Anhaltspunkte. A hat die Kaufsache also nicht in untypischer gefährlicher Weise benutzt.
Ein Erlöschen des Anspruchs gemäß § 351 S. 1 analog scheidet also aus.

2. Somit ist der Anspruch nicht untergegangen.

III. Fraglich ist, ob der Anspruch des A durchsetzbar ist.

1. Der Anspruch aus § 463 S. 1 (Fehlen einer zugesicherten Eigenschaft) unterliegt der Verjährungsfrist des § 477 I 1, also bei beweglichen Sachen sechs Monate ab Ablieferung.
V hat sich erst sieben Monate nach Mitnahme des Balls bei V gemeldet und einen Schadensersatzanspruch geltend gemacht. Die Frist des § 477 I 1 ist verstrichen.

2. Somit ist der Anspruch nicht durchsetzbar.

IV. A hat gegen V wegen der Zerstörung des Hüpfballs einen Schadensersatzanspruch gemäß § 463 S. 1 in Höhe von 55,-- DM. Der Anspruch ist aber nicht durchsetzbar.

Fazit

1. Nun hat der Käufer ***mehrere Schäden*** erlitten. Das ist zum einen der Schaden am Hüpfball selbst und zum anderen ein erst durch das Platzen des Balls ausgelöster weiterer Schaden, die Verletzung des Zehs.

   Fälle, in denen verschiedene Schäden zu beklagen sind, erfordern ein ***differenziertes Vorgehen***. Doch zunächst eine grundsätzliche Überlegung. Mittlerweile dürfte euch der Unterschied zwischen dem "kleinen" und "großen Schadensersatzanspruch" klar sein. Was wird unser Käufer in einer solchen Situation wohl fordern?
   Er wird sich nicht für den ***"kleinen Schadensersatzanspruch"*** entscheiden. Denn dann müßte er die Kaufsache behalten und könnte (nur) die Wertdifferenz zwischen mangelhafter und mangelfreier Sache oder den erforderlichen Betrag zur Mängelbeseitigung einfordern. Dem Käufer wird vielmehr daran gelegen sein, die mangelhafte Kaufsache zurückzugeben, den Kaufpreis zurückzuverlangen und weitergehenden Schadensersatz zu beanspruchen. Das kann er mit dem ***"großen Schadensersatzanspruch"***.

2. Just da lauert aber eine weitere Sauerei. Der Käufer kann ***an sich gemäß § 463 S. 2 nicht jeden Schaden geltend machen***, der mit der mangelhaften Sache in Verbindung steht. Nach allgemeiner Meinung werden ***Mangelfolgeschäden*** im Regelfall ***nicht*** von diesem Anspruch ***erfaßt***. Der Käufer kann einen erst durch die mangelhafte Sache an anderen Rechtsgütern entstandenen Schaden über den ***Anspruch aus p.V.V.*** einfordern.

   Es gibt aber eine ***Ausnahme:***
   Ein über den Mangelschaden hinausgehender Schaden (= Mangelfolgeschaden) wird dann über § 463 (bei Gattungsschulden über § 480 II) ersetzt, wenn er vom objektiven Sinn der Zusicherung umfaßt wird. Das ist zu bejahen, wenn die Zusicherung gerade bezweckt, den Käufer vor solchen Schäden zu bewahren.

3. Eine Unsicherheit soll an dieser Stelle ausgeräumt werden: Das ***Verhältnis zwischen Mangelschäden und Mangelfolgeschäden ist nicht ganz unumstritten***. Die überwiegend zu der Abgrenzungsproblematik vertretenen Ansichten folgen dem beschriebenen Weg. In Klausuren werdet Ihr wohl kaum Zeit und Gelegenheit haben, Euch mit einem (im übrigen vollkommen verwirrenden) Meinungsstreit auseinanderzusetzen. Stellt Euch auf einen Standpunkt, der vertretbar ist.

4. Der Schadensersatzanspruch aus § 463 kann außerdem unter den Voraussetzungen des ***§ 351 S. 1*** analog untergehen. Vergleich dazu nochmals die ausführlichen Ausführungen in der Lösungsskizze bzw. im Formulierungsvorschlag.

5. Der Anspruch aus ***§ 463 S. 1*** (Fehlen einer zugesicherten Eigenschaft) unterliegt der ***Verjährung***sfrist des ***§ 477 I 1***, also bei beweglichen Sachen einer sechsmonatigen Verjährung ab Ablieferung.
   Solltet Ihr mit Konstellationen konfrontiert werden, in der der Mangelfolgeschaden nicht von § 463 erfaßt ist, müßtet Ihr einen Anspruch aus p.V.V. prüfen. Dieser Anspruch unterliegt nach überwiegender Meinung ausnahmsweise auch der Verjährung des § 477 I 1 (streitig!!!).

Fall 25

K kauft beim Möbelhändler H eine altdeutsche Schrankwand (Epoche früher Hertie bis später Kaufhof) der Marke "Standfest". Den Kaufpreis von 6000,-- DM bezahlt er sofort. Die Schrankwand wird geliefert und in seinem Wohnzimmer aufgestellt. Nach sieben Monaten brechen drei in das Möbelstück integrierte Regalbretter zusammen, weil der Schrank zum Teil minderwertig verklebt ist. Die Reparatur kostet 2.500,-- DM. Außerdem wird die auf den Regalbrettern untergebrachte Bierkrugsammlung des K zerstört, die einen Wert von 10.000,-- DM hat. H wußte schon vor Abschluß des Kaufvertrages von der minderwertigen Verklebung. Da er aber aus dem Verkauf einen hohen Gewinn erwartet, offenbart er dem K sein Wissen nicht. K fordert von H Schadensersatz für die Beschädigung der Schrankwand und für die Zerstörung seiner Bierkrugsammlung.

Frage: Kann K von H Schadensersatz verlangen ?

Anmerkung: Deliktische Ansprüche müssen <u>nicht</u> geprüft werden!!

Lösungsskizze Fall 25

Vorüberlegung:

Gefragt ist nach einem möglichen Schadensersatzanspruch des K gegen H. Wir befinden uns im Bereich der Kaufmängelhaftung.
Dort stehen ***mehrere denkbare Anspruchsgrundlagen*** zur Verfügung, nämlich entweder § 463 oder § 480 II. Welche dieser Anspruchsgrundlagen die richtige ist, läßt sich anhand einer ***Hilfsfrage*** beantworten:

Haben die Parteien einen Kaufvertrag über eine <u>Stück</u>schuld <u>oder</u> über eine <u>Gattung</u>sschuld geschlossen ?

wenn ***Stück***schuld → ist **§ *463*** die Anspruchsgrundlage
wenn ***Gattung***sschuld → ist **§ *480 II*** die Anspruchsgrundlage

Maßgeblich für die Beantwortung der Frage ist nur der Zeitpunkt des eigentlichen Vertragsschlusses.

Hier haben die Parteien einen **Kaufvertrag** nicht etwa einen Kaufvertrag über eine bestimmte Schrankwand geschlossen. Der Kaufvertrag beinhaltet die Übereignung <u>irgendeiner</u> Schrankwand eines bestimmten Typs. Die Parteien haben somit einen Kaufvertrag **über** eine **Gattungsschuld** geschlossen. Anspruchsgrundlage ist also **§ *480 II***.

- K gegen H Schadensersatz gemäß § 480 II ?

I. Anspruch entstanden ?

1. Kaufvertrag über Gattungsschuld, § 433 ?

HIER (+) → die Parteien haben die Übereignung irgendeiner Schrankwand eines bestimmten Typs vereinbart

2. *Voraussetzungen des § 480 II ?*

a. *Fehlen einer zugesicherten Eigenschaft, § 480 II, Var. 1 ?* (–)

b. *Arglistiges Verschweigen eines Fehlers, § 480 II, Var. 2 ?*
= wenn der Verkäufer eine Pflicht zur Offenbarung eines Fehlers i.S.d. § 459 hat, dieser Pflicht aber nicht nachkommt

aa. *beachtlicher Fehler, § 459 I ?*
= bei der ***Gattungsschuld*** jedes nachteilige Abweichen von mittlerer Art und Güte, das nicht nur gering / unbeachtlich ist

HIER (+) → die Schrankwand war zum Teil minderwertig verklebt

bb. *Arglistiges Verschweigen ?*
= Verkäufer hat eine Pflicht zur Offenbarung des Fehlers, kommt dieser aber nicht nach

HIER (+) → H wußte von der mangelhaften Verklebung, hat sein Wissen aber nicht offenbart

cc. *<u>also</u>: arglistiges Verschweigen eines Fehlers* (+)

c. *Bei Vertragsschluß ?* (+)

d. *<u>also:</u> Voraussetzungen des § 480 II, Var. 2* (+)

3. *Kein Ausschluß der Gewährleistung ?* (+)

4. *Durchführung des Schadensersatzanspruchs*

→ der Käufer muß lediglich den Schadensersatzanspruch gegenüber dem Verkäufer erklären (der Verkäufer muß also - im Gegensatz zur Wandelung / Minderung ... - nicht damit einverstanden sein)

HIER (+) → K hat erklärt, er wolle Schadensersatz

5. *Umfang des Schadensersatzanspruchs*

→ (immer) Ersatz des ***<u>Mangel</u>***schadens

entweder
- ***sog. <u>großer</u> Schadensersatzanspruch***
  = der Käufer kann die mangelhafte Sache zurückgeben **und** Kaufpreisrückzahlung fordern **und** weitergehenden Schadensersatz fordern

oder
- ***sog. <u>kleiner</u> Schadensersatzanspruch***
  = der Käufer darf die Sache behalten und als Schadensersatz **entweder** Wertdifferenz zwischen mangelhafter und mangelfreier Sache **oder** den erforderlichen Betrag zur Mängelbeseitigung verlangen

HIER → K will den Schrank behalten; er hat sich lediglich dazu entschieden, den erforderlichen Betrag zur Mängelbeseitigung von H zu fordern; die Reparaturkosten betragen 2.500,-- DM

bezüglich eines weitergehenden Schaden an der Sache selbst (Mangelschaden) beinhaltet der Sachverhalt keine Anhaltspunkte;

!!! ein über den eigentlichen Mangelschaden hinausgehender Schaden (= Mangelfolgeschaden) wird dann über § 480 II (bei Stückschulden über § 463) ersetzt, wenn er durch die arglistige Täuschung adäquat verursacht ist (a.A. vertretbar; dann aber Schadensersatz über p.V.V.)

HIER → nur durch die arglistige Täuschung des H ist der Kaufvertrag zustandegekommen; erst dann konnten die Regalbretter zusammenbrechen; dadurch ist es zu einer Zerstörung der Bierkrugsammlung gekommen; üblicherweise befinden sich auf Regalbrettern Gegenstände, die u.U. zerstört werden können, wenn die Bretter brechen; insofern ist der Mangelfolgeschaden adäquat auf die arglistige Täuschung zurückzuführen; demnach kann K auch den Schaden in Höhe von 10.000.-- DM verlangen

6. also: Anspruch entstanden (+)

II. Anspruch untergegangen ? (–)

III. Anspruch durchsetzbar ?

1. Verjährung des Anspruchs ?
= beim arglistigen Verschweigen eines Mangel: § 195
→ 30 Jahre

HIER (–) → da H den Mangel arglistig verschwiegen hat, gilt die 30jährige Frist des § 195; innerhalb dieser Frist hat K seinen Anspruch geltend gemacht

2. also: Anspruch durchsetzbar (+)

IV. Ergebnis:
K gegen H Schadensersatz (Schrankwand und Bierkrugsammlung) gemäß § 480 II Var. 2 in Höhe von (2.500,-- DM + 10.000,-- DM =) 12.500,-- DM (+)

Formulierungsvorschlag Fall 25

- K gegen H Schadensersatz gemäß § 480 II

K könnte gegen H einen Schadensersatzanspruch gemäß § 480 II haben.

I. Dann müßte der Anspruch zunächst entstanden sein.

1. Dies setzt einen wirksamen Kaufvertrag über eine Gattungsschuld voraus. Die Parteien haben einen Kaufvertrag (§ 433) über irgendeine Schrankwand des Typs "Standfest", also über eine Gattungsschuld geschlossen.

2. Weiterhin müßten die Voraussetzungen des § 480 II vorliegen.

a. Das Fehlen einer zugesicherten Eigenschaft (§ 480 II, Var. 1) ist nicht ersichtlich.

b. Der Verkäufer könnte einen Fehler der Kaufsache arglistig verschwiegen haben, § 480 II, Var. 2.

Die Kaufsache müßte einen beachtlichen Fehler, § 459 I aufweisen.
Als Fehler einer Stückschuld wird jedes für den Käufer nachteilige Abweichen der Ist- von der Soll-Beschaffenheit, das nicht nur gering bzw. unbeachtlich ist, gewertet.
Die Schrankwand war minderwertig verklebt. Dies stellt einen beachtlichen Fehler i.S.d. § 459 I dar.

Weiterhin müßte der Verkäufer den Fehler der Kaufsache arglistig verschwiegen haben.

Dies wäre zu bejahen, wenn der Verkäufer eine Pflicht zur Offenbarung des Fehlers hat, dieser aber nicht nachgekommen ist.
H wußte von der mangelhaften Verklebung, hat sein Wissen aber nicht offenbart. Aufgrund der Kenntnis des Mangels hätte er den K auf den Umstand hinweisen müssen. Er hat den Mangel der Kaufsache also arglistig verschwiegen.

Also hat H einen Fehler arglistig verschwiegen.

c. Die Täuschung geschah auch bei Vertragsschluß.

d. Die Voraussetzungen des § 480 II, Var. 2 liegen somit vor.

3. Ein Ausschluß der Gewährleistung ist nicht ersichtlich.

4. Der Käufer muß gegenüber dem Verkäufer lediglich erklären, daß er Schadensersatz fordert. Ein Einverständnis des Verkäufers ist nicht erforderlich.
K hat seinen Anspruch auf Schadensersatz gegenüber H geltend gemacht.

5. Der Käufer (K) hat das Recht, die Sache zu behalten und als Schadensersatz entweder die Wertdifferenz zwischen mangelhafter und mangelfreier Sache oder den erforderlichen Betrag zur Mängelbeseitigung zu verlangen (sog. kleiner Schadensersatzanspruch).
K will den Schrank behalten. Er hat sich dazu entschieden, den erforderlichen Betrag zur Mängelbeseitigung von H zu fordern. Die Reparaturkosten betragen 2.500,-- DM.

Bezüglich eines weitergehenden Schadens an der Sache selbst (= Mangelschaden) beinhaltet der Sachverhalt keine Anhaltspunkte.

Ein über den eigentlichen Mangelschaden hinausgehender Schaden (= Mangelfolgeschaden) wird dann über § 480 II ersetzt, wenn er durch die arglistige Täuschung adäquat verursacht ist.
Nur durch die arglistige Täuschung des H ist der Kaufvertrag zustandegekommen. Erst dann konnten die Regalbretter zusammenbrechen. Dadurch ist es zu einer Zerstörung der Bierkrugsammlung gekommen. Üblicherweise befinden sich auf Regalbrettern Gegenstände, die u.U. zerstört werden können, wenn die Bretter brechen. Insofern ist der Mangelfolgeschaden adäquat auf die arglistige Täuschung zurückzuführen. Somit kann K auch den Schaden in Höhe von 10.000.-- DM verlangen.

6. Demnach ist der Anspruch entstanden.

II. Der Anspruch des K ist nicht untergegangen.

III. Fraglich ist, ob der Anspruch durchsetzbar ist.

1. Der Anspruch aus § 480 II, Var. 2 (arglistiges Verschweigen eines Fehlers) unterliegt der Verjährungsfrist des § 195, also einer dreißigjährigen Verjährung.
Für eine Nichtbeachtung der geltenden Frist bestehen jedoch keine Anhaltspunkte.

2. Somit ist der Anspruch auch durchsetzbar.

IV. K hat gegen H wegen der Zerstörung der Schrankwand einen Schadensersatzanspruch gemäß § 480 II, Var. 2 in Höhe von 2.500,-- DM.

Fazit

1. Und abermals hat der Käufer ***mehrere Schäden*** erlitten. Das ist zum einen der Schaden an der Schrankwand und zum anderen ein durch das Zusammenbrechen der Regalbretter ausgelöster weiterer Schaden, nämlich die Zerstörung der Bierkrugsammlung.

   Ich wiederhole mich: Fälle, in denen verschiedene Schäden zu beklagen sind, erfordern ein ***differenziertes Vorgehen***. Doch abermals zunächst eine grundsätzliche Überlegung. Mittlerweile dürfte euch der Unterschied zwischen dem "kleinen" und "großen Schadensersatzanspruch" klar sein. Was wird unser Käufer in einer solchen Situation wohl fordern?
   Er wird sich für den ***"kleinen Schadensersatzanspruch"*** entscheiden, weil er die Kaufsache behalten will. Dann kann er (u.a.) die Kosten für die Mängelbeseitigung verlangen.

2. Just da lauert aber eine weitere Sauerei. Der Käufer kann ***an sich gemäß § 480 II*** (wie bei § 463) ***nicht jeden Schaden geltend machen***, der mit der mangelhaften Sache in Verbindung steht. Nach allgemeiner Meinung werden ***Mangelfolgeschäden*** im Regelfall ***nicht*** von diesem Anspruch ***erfaßt***. Der Käufer kann einen erst durch die mangelhafte Sache an anderen Rechtsgütern entstandenen Schaden über den ***Anspruch aus p.V.V.*** einfordern.

   Es gibt aber (wiederum) eine ***Ausnahme:***
   Ein über den Mangelschaden hinausgehender Schaden (= Mangelfolgeschaden) wird dann über § 480 II (bei Stückschulden über § 463) ersetzt, wenn er durch die arglistige Täuschung adäquat verursacht ist. Das war hier der Fall (s.o.).

3. Der Anspruch aus ***§ 480 II, Var. 2*** (arglistiges Verschweigen eines Fehlers) unterliegt - wie der Anspruch aus § 463 S. 2 - der ***Verjährung***sfrist des § 195, also einer dreißigjährigen Verjährung. Der Anspruch aus ***p.V.V.*** im Zusammenhang mit dem arglistigen Verschweigen eines Mangels muß gemäß §§ 477, 195 ebenfalls einer dreißigjährigen ***Verjährung*** unterliegen.

4. Und hier noch kurz ein paar Worte zu den - nicht zu prüfenden - ***deliktischen Ansprüchen***: In Betracht kommt ein Schadensersatzanspruch gemäß § 823 II i.V.m. § 263 StGB (Betrug) und ein Anspruch aus § 826 (lesen!!).

5. Sollte der Mangelfolgeschaden nicht über § 480 II (bei Gattungsschulden) oder über § 463 (bei Stückschulden) ersetzt werden, bleibt aber bezüglich eines Schadensersatzanspruchs immer der Anspruch aus p.V.V. Wie dieser Anspruch aufgebaut wird, könnt Ihr aufgrund des nun folgenden Aufbauschemas erfahren. Bezüglich der Formulierung eines Anspruchs aus p.V.V. mag ich an dieser Stelle auf das Buch "Die Fälle - BGB Schuldrecht AT" verweisen.

- X gegen Y Schadensersatz aus p.V.V. ?

I. Anspruch entstanden ?

1. *Wirksames Schuldverhältnis ?*

2. *Wahrung des Subsidiaritätsprinzips ?*
= die p.V.V. ist nur anwendbar, wenn keine der im Gesetz normierten Vorschriften über Leistungsstörungen (Unmöglichkeit, Verzug, Mängelhaftung) einschlägig sind

3. *Pflichtverletzung des Anspruchsgegners ?*
= die Pflichtverletzung muß aus dem Schuldverhältnis resultieren; in Betracht kommt insbesondere die Verletzung von Schutz-, Sorgfalts-, Obhuts- und Aufklärungspflichten

4. *Rechtswidrigkeit der Pflichtverletzung ?*

5. *Vertretenmüssen des Anspruchsgegners ?*
= Haftung gemäß § 276 oder § 278

6. *(auf der Pflichtverletzung beruhender) Schaden ?*

7. *also: Anspruch entstanden* (+)

II. Anspruch untergegangen ?

III. Anspruch durchsetzbar ?

- ***Verjährung des Anspruchs ?***
  = bei p.V.V. im Zusammenhang mit dem arglistigen Verschweigen eines Mangels: § 195 → 30 Jahre

IV. Ergebnis

Mängel im Werk- und Werklieferungsrecht - Eine kleine Einführung

Auch im Werk- und Werklieferungsvertrag kann einiges schiefgehen. Wie sollte es anders sein.

Die Abgrenzung

Schauen wir einmal in die wichtigen Normen, die die Mängelhaftung regeln. Beim Werkvertrag (§ 631) sind es die §§ 633 ff. Im Werklieferungsvertrag (§ 651) wird es da schon ein bißchen komplizierter. Oder auch nicht. Wir werden sehen. Zum Verständnis ist es unerläßlich, beide Vertragstypen voneinander abzugrenzen. Dann ist die Lösung im Prinzip eine recht einfache.

Der ***Werkvertrag (§ 631)*** beinhaltet als Leistung die Erstellung eines Werks. Der Unternehmer schuldet genau diesen Erfolg. Das kann die Erstellung eines "unkörperlichen" Werks, etwa eines Gutachtens sein. Auch die Erstellung "körperlicher" Werke gehört dazu, z.B. das Schneidern einer Unterhose aus vom Besteller geliefertem Stoff. Laßt Euch den letzten Satz Wort für Wort auf der Zunge zergehen. Ihr werdet gleich wissen, warum.

Der ***Werklieferungsvertrag (§ 651)*** ist dem Werkvertrag ganz ähnlich. Der Tätigwerdende schuldet aber im Gegensatz zum Werkvertrag nicht die Erstellung des Werks als Erfolg, sondern Übergabe und Eigentumsverschaffung.
§ 651 selbst beinhaltet das Abgrenzungskriterium zwischen Werkvertrag und Werklieferungsvertrag. Da sagt der Gesetzgeber im ersten Absatz folgendes:

> "Verpflichtet sich der Unternehmer das Werk aus einem von ihm zu beschaffendem Stoffe herzustellen, ... Auf einen solchen Vertrag finden die Vorschriften über den Kauf Anwendung; ..."

Soso. Unter den vorgenannten Voraussetzungen ist demnach Kaufrecht und damit die §§ 459 ff anwendbar.

Zur Verdeutlichung und endgültigen Abgrenzung müssen wir aber noch weiterlesen:

> "...; ist eine nicht vertretbare Sache herzustellen, so treten an die Stelle des § 433, des 446 I, und der §§ 447, 459, 460, 462 bis 464, 477 bis 479 die Vorschriften über den Werkvertrag mit Ausnahme der §§ 647, 648."

Da gibt es also doch Werklieferungsverträge, in denen nicht die Kaufvertragsregeln, sondern (wenig eingeschränkt) die Regeln über Werkmängel, also die §§ 633 ff Anwendung finden. Und welche sind das? Es sind Verträge über die Herstellung nicht vertretbarer Sachen.

Also zusammenfassend:

Werkvertragsrecht und damit
die ***Gewährleistungsrechte der §§ 633 ff*** finden Anwendung

- bei Werkverträgen
- bei Werklieferungsverträgen bezüglich nicht vertretbarer Sachen

Kaufrecht und damit
die ***Gewährleistungsrechte der §§ 459 ff*** finden Anwendung

- bei Werklieferungsverträgen bezüglich vertretbarer Sachen

Jetzt fragt sich nur noch, was vertretbare und nicht vertretbare Sachen sind.

Vertretbare Sachen sind per Gesetz definiert. Gemäß § 91 sind es "bewegliche Sachen, die im Verkehr nach Zahl, Maß oder Gewicht bestimmt zu werden pflegen". Hilft uns das weiter? Wohl nicht gerade sehr.
Der Gesetzgeber meint damit folgendes: Bei vertretbaren Sachen handelt es sich um Sachen, die mehrmals vorhanden sind, insbesondere um Massenartikel des täglichen Lebens. Es handelt sich um Sachen, die immer wieder hergestellt werden und nicht individuell auf den Besteller zugeschnitten sind.
Dabei kann es sich - um das obige Beispiel nochmals aufzugreifen und zu konkretisieren - um die Herstellung von mehreren/vielen Unterhosen einer Konfektionsgröße aus vom Unternehmer zu beschaffendem Stoff handeln.

Nicht vertretbare Sachen müssen demnach das Gegenteil der vertretbaren Sachen darstellen. Sie sind einmalig oder nicht austauschbar und den Bestellerwünschen angepaßt, also im Prinzip Individualanfertigungen.
Dabei kann es sich - um das obige Beispiel wiederum aufzugreifen und abermals zu konkretisieren - um die Herstellung einer oder mehrerer individueller Unterhosen aus vom Unternehmer zu beschaffendem Stoff handeln.

Interessant ist in diesem Zusammenhang ***außerdem § 651 II***. Nach dieser ergänzenden und klarstellenden Norm finden ausschließlich die Vorschriften über den Werkvertrag Anwendung, wenn der Unternehmer sich nur zur Beschaffung von Zutaten oder sonstigen Nebensachen verpflichtet. Das ist ganz wichtig.

Zum Verständnis:
Am häufigsten werden Euch in schriftlichen Arbeiten echte Werkverträge und Werklieferungsverträge bezüglich nicht vertretbarer Sachen über den Weg laufen. Dann ist immer Werkvertragsrecht angesagt.
Werklieferungsverträge bezüglich vertretbarer Sachen, die nach Kaufrecht zu bewerten sind, tauchen eher selten auf.

So, das reicht erst einmal. Alles weitere werdet Ihr in den folgenden Fällen erfahren.

Fall 26

Der begeisterte Schrottsammler S findet bei einer Entrümpelung mehrere uralte massive Eichenplanken. Verzückt wendet er sich an den Tischler T und erklärt diesem, er sei am Bau eines extravaganten Schubladenschranks für seine umfangreiche Wundertütensammlung interessiert. Nachdem sich die Parteien über Ausmaß, Form und Preis des Möbelstücks geeinigt haben, begibt sich T ans Werk. Nach Erstellung des Schranks muß S feststellen, daß sich zwei der fünf Schubladen nur mit enormem Kraftaufwand öffnen lassen. S scheut einen Bodybuildingkurs und erklärt gegenüber T, dieser solle den Mißstand beheben.

Frage 1: Was kann S von T fordern, wenn dieser ihm den Schrank noch nicht übergeben hat ?

Frage 2: Was kann S von T fordern, wenn er den Schrank schon abgenommen hat ?

Lösungsskizze Fall 26

Frage 1: Was kann S von T fordern, wenn dieser ihm den Schrank noch nicht übergeben hat ?

Vorüberlegung 1:

S hat einen Schrank aus von ihm beschafften Stoff herstellen lassen. Es handelt sich demnach um einen ***Werkvertrag***, auf den Werkvertragsrecht Anwendung findet (vgl. Mängel im Werk- und Werklieferungsvertrag - Eine kleine Einführung).

Vorüberlegung 2:

Die verschiedenen Fragestellungen haben natürlich einen Sinn. Tatsächlich ist es so, daß der Besteller vor und nach Abnahme/Vollendung des Werks nicht dieselben Ansprüche hat.

Es gilt zu unterscheiden:

<u>Vor</u> Abnahme (§ 640) ***bzw. Vollendung*** (§ 646) des Werks hat der Besteller sowohl den ursprünglichen Erfüllungsanspruch der §§ 633 I, 631 als auch den Mängelbeseitigungsanspruch des § 633 II. Diese "Zweigleisigkeit" ist durchaus sinnvoll. Das werdet Ihr spätestens im Fazit erfahren.

<u>Nach</u> Abnahme (§ 640) ***bzw. Vollendung*** (§ 646) des Werks hat der Besteller nur noch den Mängelbeseitigungsanspruch des § 633 II.

In der Konstellation der ***Frage 1*** ist eine Abnahme noch nicht erfolgt.
Der Besteller hat somit gegen den Unternehmer den ursprünglichen ***Erfüllungsanspruch der §§ 633 I, 631*** <u>und</u> den ***Mängelbeseitigungsanspruch des § 633 II***.

- S gegen T Anspruch auf Erstellung des Werks gemäß §§ 633 I, 631 ?

I. Anspruch entstanden ?

1. Wirksamer Werkvertrag, § 631 oder Werklieferungsvertrag über nicht vertretbare Sachen, § 651 ?

HIER (+) → die Parteien haben die Erstellung eines Schranks aus vom Besteller gelieferten Stoff, also einen Werkvertrag vereinbart

2. Mangel, § 633 I ?
= entweder Fehler oder Fehlen einer zugesicherten Eigenschaft

a. Fehler ?
= jedes für den Besteller nachteilige Abweichen der Ist- von der Soll-Beschaffenheit; eine Erheblichkeit des Mangels ist nicht erforderlich

HIER (+) → zwei Schubladen lassen sich kaum öffnen

b. <u>also</u>: Mangel (+)

3. Entstehen des Mangels bis zur Abnahme, § 640 / Vollendung, § 646 ?

HIER (+) → Abnahme bzw. Vollendung sind noch gar nicht erfolgt

4. Kein Ausschluß des Anspruchs ? (+)

5. Durchführung des Anspruchs

→ der Besteller muß gegenüber dem Unternehmer lediglich seinen Anspruch erklären

6. <u>also</u>: Anspruch entstanden (+)

II. Anspruch untergegangen ? (–)

III. Anspruch durchsetzbar ? (+)

IV. Ergebnis:
S gegen T Anspruch auf Erstellung des Werks (in mangelfreiem Zustand) gemäß §§ 633 I, 631 (+)

- S gegen T Anspruch auf Mängelbeseitigung gemäß § 633 II ?

I. Anspruch entstanden ?

1. Wirksamer Werkvertrag, § 631 oder Werklieferungsvertrag über nicht vertretbare Sachen, § 651 ?

HIER (+) → Werkvertrag, s.o.

2. Mangel, § 633 I ? (+)*, s.o.*

3. ... bis zur Abnahme, § 640 / Vollendung, § 646 ? (+)*, s.o.*

4. Kein Ausschluß des Anspruchs ? **(+)**

5. Durchführung des Anspruchs

→ der Besteller muß gegenüber dem Unternehmer lediglich seinen Anspruch erklären

6. also: Anspruch entstanden **(+)**

II. Anspruch untergegangen ? **(–)**

III. Anspruch durchsetzbar ? **(+)***, s.o.*

IV. Ergebnis:
S gegen T Anspruch auf Mängelbeseitigung gemäß § 633 II (+)

Frage 2: Was kann S von T fordern, wenn er den Schrank schon abgenommen hat ?

- S gegen T Anspruch auf Erstellung des Werks gemäß §§ 633 I, 631 ?

(–) → ***der ursprüngliche Erfüllungsanspruch*** aus § 631, der durch den klarstellenden § 633 I nochmals gesetzlich bestätigt wird, steht dem Besteller (hier S) ***nur bis Abnahme des Werks*** zur Verfügung

- S gegen T Anspruch auf Mängelbeseitigung gemäß § 633 II ?

(+) → nach der Abnahme des Werks hat der Besteller (hier S) nur noch den Mängelbeseitigungsanspruch; s.o. Frage 1

Formulierungsvorschlag Fall 26

Frage 1: Was kann S von T fordern, wenn dieser ihm den Schrank noch nicht übergeben hat ?

- S gegen T Anspruch auf Erstellung des Werks gemäß §§ 633 I, 631

S könnte gegen T einen Anspruch auf Erstellung des Schranks in mangelfreiem Zustand gemäß §§ 633 I, 631 haben.

I. Dann müßte der Anspruch zunächst entstanden sein.

1. Dies setzt einen wirksamen Werkvertrag oder einen Werklieferungsvertrag über nicht vertretbare Sachen voraus. T und S haben einen Vertrag über die Erstellung eines Schranks aus vom Besteller geliefertem Stoff geschlossen. Demnach handelt es sich um einen Werkvertrag (§ 631).

2. Weiterhin müßte das Werk einen Mangel, § 633 I aufweisen. Ein Mangel liegt vor, wenn das Werk einen Fehler hat oder ihm eine zugesicherte Eigenschaft fehlt.

a. Fraglich ist, ob das Werk einen Fehler aufweist. Als Fehler wird jedes für den Besteller nachteilige Abweichen der Ist- von der Soll-Beschaffenheit gewertet. Eine Erheblichkeit des Fehlers ist nicht erforderlich.
Zwei Schubladen des Schranks lassen sich kaum öffnen. Dies stellt eine Abweichung von der Soll-Beschaffenheit (Öffnen ohne Kraftaufwand) dar. Das schwierige Öffnen der Schubladen ist somit ein Fehler im Sinne des § 633 I.

b. Demnach handelt es sich um einen Mangel i.S.d. § 633 I.

3. Der Mangel ist auch bis zur Abnahme (§ 640) entstanden. Diese ist noch gar nicht erfolgt.

4. Ein Ausschluß des Anspruchs ist nicht ersichtlich.

5. Zur Durchführung des Anspruchs ist lediglich erforderlich, daß der Besteller gegenüber dem Unternehmer des Werks den Anspruch erklärt. Dies hat S getan.

6. Demnach ist der Anspruch entstanden.

II. Der Anspruch des S ist nicht untergegangen.

III. Der Anspruch ist auch durchsetzbar.

IV. S hat gegen T einen Anspruch auf Erstellung des Werks (in mangelfreiem Zustand) gemäß §§ 633 I, 631.

- S gegen T Anspruch auf Mängelbeseitigung gemäß § 633 II

Außerdem könnte S gegen T einen Anspruch auf Mängelbeseitigung gemäß § 633 II haben.

I. Dann müßte der Anspruch zunächst entstanden sein.

1. S und T haben einen wirksamen Werkvertrag, § 631 geschlossen (s.o.).

2. Das Werk weist einen Mangel, § 633 I auf (s.o.).

3. Der Mangel ist auch bis zur Abnahme (§ 640) entstanden. Diese ist noch gar nicht erfolgt.

4. Ein Ausschluß des Anspruchs ist nicht ersichtlich.

5. Zur Durchführung des Anspruchs ist lediglich erforderlich, daß der Besteller gegenüber dem Unternehmer des Werks den Anspruch erklärt. Dies hat S getan.

6. Demnach ist der Anspruch entstanden.

II. Der Anspruch des S ist nicht untergegangen.

III. Der Anspruch ist auch durchsetzbar.

IV. S hat gegen T einen Anspruch auf Mängelbeseitigung gemäß § 633 II.

Frage 2: Was kann S von T fordern, wenn er den Schrank schon abgenommen hat ?

- S gegen T Anspruch auf Erstellung des Werks gemäß §§ 633 I, 631

Der ursprüngliche Erfüllungsanspruch aus § 631, der durch den klarstellenden § 633 I nochmals gesetzlich bestätigt wird, steht dem Besteller (hier S) nur bis zur Abnahme (§ 640) des Werks zur Verfügung.

- S gegen T Anspruch auf Mängelbeseitigung gemäß § 633 II

Nach der Abnahme des Werks hat der Besteller (hier S) nur noch den Mängelbeseitigungsanspruch. Diesen kann er, da dessen Voraussetzungen vorliegen (s.o.), gegenüber T geltend machen.

Fazit

1. Am Anfang eines Falles, der sich augenscheinlich mit der Herstellung irgendeiner Sache beschäftigt, müßt Ihr überlegen, ob überhaupt Werkvertragsrecht zur Anwendung kommt. Gewährleistungsansprüche wegen eines Mangels können nur über die §§ 633 ff geltend gemacht werden, wenn die Parteien einen Werkvertrag (§ 631) geschlossen haben oder wenn zwar ein Werklieferungsvertrag (§ 651) vorliegt, aber die Herstellung einer nicht vertretbaren Sache vereinbart wurde. Hier hat S einen Schrank aus von ihm beschafftem Stoff herstellen lassen. Es handelt sich demnach um einen ***Werkvertrag*** (vgl. Mängel im Werk- und Werklieferungsvertrag - Eine kleine Einführung).

2. Danach müßt Ihr in einer weiteren Vorüberlegung unterscheiden:

   Vor Abnahme (§ 640) ***bzw. Vollendung*** (§ 646) des Werks hat der Besteller sowohl den ursprünglichen Erfüllungsanspruch der §§ 633 I, 631 als auch den Mängelbeseitigungsanspruch des § 633 II. Das ist auf den ersten Blick ziemlich witzlos, da beide Ansprüche dieselben Voraussetzungen haben.
   Auf den zweiten Blick erscheint die "Zweigleisigkeit" aber durchaus sinnvoll. Beschäftigt Euch doch einmal mit der Verjährung beider Ansprüche. Der erste Anspruch, also der Erfüllungsanspruch, unterliegt der normalen Verjährung des § 195. Der Besteller hat demnach 30 Jahre Zeit, etwas gegen den Erstellenden zu unternehmen. Der Mängelbeseitigungsanspruch

unterliegt demgegenüber der besonderen Verjährung des § 638 (lesen!). Und?? Ein Blick ins Gesetz wirkt abermals Wunder. Tjaja. Nur kümmerliche sechs Monate ... !!

Nach* Abnahme** (§ 640) ***bzw. Vollendung (§ 646) des Werks hat der Besteller nur noch den Mängelbeseitigungsanspruch des § 633 II.

3. Und noch einmal: Beide Ansprüche - also §§ 633 I, 631 und § 633 II - sind bezüglich der Voraussetzungen vollkommen identisch.

4. Der ***Werkmangelbegriff*** ist dem Mangelbegriff beim Kauf einer Stückschuld vergleichbar. Wesentlicher Unterschied ist aber folgender: Ein Fehler des Werks muß nicht erheblich sein.

Fall 27

Der nunmehr bekannte Schrottsammler S findet bei einer Entrümpelung wiederum mehrere uralte massive Eichenplanken. Er wendet sich abermals an den Tischler T und wünscht sich jetzt den Bau einer Vitrine, in der er seine schönsten Wundertüten ausstellen will. T und S klären die Modalitäten. T, der weiß, daß ihm die Erstellung Schwierigkeiten bereiten wird, hat von seinem gewitzten Rechtsanwalt gehört, daß er die Haftung für Mängel privatvertraglich ausschließen könne. Also vereinbart er mit S in der rasch aufgesetzten und von beiden Parteien unterschriebenen Vertragsurkunde, eine Haftung für Mängel am geplanten Objekt sei ausgeschlossen. Es kommt, wie es kommen muß. Nach Erstellung der Vitrine und vor Abnahme durch S lassen sich die beiden Türen kaum öffnen. Dem empörten S erklärt T unter Verweis auf den Vertrag, er lehne jegliche Haftung ab. S scheut abermals einen Bodybuildingkurs und erklärt gegenüber T, dieser solle den Mißstand beheben.

Frage: Was kann S diesbezüglich von T fordern ?

Lösungsskizze Fall 27

Vorüberlegung:

S hat eine Vitrine aus von ihm beschafftem Stoff herstellen lassen. Es handelt sich demnach um einen ***Werkvertrag***, auf den Werkvertragsrecht Anwendung findet (vgl. Mängel im Werk- und Werklieferungsvertrag - Eine kleine Einführung).

- S gegen T Anspruch auf Erstellung des Werks gemäß §§ 633 I, 631 ?

I. Anspruch entstanden ?

1. Wirksamer Werkvertrag, § 631 oder Werklieferungsvertrag über nicht vertretbare Sachen, § 651 ?

HIER (+) → die Parteien haben die Erstellung einer Vitrine aus vom Besteller geliefertem Stoff, also einen Werkvertrag vereinbart

2. Mangel, § 633 I ?

= entweder Fehler oder Fehlen einer zugesicherten Eigenschaft

a. Fehler ?

= jedes für den Besteller nachteilige Abweichen der Ist- von der Soll-Beschaffenheit; eine Erheblichkeit des Mangels ist nicht erforderlich

HIER (+) → die Türen der Vitrine lassen sich kaum öffnen

***b. <u>also</u>: Mangel* (+)**

3. Entstehen des Mangels bis zur Abnahme, § 640 / Vollendung, § 646 ?

HIER (+) → bis zur Abnahme

4. Kein Ausschluß des Anspruchs ?

a. aufgrund der vertraglichen Ausschlußklausel ?
= gänzlicher Ausschluß jeglicher Gewährleistungsrechte

HIER (−) → zwar können in einem individuell ausgehandelten Werkvertrag - im Gegensatz zu "Allgemeinen Geschäftsbedingungen" - alle Gewährleistungsrechte ausgeschlossen werden; damit kann der Besteller auch keinen Mängelbeseitigungsanspruch geltend machen; der Ausschluß von Gewährleistungsrechten ist aber gemäß § *637* dann unwirksam, wenn der wenn der Unternehmer arglistig handelt;
obwohl T wußte, daß die Erstellung der Vitrine kaum gelingen konnte, hat er S nicht darüber informiert, sondern vielmehr einen vertraglichen Haftungsausschluß vereinbart; er hat arglistig gehandelt; somit ist der Ausschluß aufgrund der Vertragsklausel unwirksam

b. also: kein Ausschluß der Gewährleistung (+)

5. Durchführung des Anspruchs

→ der Besteller muß gegenüber dem Unternehmer lediglich seinen Anspruch erklären

6. also: Anspruch entstanden (+)

II. Anspruch untergegangen ? (−)

III. Anspruch durchsetzbar ? (+)

IV. Ergebnis:
S gegen T Anspruch auf Erstellung des Werks (in mangelfreiem Zustand) gemäß §§ 633 I, 631 (+)

- S gegen T Anspruch auf Mängelbeseitigung gemäß § 633 II ?

I. Anspruch entstanden ?

1. Wirksamer Werkvertrag, § 631 oder Werklieferungsvertrag über nicht vertretbare Sachen, § 651 ?

HIER (+) → Werkvertrag, s.o.

2. Mangel, § 633 I ? (+), s.o.

3. ... bis zur Abnahme, § 640 / Vollendung, § 646 ? (+), s.o.

4. Kein Ausschluß des Anspruchs ? (+), s.o.

5. Durchführung des Anspruchs

→ der Besteller muß gegenüber dem Unternehmer lediglich seinen Anspruch erklären

6. also: Anspruch entstanden (+)

II. Anspruch untergegangen ? (–)

III. Anspruch durchsetzbar ? (+)

IV. Ergebnis:
S gegen T Anspruch auf Mängelbeseitigung gemäß § 633 II (+)

Formulierungsvorschlag Fall 27

- S gegen T Anspruch auf Erstellung des Werks gemäß §§ 633 I, 631

S könnte gegen T einen Anspruch auf Erstellung des Schranks in mangelfreiem Zustand gemäß §§ 633 I, 631 haben.

I. Dann müßte der Anspruch zunächst entstanden sein.

1. Dies setzt einen wirksamen Werkvertrag oder einen Werklieferungsvertrag über nicht vertretbare Sachen voraus. T und S haben einen Vertrag über die Erstellung einer Vitrine aus vom Besteller geliefertem Stoff geschlossen. Demnach handelt es sich um einen Werkvertrag (§ 631).

2. Weiterhin müßte das Werk einen Mangel, § 633 I aufweisen. Ein Mangel liegt vor, wenn das Werk einen Fehler hat oder ihm eine zugesicherte Eigenschaft fehlt.

a. Fraglich ist, ob das Werk einen Fehler aufweist. Als Fehler wird jedes für den Besteller nachteilige Abweichen der Ist- von der Soll-Beschaffenheit gewertet. Eine Erheblichkeit des Fehlers ist nicht erforderlich.
Die Türen der Vitrine lassen sich kaum öffnen. Dies stellt eine Abweichung von der Soll-Beschaffenheit (Öffnen ohne Kraftaufwand) dar. Das schwierige Öffnen der Türen ist somit ein Fehler im Sinne des § 633 I.

b. Demnach handelt es sich um einen Mangel i.S.d. § 633 I.

3. Der Mangel ist auch bis zur Abnahme (§ 640) entstanden. Diese ist noch gar nicht erfolgt.

4. Fraglich ist, ob ein Ausschluß der Anspruchs in Betracht kommt.

a. Der Anspruch könnte aufgrund der vertraglichen Ausschlußklausel entfallen.

Die Parteien haben sämtliche Gewährleistungsrechte, also auch den Mängelbeseitigungsanspruch vertraglich ausgeschlossen.

In einem individuell ausgehandelten Werkvertrag können - im Gegensatz zu "Allgemeinen Geschäftsbedingungen" - alle Gewährleistungsrechte grundsätzlich ausgeschlossen werden. Damit kann der Besteller auch keinen Mängelbeseitigungsanspruch geltend machen.

Der Ausschluß von Gewährleistungsrechten ist aber gemäß § 637 dann unwirksam, wenn der Unternehmer arglistig handelt.
Obwohl T wußte, daß die Erstellung der Vitrine kaum gelingen konnte, hat er S nicht darüber informiert, sondern vielmehr einen vertraglichen Haftungsausschluß vereinbart. Er hat somit arglistig gehandelt.

Der Anspruch des S entfällt somit nicht aufgrund der vertraglichen Ausschlußklausel.

b. Die üblichen gesetzlichen Gewährleistungsrechte sind somit nicht ausgeschlossen.

5. Zur Durchführung des Anspruchs ist lediglich erforderlich, daß der Besteller gegenüber dem Unternehmer des Werks den Anspruch erklärt. Dies hat S getan.

6. Demnach ist der Anspruch entstanden.

II. Der Anspruch des S ist nicht untergegangen.

III. Der Anspruch ist auch durchsetzbar.

IV. S hat gegen T einen Anspruch auf Erstellung des Werks in mangelfreiem Zustand gemäß §§ 633 I, 631.

- S gegen T Anspruch auf Mängelbeseitigung gemäß § 633 II

Außerdem könnte S gegen T einen Anspruch auf Mängelbeseitigung gemäß § 633 II haben.

I. Dann müßte der Anspruch zunächst entstanden sein.

1. S und T haben einen wirksamen Werkvertrag, § 631 geschlossen (s.o.).

2. Das Werk weist einen Mangel, § 633 I auf (s.o.).

3. Der Mangel ist auch bis zur Abnahme (§ 640) entstanden. Diese ist noch gar nicht erfolgt.

4. Ein vertraglicher Ausschluß des Anspruchs ist ob der Arglist des T nicht ersichtlich.

5. Zur Durchführung des Anspruchs ist lediglich erforderlich, daß der Besteller gegenüber dem Unternehmer des Werks den Anspruch erklärt. Dies hat S getan.

6. Demnach ist der Anspruch entstanden.

II. Der Anspruch des S ist nicht untergegangen.

III. Der Anspruch ist auch durchsetzbar.

IV. S hat gegen T einen Anspruch auf Mängelbeseitigung gemäß § 633 II.

Fazit

1. Eine mittlerweile altbekannte Klamotte: der ***Ausschluß eines Anspruchs*** oder Rechts ***wegen einer privatvertraglichen Ausschlußklausel***. Ihr kennt das bereits aus der Mängelhaftung im Kaufrecht.
   Und abermals stellt sich heraus, daß die gesamte Mängelhaftung - bis auf die ernstzunehmenden Ausnahmen - ein riesiger Baukasten ist. Das System dürfte mittlerweile klar sein, oder? Ihr dürft nach Herzenslust spielen!!!

2. Sowohl der Herstellungsanspruch aus §§ 633 I, 631 als auch der Mängelbeseitigungsanspruch aus § 633 II sind ***denselben Ausschlußgründen*** unterworfen.

Fall 28

Der leidgeprüfte Schrottsammler S hat sich aus drei bei einer Entrümpelung gefundenen alten eisernen und verzierten Zaunpfählen vom Schlosser V eine Stehlampe schweißen lassen. Nachdem er die Lampe am 11.03. bezahlt und abgeholt hat, bemerkt er beim Aufstellen in seiner Wohnküche, daß die Schweißstellen nur einer geringen mechanischen Belastung standhalten werden. Beim nächsten Versetzen der Lampe ist ein Totalschaden vorprogrammiert. Daraufhin setzt S am 13.03. einen Brief an V auf, in dem er ihn auffordert, den Mißstand bis 31.03. zu beheben. Bis zum Monatsende reagiert V, der keinerlei Lust auf eine "Nachbesserung" hat, nicht. Nun beauftragt S den Schlosser X mit dem nochmaligen Schweißen seiner geliebten Lampe. X fordert von S 100,-- DM für seine Bemühungen, die dieser bezahlt.

Frage: Kann S von V Zahlung der 100,-- DM fordern ?

Lösungsskizze Fall 28

Vorüberlegung:

S hat eine Stehlampe aus von ihm beschafftem Stoff herstellen lassen. Es handelt sich demnach um einen ***Werkvertrag***, auf den Werkvertragsrecht Anwendung findet (vgl. Mängel im Werk- und Werklieferungsvertrag - Eine kleine Einführung).

- S gegen V Aufwendungsersatzanspruch gemäß § 633 III ?

I. Anspruch entstanden ?

1. Wirksamer Werkvertrag, § 631 oder Werklieferungsvertrag über nicht vertretbare Sachen, § 651 ?

HIER (+) → die Parteien haben die Erstellung einer Lampe aus vom Besteller geliefertem Stoff, also einen Werkvertrag vereinbart

2. Mangel, § 633 I ?

= entweder Fehler oder Fehlen einer zugesicherten Eigenschaft

a. Fehler ?

= jedes für den Besteller nachteilige Abweichen der Ist- von der Soll-Beschaffenheit; eine Erheblichkeit des Mangels ist nicht erforderlich

HIER (+) → die Schweißnähte sind unsachgemäß

b. also: Mangel (+)

3. Entstehen des Mangels bis zur Abnahme, § 640 / Vollendung, § 646 ?

HIER (+) → bis zur Abnahme

4. Verzug des Unternehmers mit der Mängelbeseitigung ?

= wenn die Verzugsvoraussetzungen (§§ 284, 285) vorliegen

a. Anspruch auf Mängelbeseitigung ?

HIER (+) → S hat gegen V den Anspruch aus § 633 II; beide haben einen Werkvertrag geschlossen; das Werk hat einen Mangel, der bis zur Abnahme entstanden ist (s.o.); im übrigen ist ein Ausschluß des Anspruchs nicht ersichtlich

b. Mahnung (§ 284) oder Mahnungssurrogat ?

aa. Mahnung ?

= dringende und bestimmte Aufforderung zur Leistung (Mängelbeseitigung)

HIER (+) → S hat V einen bestimmten Termin gesetzt

***bb. <u>also</u>: Mahnung* (+)**

c. Nicht rechtzeitige Mängelbeseitigung ?

HIER (+) → V hat bis zum gesetzten Termin keine Mängelbeseitigung vorgenommen

d. Vertretenmüssen des Unternehmers ?
= nach §§ 276 ff

HIER (+) → der Schuldner haftet gemäß § 276 für eigenen Vorsatz und jede Fahrlässigkeit; V hat selbst vorsätzlich den Termin versäumt

***e. <u>also</u>: Verzug des V mit der Mängelbeseitigung* (+)**

5. Aufwendungen des Anspruchstellers zur Mängelbeseitigung ?

HIER (+) → 100,-- DM an X

***6. Kein Ausschluß des Anspruchs ?* (+)**

7. Durchführung des Anspruchs

→ der Besteller muß gegenüber dem Unternehmer lediglich seinen Anspruch erklären

***8. <u>also</u>: Anspruch entstanden* (+)**

***II. Anspruch untergegangen ?* (–)**

***III. Anspruch durchsetzbar ?* (+)**

IV. Ergebnis:
S gegen V Aufwendungsersatzanspruch gemäß § 633 III in Höhe von 100,-- DM (+)

Formulierungsvorschlag Fall 28

- S gegen V Aufwendungsersatzanspruch gemäß § 633 III

S könnte gegen V einen Anspruch auf Aufwendungsersatz gemäß § 633 III haben.

I. Dann müßte der Anspruch zunächst <u>entstanden</u> sein.

1. Dies setzt einen wirksamen Werkvertrag oder einen Werklieferungsvertrag über nicht vertretbare Sachen voraus. V und S haben einen Vertrag über die Erstellung einer Lampe aus vom Besteller geliefertem Stoff geschlossen. Demnach handelt es sich um einen Werkvertrag (§ 631).

2. Weiterhin müßte das Werk einen Mangel, § 633 I aufweisen. Ein Mangel liegt vor, wenn das Werk einen Fehler hat oder ihm eine zugesicherte Eigenschaft fehlt.

a. Fraglich ist, ob das Werk einen Fehler aufweist. Als Fehler wird jedes für den Besteller nachteilige Abweichen der Ist- von der Soll-Beschaffenheit gewertet. Eine Erheblichkeit des Fehlers ist nicht erforderlich.
Die Schweißnähte sind nicht ordnungsgemäß. Dies stellt eine Abweichung von der Soll-Beschaffenheit (ordnungsgemäße Schweißnähte) dar. Die bewerkstelligte Schweißung ist somit ein Fehler im Sinne des § 633 I.

b. Demnach handelt es sich um einen Mangel i.S.d. § 633 I.

3. Der Mangel ist auch bis zur Abnahme (§ 640) entstanden.

4. Außerdem müßte sich der Unternehmer mit der Mängelbeseitigung in Verzug befinden. Dies wäre zu bejahen, wenn die Voraussetzungen der §§ 284, 285 vorliegen.

a. Zunächst müßte S gegen V ein Mängelbeseitigungsanspruch zustehen. S hat gegen V den Anspruch aus § 633 II. Die Parteien haben einen Werkvertrag geschlossen. Das Werk hat einen Mangel, der bis zur Abnahme entstanden ist (s.o.). Im übrigen ist ein Ausschluß des Anspruchs nicht ersichtlich.

b. Weitere Voraussetzung wäre eine gegenüber dem Anspruchsgegner ausgesprochene Mahnung. Eine Mahnung erfordert die dringende und bestimmte Aufforderung zur Leistung (Mängelbeseitigung). S hat V unter Setzung eines Termins aufgefordert, den Mangel zu beseitigen, also gemahnt.

c. V hat bis zum gesetzten Termin keine Mängelbeseitigung vorgenommen.

d. Der Unternehmer müßte die Verzögerung zu vertreten haben (§ 285). Das Vertretenmüssen bemißt sich grundsätzlich nach den §§ 276 ff.
Der Schuldner haftet gemäß § 276 für eigenen Vorsatz und jede Fahrlässigkeit. V hat selbst vorsätzlich den Termin versäumt. Er hat somit die Verzögerung verschuldet.

e. Also befindet sich V mit der Mängelbeseitigung in Verzug.

5. Fraglich ist, ob der Anspruchsteller Aufwendungen zur Mängelbeseitigung hatte.

S hat zur ordnungsgemäßen Schweißung der Lampe 100,-- DM an den Schlosser X gezahlt.

6. Ein Ausschluß des Anspruchs ist nicht ersichtlich.

7. Zur Durchführung des Anspruchs ist lediglich erforderlich, daß der Besteller gegenüber dem Unternehmer des Werks den Anspruch erklärt. Dies hat S getan.

8. Demnach ist der Anspruch entstanden.

II. Der Anspruch des S ist nicht untergegangen.

III. Er ist auch durchsetzbar.

IV. S hat gegen V einen Anspruch auf Aufwendungsersatz in der genannten Höhe gemäß § 633 III.

Fazit

1. Der gerade präsentierte Anspruch gemäß ***§ 633 III*** taucht eher selten auf. Der Besteller wählt üblicherweise den im Ergebnis bequemeren Weg der Wandelung gemäß § 634. Auch dort muß er eine Frist zur Mängelbeseitigung setzen, kann aber nach fruchtlosem Verstreichen der Frist u.U. vom Vertrag zurücktreten. Dann hat er ein für allemal den ganzen Ärger vom Hals. Trotzdem wollte ich Euch den Aufwendungsersatzanspruch näherbringen. Er hat eine ***Besonderheit***. Innerhalb des Anspruchs muß geprüft werden, ob sich der Unternehmer mit der Mängelbeseitigung im ***Verzug*** befindet. Ihr wühlt also abermals im großen BGB-Baukasten und bedient Euch Eurer - hoffentlich vorhandenen - Kenntnisse aus dem allgemeinen Teil des Schuldrechts.
2. ***Details zum Verzug*** findet Ihr in meinem Buch "Die Fälle - Schuldrecht AT".

Fall 29

Der biedere Beamte B hat sich seinen Lebenstraum erfüllt und am Stadtrand ein kleines Grundstück erworben. Auf diesem läßt er ein Einfamilienhaus errichten. Fensterbauer F fertigt hierfür Kellerfenster und baut sie ein. Acht Monate nach Fertigstellung dringt bei einem starken Regenguß Wasser durch die Dichtungen der Kellerfenster und läßt B seine geliebte Spielzeugeisenbahn nur noch mit hohen Gummistiefeln erreichen. In der Folgezeit erleidet der Keller immer neue Wassereinbrüche. Endlich eilt B zu F und fordert ihn auf, innerhalb eines Monats für funktionierende Fenster zu sorgen. Ansonsten werde er die für die Fenster gezahlte Vergütung zurückverlangen. F läßt den gesetzten Termin verstreichen. Zwischenzeitlich verweist er auf einen Passus des zwischen ihm und B geschlossenen Formularvertrages, der folgenden Wortlaut hat: "Eine Haftung für Mängel ist ausgeschlossen." F ist deshalb der Ansicht, B könne keinen Anspruch geltend machen.

Frage: Hat B einen Anspruch auf Rückzahlung der Vergütung ?

Lösungsskizze Fall 29

Vorüberlegung 1:

B hat Kellerfenster anfertigen lassen. Nun könnte man meinen, dabei handele es sich um einen Werklieferungsvertrag gemäß § 651 (u.U. sogar bezüglich vertretbarer Sachen, für den dann Kaufrecht gelten würde), weil F die Fenster aus von ihm beschafftem Stoffen hergestellt hat. Das ist leider falsch. Bauverträge unterliegen einer anderen - gesetzlichen - Logik. Sie werden als Werkverträge klassifiziert. Man geht davon aus, daß der Besteller die Hauptsache zur Verfügung stellt, nämlich das jeweilige Grundstück. An dem Grundstück werkeln die Handwerker mit von ihnen zur Verfügung gestellten Zutaten. Wenn Handwerker aber nur Zutaten liefern, liegt gemäß § 651 II ein ***Werkvertrag*** vor, auf den Werkvertragsrecht Anwendung findet (vgl. Mängel im Werk- und Werklieferungsvertrag - Eine kleine Einführung).

Vorüberlegung 2:

B kann Rückzahlung der Vergütung verlangen, wenn er sich durch Rücktritt vom Vertrag lösen kann. In Betracht kommt ein gesetzlicher Rücktritt aufgrund Wandelung des Werkvertrages.

Zu prüfen ist deshalb ein Wandelungsanspruch des B. Die Wandelung ist in § 634 geregelt. Ein Wandelungsanspruch kann - bei Vorliegen der weiteren Voraussetzungen der Norm - wegen eines Fehlers oder wegen des Fehlens einer zugesicherten Eigenschaft geltend gemacht werden.

Wie bei der Mängelhaftung im Kaufvertragsrecht ist jedoch ein Einverständnis des Unternehmers mit dem Wandelungsbegehren des Bestellers erforderlich. Das ergibt sich aus dem in § 634 IV enthaltenen Verweis auf einschlägige Kaufvertragsnormen (lesen!!), hier insbesondere § 465.

- B gegen F Wandelungsanspruch gemäß § 634 i.V.m. §§ 465, 467, 346 ff analog ?

I. Anspruch entstanden ?

1. Wirksamer Werkvertrag, § 631 oder Werklieferungsvertrag über nicht vertretbare Sachen, § 651 ?

HIER (+) → die Parteien haben die Fertigung und den Einbau von Kellerfenstern vereinbart; der Unternehmer liefert nur Zutaten zu der vom Besteller zur Verfügung gestellten Hauptsache, dem Grundstück (§ 651 II); somit liegt ein Werkvertrag, § 631 vor

2. Mangel, § 633 I ?
= entweder Fehler oder Fehlen einer zugesicherten Eigenschaft

a. Fehler ?
= jedes für den Besteller nachteilige Abweichen der Ist- von der Soll-Beschaffenheit; eine Erheblichkeit des Mangels ist nicht erforderlich

HIER (+) → die Fenster sind undicht

b. <u>also</u>: Mangel (+)

3. Entstehen des Mangels bis zur Abnahme, § 640 / Vollendung, § 646 ?

HIER (+) → bis zur Abnahme

4. Fristsetzung mit Ablehnungsandrohung, § 634 I ?

HIER (+) → B hat als einmonatige Frist gesetzt und betont, er werde danach die gezahlte Vergütung zurückverlangen

5. Ablauf der Frist ohne Mängelbeseitigung ?

HIER (+) → F hat bis zum Fristende nichts unternommen

6. Kein Ausschluß der Gewährleistung ?

a. wegen des Vertragspassus ?
= Ausschluß sämtlicher Gewährleistungsrechte, also auch Ausschluß der Wandelung

HIER an sich (+), aber:

aa. Wirksamkeit der Klausel ?
= bei Übereinstimmung mit dem AGBG

(1) Allgemeine Geschäftsbedingung i.S.d. § 1 AGBG ?

HIER (+) → es handelt sich um einen Formularvertrag; der Passus ist somit für eine Vielzahl von Verträgen vorformuliert

(2) Wirksame Einbeziehung der Klausel in den Vertrag, § 2 AGBG ?

HIER (+) → die Vereinbarung findet sich im Vertrag selbst

(3) Unwirksamkeit der Klausel nach AGBG-Bestimmungen ?

(Prüfungsreihenfolge immer: § 11 - § 10 - § 9 AGBG)

HIER (+) → § 11 Ziffer 10.a); in allgemeinen Geschäftsbedingungen ist eine Klausel unwirksam, die Gewährleistungsansprüche insgesamt ausschließt

(4) <u>also</u>: Wirksamkeit der Klausel **(–)**

bb. <u>also</u>: Ausschluß wegen des Vertragspassus **(–)**

b. <u>also</u>: kein Ausschluß der Gewährleistung **(+)**

7. Durchführung der Wandelung

→ gemäß § 634 IV i.V.m. § 465 analog muß der Besteller gegenüber dem Unternehmer die Wandelung erklären und dieser damit einverstanden sein;

→ sollte der Unternehmer die erforderliche Einverständnis-Willenserklärung verweigern, kann der Besteller direkt auf Rückzahlung der Vergütung klagen; das zusprechende Urteil beinhaltet einen richterlichen Gestaltungsakt; hieraus resultiert die Umwandlung in ein Rückgewährschuldverhältnis (modifizierte Vertragstheorie)

8. Rechtsfolgen / Umfang der Wandelung

→ § 634 IV i.V.m. §§ 467, 346 S. 1, 347 S. 3, 246 = Rückgewähr der empfangenen Leistungen

→ § 348 = Zug um Zug

9. <u>also</u>: Anspruch entstanden **(+)**

II. Anspruch untergegangen ? **(–)**

III. Anspruch durchsetzbar ?

1. Verjährung des Anspruchs ?
= beim Wandelungsanspruch: § 638 I

HIER (–) → bei Arbeiten an Bauwerken beträgt die Verjährungsfrist fünf Jahre ab Abnahme des Werks; diese sind noch nicht verstrichen

2. <u>also</u>: Anspruch durchsetzbar **(+)**

IV. Ergebnis:

B gegen F Wandelungsanspruch und damit Anspruch auf Rückzahlung des der Vergütung gemäß § 634 i.V.m. §§ 465, 467, 346 ff analog (+)

Formulierungsvorschlag Fall 29

B hat einen Anspruch auf Rückzahlung der Vergütung, wenn er einen Wandelungsanspruch hat.

- B gegen F Wandelungsanspruch gemäß § 634 i.V.m. §§ 465, 467, 346 ff analog

B könnte gegen F einen Wandelungsanspruch gemäß § 634 i.V.m. §§ 465, 467, 346 ff analog haben.

I. Dann müßte der Anspruch zunächst entstanden sein.

1. Dies setzt einen wirksamen Werkvertrag oder einen Werklieferungsvertrag über nicht vertretbare Sachen voraus. F und B haben einen Vertrag über die Anfertigung und den Einbau von Kellerfenstern geschlossen. Der Unternehmer hat nur Zutaten zu der vom Besteller zur Verfügung gestellten Hauptsache - dem Grundstück - geleistet. Demnach handelt es sich um einen Werkvertrag (§ 651 II, § 631).

2. Weiterhin müßte das Werk einen Mangel, § 633 I aufweisen. Ein Mangel liegt vor, wenn das Werk einen Fehler hat oder ihm eine zugesicherte Eigenschaft fehlt.

a. Fraglich ist, ob das Werk einen Fehler aufweist. Als Fehler wird jedes für den Besteller nachteilige Abweichen der Ist- von der Soll-Beschaffenheit gewertet. Eine Erheblichkeit des Fehlers ist nicht erforderlich.
Die Kellerfenster sind derart gebaut, daß Regenwasser in den Keller eindringt. Dies stellt eine Abweichung von der Soll-Beschaffenheit (Dichtigkeit) dar. Also ist das Werk fehlerhaft.

b. Demnach handelt es sich um einen Mangel i.S.d. § 633 I.

3. Der Mangel ist auch bis zur Abnahme (§ 640) entstanden.

4. Schließlich müßte der Anspruchsteller dem Anspruchsgegner eine angemessene Frist zur Mängelbeseitigung gesetzt und zugleich erklärt haben, daß er nach deren Ablauf die Beseitigung ablehne, § 634 I.
B hat eine einmonatige Frist gesetzt und betont, er werde danach die schon gezahlte Vergütung zurückfordern. Er hat also auch die Ablehnung der Beseitigung angedroht.

5. Weiterhin müßte die gesetzte Frist abgelaufen sein, ohne daß der Unternehmer die Mängelbeseitigung vorgenommen hat. F hat innerhalb der Frist nichts unternommen.

6. Fraglich ist, ob ein Ausschluß der Gewährleistung in Betracht kommt.

a. F könnte durch den Passus im Vertrag die Gewährleistungsrechte des B gänzlich ausgeschlossen haben. B hätte demnach auch kein Wandelungsrecht.

Hierzu müßte die Klausel jedoch wirksam sein. Die Wirksamkeit bestimmt sich nach den Vorschriften des AGBG, wenn die Vertragsklausel des F eine allgemeine Geschäftsbedingungen i.S. dieses Gesetzes ist.

Dann müßten sie den Voraussetzungen des § 1 AGBG genügen. Das wird bejaht, wenn die Bedingung für eine Vielzahl von Verträgen vorformuliert ist.
F hat einen Formularvertrag verwendet. Die Klausel ist somit für eine Vielzahl von Verträgen vorformuliert, also eine allgemeine Geschäftsbedingung.

Fraglich ist, ob die Bedingungen wirksam in den Vertrag einbezogen worden sind, § 2 AGBG.
Die Vereinbarung findet sich im Vertrag selbst und genügt somit den Voraussetzungen des § 2 AGBG.

Möglicherweise ist die Klausel jedoch gemäß § 11 Ziffer 10.a) ABGB unwirksam. Nach der genannten Norm ist in allgemeinen Geschäftsbedingungen eine Klausel unwirksam, die Gewährleistungsansprüche insgesamt ausschließt.
F hat jegliche Haftung für Mängel ausgeschlossen. Der Vertragspassus ist demnach gemäß § 11 Ziffer 10.a) ABGB unwirksam.

Der Vertragspassus des F ist also nicht wirksam.

Ein Ausschluß der Gewährleistungsrechte des B kommt somit nicht in Betracht.

b. Die üblichen gesetzlichen Gewährleistungsrechte sind somit nicht ausgeschlossen.

7. Gemäß § 634 IV i.V.m. § 465 analog muß der Besteller gegenüber dem Unternehmer die Wandelung erklären und dieser damit einverstanden sein. Sollte der Unternehmer die erforderliche Einverständnis-Willenserklärung verweigern, kann der Besteller direkt auf Rückzahlung der Vergütung klagen. Das zusprechende Urteil beinhaltet einen richterlichen Gestaltungsakt. Hieraus resultiert die Umwandlung in ein Rückgewährschuldverhältnis (modifizierte Vertragstheorie).

8. Die Rechtsfolgen der Wandelung bestimmen sich nach § 634 IV i.V.m. §§ 467, 346 S. 1, 347 S. 3, 246. Demnach haben sich die Parteien die empfangenen Leistungen zurückzugewähren und zwar Zug um Zug, § 348.

9. Also ist der Anspruch entstanden.

II. Der Anspruch des B ist nicht untergegangen.

III. Fraglich ist, ob der Anspruch durchsetzbar ist.

1. In Betracht kommt eine Verjährung des Anspruchs gemäß § 638 I. Der Anspruch verjährt nach der genannten Norm bei beweglichen Sachen sechs Monate nach Abnahme des Werks. Diese Frist hat B nicht wahrgenommen. Zu beachten ist jedoch, daß es sich bei der Fertigung und dem Einbau der Fenster um eine Arbeit an einem Bauwerk handelt. Hier beträgt die Verjährungsfrist fünf Jahre ab Abnahme des Werks. Innerhalb dieser Frist hat sich B bei F gemeldet. Eine Verjährung scheidet demnach aus.

2. Somit ist der Anspruch auch durchsetzbar.

IV. B hat gegen F einen Wandelungsanspruch und damit einen Anspruch auf Rückzahlung der Vergütung gemäß § 634 i.V.m. §§ 465, 467, 346 ff. analog.

Fazit

1. Wenn Ihr die Mängelhaftung im Kaufrecht verstanden habt, dürfte der Fall systematisch keine Schwierigkeiten bereitet haben. Da die Mängelhaftung im Werkvertragsrecht auf der Kaufmängelhaftung basiert, müßt Ihr regelmäßig auf dieselben kleinen Gemeinheiten achten.
   Hier war es ein möglicher ***Ausschluß der Gewährleistung durch "Allgemeine Geschäftsbedingungen"*** des Unternehmers.

   Natürlich kann die Haftung - wie im Kaufvertragsrecht - auch durch eine privatvertragliche Vereinbarung ausgeschlossen sein. Lest dazu § 637. Ebenfalls ausgeschlossen ist die Gewährleistung, wenn der Besteller den Mangel kennt, § 640 II. Diese Norm ist der vergleichbaren Kaufmängelvorschrift des § 460 nachgebildet, unterscheidet sich aber von dieser in einem wichtigen Punkt. Na, welcher ist das wohl? Lest noch einmal nach.

2. Ich darf nochmals auf die Aufbauschemata am Ende des Buchs hinweisen. Dort findet Ihr all das und noch viel mehr.

3. Die Besonderheiten unseres Falles waren werkvertragsspezifisch. Der Wandelungsanspruch ergibt sich aus **§ *634 i.V.m.* §§ *465, 467, 346 ff. analog***. Die entsprechende Anwendung der Kaufvertragsnormen ergibt sich direkt aus § 634 IV.

4. Ein ***Bauvertrag*** ist (fast immer) ein ***Werkvertrag***, weil der Besteller die Hauptsache zur Verfügung stellt, an der gewerkt werden soll. Es ist sein Grundstück. Der Unternehmer baut lediglich Zutaten ein (vgl. § 651 II).

5. Und es gibt eine weitere werkvertragsspezifische Besonderheit, die schon der Wortlaut des § 634 I auch dem müdesten Leser ins Auge katapultiert: Der Besteller muß dem Unternehmer eine (angemessene) ***Frist zur Mängelbeseitigung setzen***. Zudem muß er ***androhen***, er werde die ***Beseitigung nach Ablauf der Frist ablehnen***. Es reicht nicht, daß der Besteller sich darauf beschränkt, für den Fall des Fristablaufs Aufwendungsersatz für die eigene Mängelbeseitigung zu verlangen (§ 633 III). Er muß ganz hart sein. Allerdings kann die ***Fristsetzung entbehrlich*** sein. Dazu sagt **§ *634 II*** so einiges.

6. Im Gesetz steht es nicht, aber es ist überaus logisch: Selbstverständlich muß die gesetzte Mängelbeseitigungsfrist erfolglos verstrichen sein.

7. **§ *634 IV verweist auf*** die schon bekannte Kaufvertragsregelung des **§ *465***, der demzufolge ***analog*** anwendbar ist. Danach muß der Besteller gegenüber dem Unternehmer die Wandelung erklären und dieser damit einverstanden sein. Sollte der Unternehmer die erforderliche Einverständnis-Willenserklärung verweigern, kann der Besteller klagen (s.o. Lösungsskizze).

8. Die ***Verjährung*** des Anspruchs richtet sich nach **§ *638 I*** und beinhaltet gegenüber dem im Kaufrecht vergleichbaren § 477 eine Erweiterung. Es gibt eine eigene längere Verjährungsfrist bei Werkmängeln an Bauwerken. Sie beträgt fünf lange Jahre.

Fall 30

Der alternde Student K promotet in seiner Freizeit die von ihm in einem finsteren Kellerloch entdeckte Band "Rattenfutter". Weil der Vorverkauf für ein bald stattfindendes Konzert nur mäßigen Erfolg zeigt, begibt er sich am 01.10. zum Drucker D und vereinbart mit diesem den Druck von 1000 Handzetteln, die Angaben bezüglich des aktuellen Auftrittsdatums, des Auftrittsorts und weitere Informationen enthalten sollen. Aufgrund eines Versehens druckt D auf die Zettel anstatt des tatsächlichen Datums (05.11.) den 15.11. auf. Am 15.10. erscheint K bei D, zahlt die Rechnung und nimmt die Handzettel entgegen. Als K wenig später das Mißgeschick des D erkennt, ereilt ihn fast der Herzkasper. Bevor er D auf dessen Fehldruck aufmerksam machen kann, werden die Handzettel aufgrund eines durch Blitzschlag ausgelösten Feuers in der Mansardenwohnung des K vernichtet.

Frage: Hat K einen Anspruch auf Rückzahlung der Vergütung ?

Lösungsskizze Fall 30

Vorüberlegung 1:

K hat Handzettel drucken lassen. Hierzu hat er nicht die benötigten Stoffe geliefert. Es kann sich demnach nur um einen Werklieferungsvertrag (§ 651) handeln. Fraglich ist also, ob Kauf- oder Werkvertragsrecht Anwendung findet. Das hängt davon ab, ob die Parteien einen Werklieferungsvertrag über vertretbare oder über nicht vertretbare Sachen geschlossen haben.
Bei vertretbaren Sachen handelt es sich um Sachen, die mehrmals vorhanden sind, insbesondere um Massenartikel des täglichen Lebens. Es handelt sich um Sachen, die immer wieder hergestellt werden und nicht individuell auf den Besteller zugeschnitten sind. Im Vordergrund steht die Übereignung der Sachen.
Nicht vertretbare Sachen sind demgegenüber einmalig oder nicht austauschbar und den Bestellerwünschen angepaßt, also im Prinzip Individualanfertigungen. Im Vordergrund steht die Herstellung des Werks.

Beim Druck der Handzettel handelt es sich nicht um ein Massenprodukt, das jederzeit austauschbar ist, sondern um eine Individualanfertigung. Auf diesen Werklieferungsvertrag bezüglich nicht vertretbarer Sachen finden gemäß § 651 I 2, 2. Halbsatz die Vorschriften über den Werkvertrag Anwendung.

Vergleicht dazu abermals die Ausführungen im einleitenden Kapitel "Mängel im Werk- und Werklieferungsvertrag - Eine kleine Einführung".

Vorüberlegung 2:

K kann Rückzahlung der Vergütung verlangen, wenn er sich durch Rücktritt vom Vertrag lösen kann. In Betracht kommt ein gesetzlicher Rücktritt aufgrund Wandelung des Werklieferungsvertrages (über Werkvertragsregeln).

Zu prüfen ist deshalb ein Wandelungsanspruch des K. Die Wandelung ist im Werkvertragsrecht in § 634 geregelt. Dieser Anspruch kann - bei Vorliegen der weiteren Voraussetzungen der Norm - wegen eines Fehlers oder wegen des Fehlens einer zugesicherten Eigenschaft geltend gemacht werden.

- K gegen D Wandelungsanspruch gemäß § 634 i.V.m. §§ 465, 467, 346 ff analog ?

I. Anspruch entstanden ?

1. Wirksamer Werkvertrag, § 631 oder Werklieferungsvertrag über nicht vertretbare Sachen, § 651 ?

HIER (+) → die Handzettel sind aus Stoffen des Unternehmers hergestellt worden; also wurde ein Werklieferungsvertrag (§ 651) geschlossen; beim Druck der Handzettel handelt es sich nicht um ein Massenprodukt, das jederzeit austauschbar ist, sondern um eine Individualanfertigung; der Werklieferungsvertrag beinhaltet somit die Herstellung nicht vertretbarer Sachen; auf ihn finden gemäß § 651 I 2, 2. Halbsatz die Vorschriften über den Werkvertrag Anwendung

2. Mangel, § 633 I ?

= entweder Fehler oder Fehlen einer zugesicherten Eigenschaft

a. Fehler ?

= jedes für den Besteller nachteilige Abweichen der Ist- von der Soll-Beschaffenheit; eine Erheblichkeit des Mangels ist nicht erforderlich

HIER (+) → das aufzudruckende Datum ist falsch

b. also: Mangel (+)

3. Entstehen des Mangels bis zur Abnahme, § 640 / Vollendung, § 646 ?

HIER (+) → bis zur Abnahme

4. Fristsetzung mit Ablehnungsandrohung, § 634 I ?

HIER (−), aber ***entbehrlich*** → K hat zwar zur Beseitigung weder eine Frist gesetzt noch eine Ablehnungsandrohung ausgesprochen; die Fristsetzung (und damit auch die Ablehnungsandrohung) ist aber entbehrlich, wenn die Beseitigung des Mangels nicht möglich ist, § 634 II; der Mangel läßt sich nicht beseitigen, weil sich die Bedruckung nicht rückgängig machen läßt

5. Ablauf der Frist ohne Mängelbeseitigung ?

!! diese Voraussetzung entfällt, da schon eine Fristsetzung entbehrlich ist !!

6. Kein Ausschluß der Gewährleistung ? (+)

7. Durchführung der Wandelung

→ gemäß § 634 IV i.V.m. § 465 analog muß der Besteller gegenüber dem Unternehmer die Wandelung erklären und dieser damit einverstanden sein;
→ sollte der Unternehmer die erforderliche Einverständnis-Willenserklärung verweigern, kann der Besteller direkt auf Rückzahlung der Vergütung klagen; das zusprechende Urteil beinhaltet einen richterlichen Gestaltungsakt; hieraus resultiert die Umwandlung in ein Rückgewährschuldverhältnis (modifizierte Vertragstheorie)

8. Rechtsfolgen / Umfang der Wandelung

→ § 634 IV i.V.m. §§ 467, 346 S. 1, 347 S. 3, 246 = Rückgewähr der empfangenen Leistungen
→ § 348 = Zug um Zug

9. also: Anspruch entstanden **(+)**

II. Anspruch untergegangen ?

1. gemäß § 634 IV i.V.m. §§ 467 S. 1, 351 S. 1 analog ?
= bei **Verschulden** des Untergangs .... durch den **Besteller** vor Kenntnis des Wandelungsgrundes

!! ***Problem:*** **Verschulden**

→ zwar kann K die Handzettel nicht mehr herausgeben, da sie verbrannt sind; insofern sind sie untergegangen; ein Verschulden des K ist aber nicht ersichtlich; gemäß § 350 ist der Rücktritt aber nicht dadurch ausgeschlossen, daß der Gegenstand, den der Käufer empfangen hat, durch Zufall untergegangen ist

HIER (+) → K trifft am Brand keine Schuld; der Sachverhalt enthält keine Anhaltspunkte für eine gegenteilige Wertung;

§ 350 ermöglicht dem K ein Rücktritts- / Wandelungsrecht; insofern erübrigt sich ein weiteres Eingehen auf § 351

2. also: Anspruch untergegangen **(–)**

III. Anspruch durchsetzbar ? (+)

IV. Ergebnis:

K gegen D Wandelungsanspruch und damit Anspruch auf Rückzahlung des der Vergütung gemäß § 634 i.V.m. §§ 465, 467, 346 ff analog (+)

Formulierungsvorschlag Fall 30

K hat einen Anspruch auf Rückzahlung der Vergütung, wenn er einen Wandelungsanspruch hat.

- K gegen D Wandelungsanspruch gemäß § 634 i.V.m. §§ 465, 467, 346 ff analog

K könnte gegen D einen Wandelungsanspruch gemäß § 634 i.V.m. §§ 465, 467, 346 ff analog haben.

I. Dann müßte der Anspruch zunächst entstanden sein.

1. Dies setzt einen wirksamen Werkvertrag oder einen Werklieferungsvertrag über nicht vertretbare Sachen voraus. Die Handzettel sind aus Stoffen des Unternehmers hergestellt worden. Also haben die Parteien einen Werklieferungsvertrag (§ 651) geschlossen. Beim Druck der Handzettel handelt es sich nicht um ein Massenprodukt, das jederzeit austauschbar ist, sondern um eine Individualanfertigung. Der Werklieferungsvertrag beinhaltet somit die Herstellung nicht vertretbarer Sachen. Auf ihn finden gemäß § 651 I 2, 2. Halbsatz die Vorschriften über den Werkvertrag Anwendung.

2. Weiterhin müßte das Werk einen Mangel, § 633 I aufweisen. Ein Mangel liegt vor, wenn das Werk einen Fehler hat oder ihm eine zugesicherte Eigenschaft fehlt.

a. Fraglich ist, ob das Werk einen Fehler aufweist. Als Fehler wird jedes für den Besteller nachteilige Abweichen der Ist- von der Soll-Beschaffenheit gewertet. Eine Erheblichkeit des Fehlers ist nicht erforderlich.
Das auf die Plakate gedruckte Auftrittsdatum ist falsch. Dies stellt eine Abweichung von der Soll-Beschaffenheit (richtiges Datum) dar. Der falsche Druck ist somit ein Fehler im Sinne des § 633 I.

b. Demnach handelt es sich um einen Mangel i.S.d. § 633 I.

3. Der Mangel ist auch bis zur Abnahme (§ 640) entstanden.

4. Schließlich müßte der Anspruchsteller dem Anspruchsgegner eine angemessene Frist zur Mängelbeseitigung gesetzt und zugleich erklärt haben, daß er nach deren Ablauf die Beseitigung ablehne, § 634 I.

Eine Fristsetzung ist seitens K nicht erfolgt. Sie könnte aber entbehrlich sein. Die Fristsetzung ist entbehrlich, wenn die Beseitigung des Mangels nicht möglich ist, § 634 II.
Die Bedruckung läßt sich nicht rückgängig machen, eine Beseitigung des Mangels ist somit nicht möglich. Demnach war eine Fristsetzung (und damit auch die Ablehnungsandrohung) entbehrlich.

5. Die an sich erforderliche Voraussetzung des Fristablaufs ohne Vornahme der Mängelbeseitigung entfällt, weil schon die Fristsetzung entbehrlich ist.

6. Ein Ausschluß der Gewährleistung ist nicht ersichtlich.

7. Gemäß § 634 IV i.V.m. § 465 analog muß der Besteller gegenüber dem Unternehmer die Wandelung erklären und dieser damit einverstanden sein. Sollte der Unternehmer die erforderliche Einverständnis-Willenserklärung verweigern, kann der Besteller direkt auf Rückzahlung der Vergütung klagen. Das zusprechende Urteil beinhaltet einen richterlichen Gestaltungsakt. Hieraus resultiert die Umwandlung in ein Rückgewährschuldverhältnis (modifizierte Vertragstheorie).

8. Die Rechtsfolgen der Wandelung bestimmen sich nach § 634 IV i.V.m. §§ 467, 346 S. 1, 347 S. 3, 246. Demnach haben sich die Parteien die empfangenen Leistungen zurückzugewähren und zwar Zug um Zug, § 348.

9. Also ist der Anspruch entstanden.

II. Fraglich ist, ob der Anspruch des K ist untergegangen ist.

1. In Betracht kommt ein Erlöschen des Anspruchs gemäß § 634 IV i.V.m. §§ 467 S. 1, 351 S. 1 analog.

Dann müßte der Besteller (K) vor Vollzug der Wandelung den Untergang des Werks verschuldet haben.
Die Handzettel sind verbrannt, also untergegangen.
Vor Kenntnis des Bestellers vom Wandelungsgrund wird ein Verschulden bejaht, wenn der Besteller die Sache in untypischer gefährlicher Weise benutzt.
Ein Verschulden des K ist aber nicht ersichtlich. Gemäß § 350 ist der Rücktritt nicht dadurch ausgeschlossen, daß der Gegenstand, den der Besteller empfangen hat, durch Zufall untergegangen ist.
Den K trifft am Brand keine Schuld. Der Sachverhalt enthält keine Anhaltspunkte für eine gegenteilige Wertung. § 350 ermöglicht dem K ein Rücktritts- bzw. Wandelungsrecht. Insofern erübrigt sich ein weiteres Eingehen auf die Verschuldensvoraussetzungen des § 351.

2. Ein Erlöschen des Anspruchs gemäß § 634 IV i.V.m. §§ 467 S. 1, 351 S. 1 analog scheidet also aus.

III. Der Anspruch ist auch durchsetzbar.

IV. K hat gegen D einen Wandelungsanspruch und damit einen Anspruch auf Rückzahlung der Vergütung gemäß § 634 i.V.m. §§ 465, 467, 346 ff. analog.

Fazit

1. Tja, jetzt hat's Euch vielleicht erwischt. Ihr seid mit einem ***Werklieferungsvertrag (§ 651)*** konfrontiert worden. Vereinbart war aber die ***Herstellung von nicht vertretbaren Sachen***. Also war der Fall nach Werkvertragsrecht zu lösen (§ 651 I 2, 2. Halbsatz).
   Vergleicht dazu abermals die Ausführungen im einleitenden Kapitel "Mängel im Werk- und Werklieferungsvertrag - Eine kleine Einführung".
2. Wenn Ihr im Wandelungsrecht noch unsicher sein solltet, hilft wahrscheinlich die nochmalige Erarbeitung des vorigen Falles einschließlich des Fazits.

3. Eine an sich erforderliche ***Fristsetzung*** mit Ablehnungsandrohung war ***wegen § 634 II entbehrlich***. Die Beseitigung des Mangels war unmöglich.

4. Gemäß § 634 IV findet u.a. auch die kaufrechtliche Regelung des ***§ 467 S. 1 analoge Anwendung***. Diese Vorschrift verweist wiederum auf die §§ 346 ff. Der Wandelungsanspruch wegen eines Mangels des Werks kann demnach unter den Voraussetzungen des § 634 IV i.V.m. §§ 467 S. 1, ***351 S. 1 analog*** untergehen. Achtet aber immer auf den klarstellenden § 350.
Die sich aus den genannten Normen ergebenden Probleme habt Ihr schon kennengelernt, wenn Ihr die Fälle zur Kaufmängelhaftung durchgearbeitet habt. Blättert noch einmal dorthin zurück.

5. Hätten die Parteien einen ***Werklieferungsvertrag über vertretbare Sachen*** geschlossen, hättet Ihr den Fall gemäß § 651 I 2, 1. Halbsatz über ***Kaufvertragsrecht*** lösen müssen. Wie das auszusehen hätte, solltet Ihr mittlerweile wissen. Zu prüfen wäre ein Wandelungsanspruch gemäß §§ 462, 459, 465, 467, 346 ff.

   Voraussetzung dieses Anspruchs ist aber nicht der Abschluß eines Kaufvertrags, sondern das Vorliegen eines ***Werkvertrags über vertretbare Sachen***. Zu beachten ist außerdem, daß die üblichen Betitelungen im Kaufrecht (***Verkäufer, Käufer***) durch die Termini des Werklieferungsrechts (***Unternehmer, Besteller***) ersetzt werden.

   Der Prüfungsaufbau sähe demnach wie folgt aus:

- K gegen D Wandelungsanspruch gemäß §§ 462, 459, 465, 467, 346 ff ?

I. Anspruch entstanden ?

1. Werklieferungsvertrag über vertretbare Sachen, § 651 ?

HIER (+) → ...; auf diesen Vertrag findet gemäß § 652 I 2, 1. Halbsatz Kaufrecht Anwendung

2. Voraussetzungen des § 459 ?

a. beachtlicher Fehler, § 459 I ?
= bei der ***Gattungsschuld*** jedes nachteilige Abweichen von mittlerer Art und Güte, das nicht nur gering / unbeachtlich ist

!!! bei vertretbaren Sachen handelt es sich zwangsläufig um Gattungsschulden; sie sind keine Einzelstücke

b. Vorliegen des Mangels bei Gefahrübergang ?
= bei der Übergabe, § 446 oder bei der Übergabe an Transportperson, § 447

3. Kein Ausschluß der Gewährleistung ?

4. Durchführung der Wandelung

→ gemäß § 465 muß der ***Besteller*** gegenüber dem ***Unternehmer*** die Wandelung erklären und dieser damit einverstanden sein;
→ sollte der ***Unternehmer*** die erforderliche Einverständnis-Willenserklärung verweigern, kann der ***Besteller*** direkt auf Rückzahlung der Vergütung klagen; das zusprechende Urteil beinhaltet einen richterli-

chen Gestaltungsakt; hieraus resultiert die Umwandlung in ein Rückgewährschuldverhältnis (modifizierte Vertragstheorie)

5. Rechtsfolgen / Umfang der Wandelung

→ §§ 467, 346 S. 1, 347 S. 3, 246 = Rückgewähr der empfangenen Leistungen

→ § 348 = Zug um Zug

II. Anspruch untergegangen ?

- ***gemäß § 467 S. 1 i.V.m. 351 S. 1 ?***

  = wenn der ***Besteller*** vor Kenntnis des Wandelungsgrundes den Untergang .... **verschuldet**

III. Anspruch durchsetzbar ?

IV. Ergebnis

Fall 31

Der begeisterte Schrottsammler S findet bei einer Entrümpelung mehrere uralte massive Eichenplanken. Er wendet er sich an den Tischler T und erklärt diesem, er sei am Bau eines extravaganten Schubladenschranks für seine umfangreiche Wundertütensammlung interessiert. Nachdem sich die Parteien über Ausmaß und Form des Möbelstücks geeinigt haben, begibt sich T ans Werk. Nach Erstellung des Schranks und Entgeltzahlung in Höhe von 2.000,-- DM am 31.07. muß S feststellen, daß sich zwei der fünf Schubladen nur mit enormem Kraftaufwand öffnen lassen. S scheut einen Bodybuildingkurs und erklärt gegenüber T, dieser solle den Mißstand beheben. Als T nicht reagiert, setzt S zum 31.08. eine Frist zur Mängelbeseitigung und betont, er werde nach deren Ablauf die Beseitigung ablehnen. Die gesetzte Frist hält T nicht ein. S, der mittlerweile genügend Kräfte entwickelt hat, um die Schubladen zu öffnen, entschließt sich, den Schrank zu behalten. Er möchte aber einen Teil der Vergütung zurückerhalten. Der Wert des Schranks hätte 1.500,-- DM betragen, wenn sich die Schubladen ordnungsgemäß hätten öffnen lassen. Wegen der Schwergängigkeit der zwei Schubladen ist der Schrank lediglich 1.000,-- DM wert.

Frage: Kann S einen Teil der Vergütung zurückfordern ?

Lösungsskizze Fall 31

S kann einen Teil der Vergütung zurückfordern, wenn er einen Minderungsanspruch gegen T hat.

Vorüberlegung 1:

S hat einen Schrank aus von ihm beschafftem Stoff herstellen lassen. Es handelt sich demnach um einen ***Werkvertrag***, auf den Werkvertragsrecht Anwendung findet (vgl. Mängel im Werk- und Werklieferungsvertrag - Eine kleine Einführung).

Vorüberlegung 2:

S kann eine Teil-Rückzahlung der Vergütung verlangen, wenn er ein Minderungsrecht hat. Zu prüfen ist deshalb ein Minderungsanspruch des S. Die Minderung ist in § 634 geregelt. Ein Minderungsanspruch kann - bei Vorliegen der weiteren Voraussetzungen der Norm - wegen eines Fehlers oder wegen des Fehlens einer zugesicherten Eigenschaft geltend gemacht werden.

- S gegen T Minderungsanspruch gemäß § 634 i.V.m. §§ 465, 472 analog ?

I. Anspruch entstanden ?

1. Wirksamer Werkvertrag, § 631 oder Werklieferungsvertrag über nicht vertretbare Sachen, § 651 ?

HIER (+) → die Parteien haben die Erstellung eines Schranks aus vom Besteller geliefertem Stoff, also einen Werkvertrag vereinbart

2. Mangel, § 633 I ?
= entweder Fehler oder Fehlen einer zugesicherten Eigenschaft

a. Fehler ?
= jedes für den Besteller nachteilige Abweichen der Ist- von der Soll-Beschaffenheit; eine Erheblichkeit des Mangels ist nicht erforderlich

HIER (+) → zwei der Schubladen lassen sich kaum öffnen

b. also: Mangel (+)

3. Entstehen des Mangels bis zur Abnahme, § 640 / Vollendung, § 646 ?

HIER (+) → bis zur Abnahme

4. Fristsetzung mit Ablehnungsandrohung, § 634 I ?

HIER (+) → S hat als Frist den 31.08. gesetzt und betont, er lehne nach deren Ablauf eine Mängelbeseitigung ab

5. Ablauf der Frist ohne Mängelbeseitigung ?

HIER (+) → T hat den Termin zur Mängelbeseitigung nicht eingehalten

6. Kein Ausschluß der Gewährleistung ? (+)

7. Durchführung der Minderung

→ gemäß § 634 IV i.V.m. § 465 analog muß der Besteller gegenüber dem Unternehmer die Minderung erklären und dieser damit einverstanden sein;
→ sollte der Unternehmer die erforderliche Einverständnis-Willenserklärung verweigern, kann der Besteller direkt auf teilweise Rückzahlung der Vergütung klagen; das zusprechende Urteil beinhaltet einen richterlichen Gestaltungsakt; hieraus resultiert die Umwandlung in ein Rückgewährschuldverhältnis (modifizierte Vertragstheorie)

8. Rechtsfolgen / Umfang der Minderung

→ § 634 IV i.V.m. § 472 I, II analog → !! Berechnung !!:

$$\text{geminderte Vergütung} = \frac{\text{Wert der Werks mit Mangel} \times \text{vereinbarte Vergütung}}{\text{Wert des Werks ohne Mangel}}$$

also:

$$\text{geminderte Vergütung} = \frac{1.000,\text{--} \times 2.000,\text{--}}{1.500,\text{--}}$$

= <u>1.333,33 DM</u>

9. also: Anspruch entstanden (+)

II. Anspruch untergegangen ? (–)

III. Anspruch durchsetzbar ? (+)

IV. Ergebnis:

S gegen T Minderungsanspruch und damit Anspruch auf teilweise Rückzahlung der Vergütung gemäß § 634 i.V.m. §§ 465, 472 analog (+); die geminderte Vergütung beträgt 1333,33 DM; S kann also von T 666,67 DM zurückverlangen

Formulierungsvorschlag Fall 31

S kann einen Teil der Vergütung zurückfordern, wenn er einen Minderungsanspruch gegen T hat.

- S gegen T Minderungsanspruch gemäß § 634 i.V.m. §§ 465, 472 analog

S könnte gegen T einen Minderungsanspruch gemäß § 634 i.V.m. §§ 465, 472 analog haben.

I. Dann müßte der Anspruch zunächst entstanden sein.

1. Dies setzt einen wirksamen Werkvertrag oder einen Werklieferungsvertrag über nicht vertretbare Sachen voraus.
T und S haben einen Vertrag über die Erstellung eines Schranks aus vom Besteller geliefertem Stoff geschlossen. Demnach handelt es sich um einen Werkvertrag (§ 631).

2. Weiterhin müßte das Werk einen Mangel, § 633 I aufweisen. Ein Mangel liegt vor, wenn das Werk einen Fehler hat oder ihm eine zugesicherte Eigenschaft fehlt.

a. Fraglich ist, ob das Werk einen Fehler aufweist.
Als Fehler wird jedes für den Besteller nachteilige Abweichen der Ist- von der Soll-Beschaffenheit gewertet. Eine Erheblichkeit des Fehlers ist nicht erforderlich.
Zwei Schubladen des Schranks lassen sich kaum öffnen. Dies stellt eine Abweichung von der Soll-Beschaffenheit (Öffnen ohne Kraftaufwand) dar. Das schwierige Öffnen der Schubladen ist somit ein Fehler im Sinne des § 633 I.

b. Demnach handelt es sich um einen Mangel i.S.d. § 633 I.

3. Der Mangel ist auch bis zur Abnahme (§ 640) entstanden.

4. Schließlich müßte der Anspruchsteller dem Anspruchsgegner eine angemessene Frist zur Mängelbeseitigung gesetzt und zugleich erklärt haben, daß er nach deren Ablauf die Beseitigung ablehne, § 634 I.
S hat als Frist den 31.08. gesetzt und betont, er lehne nach deren Ablauf eine Beseitigung des Mißstandes ab.

5. Weiterhin müßte die gesetzte Frist abgelaufen sein, ohne daß der Unternehmer die Mängelbeseitigung vorgenommen hat.
T hat den gesetzten Termin nicht eingehalten.

6. Ein Ausschluß der Gewährleistung ist nicht ersichtlich.

7. Gemäß § 634 IV i.V.m. § 465 analog muß der Besteller gegenüber dem Unternehmer die Minderung erklären und dieser damit einverstanden sein. Sollte der Unternehmer die erforderliche Einverständnis-Willenserklärung verweigern, kann der Besteller direkt auf Rückzahlung der Vergütung klagen. Das zusprechende Urteil beinhaltet einen richterlichen Gestaltungsakt. Hieraus resultiert die Umwandlung in ein Rückgewährschuldverhältnis (modifizierte Vertragstheorie).

8. Die Rechtsfolgen der Minderung bestimmen sich nach § 634 IV i.V.m. §§ 465, 472 I und II analog. Der geminderte Kaufpreis errechnet sich nach der Formel: geminderte Vergütung = (Wert des Werks mit Mangel x vereinbarte Vergütung) geteilt durch den Wert des Werks ohne Mangel. Demnach beträgt die geminderte Vergütung (2000 x 1000) geteilt durch 1500 = 1.333,33,-- DM.

9. Also ist der Anspruch entstanden.

II. Der Anspruch des S ist nicht untergegangen.

III. Er ist auch durchsetzbar.

IV. S hat gegen T einen Minderungsanspruch und damit einen Anspruch auf teilweise Rückzahlung der Vergütung gemäß § 634 i.V.m. §§ 465, 472 analog.
Der geminderte Kaufpreis beträgt 1.333,33 DM. S kann demnach von T 666,67 DM zurückverlangen.

Fazit

1. Ein an sich problemloser und nichtsdestotrotz wichtiger ***Einstiegsfall*** aus dem Bereich der ***Minderung***. Ihr solltet lediglich erkennen, wie ein solcher Anspruch aufzubauen ist und mit welchen Tücken Ihr zu kämpfen habt.

2. Es ist wie bei den Wandelungsansprüchen. Habt Ihr es bemerkt? Fast alles im Prüfungsaufbau wiederholt sich. Das ist die gute Erkenntnis. ***Ihr könnt bezüglich aller Probleme auf die Ausführungen in den Wandelungsfällen zurückgreifen***.

3. So sind insbesondere ***die Ausschlußgründe dieselben***. Am Ende des Buchs erwartet Euch innerhalb der Aufbauschemata eine Zusammenfassung.

4. Die ***Berechnung des Anspruchs*** wird - wie bei der Minderung im Kaufrecht ***gemäß § 472 I, II (analog)*** vorgenommen und zwar nach der Formel:

$$\text{geminderte Vergütung} = \frac{\text{Wert der Werks mit Mangel} \times \text{vereinbarte Vergütung}}{\text{Wert des Werks ohne Mangel}}$$

5. Denkt bitte daran, im Ergebnis nicht nur die geminderte Vergütung aufzuführen, sondern danach kurz zu erläutern, ***wieviel Geld der Anspruchsteller zurückfordern kann***. Der Betrag ergibt sich aus der Differenz zwischen ursprünglich vereinbarter Vergütung und geminderter Vergütung.

Fall 32

Der vollkommen verdrehte und grenzdebile Militariasammler M entdeckt in der Scheune seines Großvaters ein in seine Einzelteile zerlegtes Kettenkrad der deutschen Wehrmacht. Nachdem er seinem Opa die Teile abgeschwatzt hat, begibt er sich zum Mechaniker V und bittet ihn, das seltsame Gefährt in einen fahrtüchtigen Zustand zu versetzen. V ist grundsätzlich einverstanden. Da er aber weiß, daß derartige Arbeiten nicht unproblematisch sind, teilt er dem M mit, er könne nicht für ein reibungsloses Funktionieren des Vehikels garantieren. Er setzt deshalb eine Vertragsurkunde auf, in die er neben den üblichen Angaben einen Passus aufnimmt, der wie folgt lautet: "V haftet nicht für etwaige Mängel am Krad.". Die Vergütung ist in dem von M unterschriebenen Schriftstück mit 10.000,-- DM angegeben. Nach zwei Monaten übergibt V das Gefährt dem M. Dieser nimmt es alsbald auf seinem eingezäunten Acker in Betrieb. Wenige Tage später haucht der Motor des Krads aufgrund eines geringfügigen Fehlers beim Zusammenbau sein Leben aus. M ist ziemlich wütend und fordert V zur Reparatur innerhalb eines Monats auf. Danach werde er sich weigern, die vereinbarte Vergütung zu zahlen. V seinerseits verweigert die Reparatur mit Hinweis auf den Vertrag und verlangt sechs Wochen später die Zahlung der 10.000,-- DM.

Frage: Kann V Zahlung der Vergütung verlangen ?

Lösungsskizze Fall 32

V kann Zahlung der Vergütung verlangen, wenn er einen durchsetzbaren Werklohnanspruch gegen M hat.

Vorüberlegung:

M hat ein Kettenkrad aus von ihm beschafftem Stoff herstellen lassen. Es handelt sich demnach um einen ***Werkvertrag***, auf den Werkvertragsrecht Anwendung findet (vgl. Mängel im Werk- und Werklieferungsvertrag - Eine kleine Einführung).

- V gegen M Vergütungsanspruch gemäß § 631 I ?

I. Anspruch entstanden ?

1. ***Wirksamer Werkvertrag, § 631 oder Werklieferungsvertrag über nicht vertretbare Sachen, § 651 ?***

   HIER (+) → die Parteien haben die Erstellung eines Kettenkrads aus vom Besteller geliefertem Stoff, also einen Werkvertrag vereinbart

2. ***<u>also</u>: Anspruch entstanden*** (+)

II. Anspruch untergegangen ? (–)

III. Anspruch durchsetzbar ?

1. Mängeleinrede im Rahmen des § 639 I i.V.m. § 478 I 1 analog ?

= Erhaltung der Mängeleinrede (hier: Wandelungseinrede) des M und daraus resultierendes Zahlungsverweigerungsrecht ?

a. Anzeige eines Mangels vor Vollendung der Verjährungsfrist ?

HIER (+) → die Verjährungsfrist beträgt nach § 638 I sechs Monate ab Abnahme des Werks; innerhalb dieser Frist hat M den Defekt mitgeteilt

b. Wandelungsanspruch des M ?

Vorüberlegung:

M kann Rückzahlung der Vergütung verlangen, wenn er sich durch Rücktritt vom Vertrag lösen kann. In Betracht kommt ein gesetzlicher Rücktritt aufgrund Wandelung des Werkvertrages.

Zu prüfen ist deshalb ein Wandelungsanspruch des M gegen V. In Betracht kommt ein Anspruch gemäß § 634 i.V.m. §§ 465, 467, 346 ff. analog

aa. Anspruch (des M) entstanden ?

(1) Werkvertrag oder Werklieferungsvertrag über nicht vertretbare Sachen ?

HIER (+) → Werkvertrag, s.o.

(2) Mangel, § 633 I ?

= entweder Fehler oder Fehlen einer zugesicherten Eigenschaft

(a) Fehler ?

= jedes für den Besteller nachteilige Abweichen der Ist- von der Soll-Beschaffenheit; eine Erheblichkeit des Mangels ist nicht erforderlich

HIER (+) → der Motor ist aufgrund eines Fehlers beim Zusammenbau defekt

(b) also: Mangel (+)

(3) Entstehen des Mangels bis zur Abnahme, § 640 / Vollendung, § 646 ?

HIER (+) → bis zur Abnahme

(4) Fristsetzung mit Ablehnungsandrohung, § 634 I ?

HIER (+) → M hat eine einmonatige Frist zur Reparatur gesetzt und im übrigen die Mängelbeseitigung abgelehnt

(5) Ablauf der Frist ohne Mängelbeseitigung ?

HIER (+) → V hat den Motor nicht repariert

(6) Kein Ausschluß der Gewährleistung ?

(a) aufgrund der vertraglichen Ausschlußklausel ?
= gänzlicher Ausschluß jeglicher Gewährleistungsrechte

HIER (+) → in einem individuell ausgehandelten Werkvertrag können - im Gegensatz zu "Allgemeinen Geschäftsbedingungen" - alle Gewährleistungsrechte ausgeschlossen werden; damit kann der Besteller auch keinen Anspruch geltend machen; der Ausschluß der Gewährleistungsrechte ist auch nicht gemäß § 637 unwirksam; V hat nicht arglistig gehandelt

(b) also: kein Ausschluß der Gewährleistung **(–)**

(7) also: Anspruch (des M) entstanden **(–)**

bb. also: Wandelungsanspruch des M **(–)**

c. also: Mängeleinrede im Rahmen der §§ 639 I, 478 I 1 analog **(–)**

2. also: Anspruch (des V auf Zahlung der Vergütung) durchsetzbar **(+)**

IV. Ergebnis:
V gegen M Vergütungsanspruch gemäß § 631 I (+)

Formulierungsvorschlag Fall 32

V kann Zahlung der Vergütung verlangen, wenn er einen durchsetzbaren Werklohnanspruch gegen M hat.

- V gegen M Vergütungsanspruch gemäß § 631 I

V könnte gegen M einen Vergütungsanspruch gemäß § 631 I haben.

I. Dann müßte der Anspruch zunächst entstanden sein.

1. Dies setzt einen wirksamen Werkvertrag oder einen Werklieferungsvertrag über nicht vertretbare Sachen voraus.
V und M haben einen Vertrag über die Erstellung eines Kettenkrads aus vom Besteller geliefertem Stoff geschlossen. Somit handelt es sich um einen Werkvertrag (§ 631).

2. Demnach ist der Anspruch entstanden.

II. Der Anspruch ist nicht untergegangen.

III. Fraglich ist jedoch, ob er auch durchsetzbar ist.

1. Möglicherweise kann M gegen den Anspruch des V erfolgreich die Mängeleinrede im Rahmen des § 639 I i.V.m. § 478 I 1 analog erheben.

a. M müßte dem V einen Mangel des Werks vor Vollendung der Verjährungsfrist angezeigt haben.

Die Verjährungsfrist beträgt nach § 638 I sechs Monate ab Abnahme des Werks. Innerhalb dieser Frist hat M den Defekt mitgeteilt.

b. Außerdem müßte M gegen V einen Wandelungsanspruch haben. In Betracht kommt ein Wandelungsanspruch gemäß § 634 i.V.m. §§ 465, 467, 346 ff analog.

aa. Dann müßte der Anspruch zunächst entstanden sein.

V und M haben einen wirksamen Werkvertrag geschlossen (s.o.).

Weiterhin müßte das Werk einen Mangel, § 633 I aufweisen. Ein Mangel liegt vor, wenn das Werk einen Fehler hat oder ihm eine zugesicherte Eigenschaft fehlt.

Fraglich ist, ob das Werk einen Fehler aufweist.
Als Fehler wird jedes für den Besteller nachteilige Abweichen der Ist- von der Soll-Beschaffenheit gewertet. Eine Erheblichkeit des Fehlers ist nicht erforderlich.
Der Motor ist aufgrund eines Fehlers beim Zusammenbau defekt. Dies stellt eine Abweichung von der Soll-Beschaffenheit (funktionierender Motor nach dem Zusammenbau) dar. Somit ist das Werk fehlerhaft.

Demnach handelt es sich um einen Mangel i.S.d. § 633 I.

Der Mangel ist auch bis zur Abnahme (§ 640) entstanden.

Schließlich müßte der Anspruchsteller dem Anspruchsgegner eine angemessene Frist zur Mängelbeseitigung gesetzt und zugleich erklärt haben, daß er nach deren Ablauf die Beseitigung ablehne.
M hat eine einmonatige Frist zur Reparatur gesetzt und im übrigen die Mängelbeseitigung abgelehnt.

Weiterhin müßte die gesetzte Frist abgelaufen sein, ohne daß der Unternehmer die Mängelbeseitigung vorgenommen hat.
V hat den gesetzten Termin nicht eingehalten.

Fraglich ist, ob ein Ausschluß der Gewährleistung in Betracht kommt.

Ein Wandelungsrecht könnte aufgrund der vertraglichen Ausschlußklausel entfallen.

Die Parteien haben sämtliche Gewährleistungsrechte, also auch die Wandelung vertraglich ausgeschlossen.
In einem individuell ausgehandelten Kaufvertrag können - im Gegensatz zu "Allgemeinen Geschäftsbedingungen" - alle Gewährleistungsrechte grundsätzlich ausgeschlossen werden. Damit kann der Besteller auch keinen Anspruch geltend machen. Der Ausschluß der Gewährleistungsrechte ist auch nicht gemäß § 637 unwirksam. V hat nicht arglistig gehandelt.

Ein Wandelungsrecht des M entfällt somit aufgrund der vertraglichen Ausschlußklausel.

Demnach ist der Anspruch des M nicht entstanden.

bb. M hat also gegen V keinen Wandelungsanspruch gemäß § 634 i.V.m. §§ 465, 467, 346 ff analog.

c. M kann somit gegen den Anspruch des V nicht erfolgreich die Mängeleinrede im Rahmen des § 639 I i.V.m. § 478 I 1 analog geltend machen.

3. Der Vergütungsanspruch des V ist durchsetzbar.

IV. V hat gegen M den Vergütungsanspruch gemäß § 631 I in Höhe von 10.000,-- DM.

Fazit

1. Eine Materie, die (wie im Kaufrecht) oft vernachlässigt wird, ist die ***Mängeleinrede im Rahmen des § 478 I 1***. Die genannte Norm findet auf Werkmängel über § 639 I analoge Anwendung. Die Einrede kann in verschiedenen Formen erhoben werden. Aus § 478 selbst geht hervor, daß sie als ***Wandelungseinrede*** oder als ***Minderungseinrede*** geltend gemacht werden kann.

   Die - zur Zahlungsverweigerung führende - Mängeleinrede ist im Gesetz zwar nicht ausdrücklich normiert. Der Gesetzgeber hielt (und hält) es aber für selbstverständlich, daß der Besteller nach Erhalt einer mangelhaften Sache (hier: Erstellung eines mangelhaften Werks) den Kaufpreis (hier: die Vergütung) verweigern kann. § 478 I 1 normiert lediglich, daß dem Käufer die Mängeleinrede unter bestimmten Voraussetzungen auch nach Ablauf der Verjährung erhalten bleibt.

2. ***Anknüpfungspunkt*** für die Mängeleinrede ist der ***Vergütungsanspruch*** des Unternehmers gegen den Besteller aus § 631 I. In der Frage der Durchsetzbarkeit des Anspruchs (Prüfungspunkt III.) kommt die Einrede zum Zuge.

3. Wichtig ist, daß der Käufer dem Verkäufer einen ***Mangel*** vor Ablauf der Verjährungsfrist ***angezeigt*** hat. Eine ***Absendung*** der Anzeige ***reicht*** aus. Die Verjährungsfristen ergeben sich aus § 638.

4. Anschließend kommt das eigentlich Entscheidende. Ihr prüft innerhalb des nächsten Prüfungspunktes, ob der Besteller einen ***Wandelungsanspruch*** hat. Hier können alle Probleme auftauchen, die Ihr schon kennengelernt habt. Ihr seht abermals: Die Mängelhaftung ist ein großer Baukasten.

5. Die ***wesentlichen Unterschiede*** zu den (normalen) Wandelungsansprüchen sind folgende:
   Zur Durchführung der Wandelung müßt Ihr kein Wort erwähnen. Eine Anzeige des Mangels (die habt Ihr oben schon geprüft) reicht. Außerdem ist ein Eingehen auf die Rechtsfolgen / den Umfang der Wandelung entbehrlich.

6. Der ***vertragliche Ausschluß der Gewährleistung*** dürfte Euch in diesem Buch schon ein- oder mehrmals über den Weg gelaufen sein. Ich wollte lediglich abermals das große Baukastensystem untermauern.

7. Bewußt verzichtet habe ich im folgenden auf die Präsentation eines Falles, der sich mit der ***Minderungseinrede*** beschäftigt. Wie das funktioniert, liegt auf der Hand. Ihr könnt alles bisher Erlernte sinnvoll zusammenmischen.
   Ein Aufbauschema zur Minderungseinrede findet sich am Ende des Buchs.

Fall 33

Der plötzlich vermögende K betreibt den Ausverkauf seiner Vergangenheit. Er läßt das neulich ererbte kleine Einfamilienhaus seiner Eltern abtragen und beauftragt den Schlosser S, aus den Deckenstahlträgern des Hauses einen riesigen Grill in seinem Park zu errichten. Schon beim ersten Grillfest müssen die etwas überdrehten Freunde des K auf das angekündigte Wildschwein verzichten. Nach kurzer Zeit bricht ein Bein des von S unfachgemäß verschweißten Grills. K setzt dem S daraufhin eine Frist von drei Wochen, um den Mißstand zu beheben. Danach lehne er eine Beseitigung ab. S ist nicht in der Lage, den Grill innerhalb der Frist in einen funktionstüchtigen Zustand zu versetzen. Daraufhin fordert K von S Schadensersatz für die Reparatur, die 300,-- DM kostet.

Frage: Kann K von S Schadensersatz verlangen ?

Lösungsskizze Fall 33

Vorüberlegung:

K hat einen Grill aus von ihm beschafftem Stoff herstellen lassen. Es handelt sich demnach um einen ***Werkvertrag***, auf den Werkvertragsrecht Anwendung findet (vgl. Mängel im Werk- und Werklieferungsvertrag - Eine kleine Einführung).

- K gegen S Schadensersatz gemäß § 635 ?

I. Anspruch entstanden ?

1. Wirksamer Werkvertrag, § 631 oder Werklieferungsvertrag über nicht vertretbare Sachen, § 651 ?

HIER (+) → die Parteien haben die Erstellung eines Grills aus vom Besteller geliefertem Stoff, also einen Werkvertrag vereinbart

2. Mangel, § 633 I ?

= entweder Fehler oder Fehlen einer zugesicherten Eigenschaft

a. Fehler ?

= jedes für den Besteller nachteilige Abweichen der Ist- von der Soll-Beschaffenheit; eine Erheblichkeit des Mangels ist nicht erforderlich

HIER (+) → der Grill ist unsachgemäß verschweißt; ein Bein ist abgebrochen

b. <u>also</u>: Mangel (+)

3. Entstehen des Mangels bis zur Abnahme, § 640 / Vollendung, § 646 ?

HIER (+) → bis zur Abnahme, § 640

4. Fristsetzung mit Ablehnungsandrohung, § 634 I ?

HIER (+) → K hat eine dreiwöchige Frist gesetzt und betont, er werde nach deren Ablauf die Beseitigung des Mangels ablehnen

5. Ablauf der Frist ohne Mängelbeseitigung ?

HIER (+) → S konnte den Mangel nicht beseitigen

6. Vertretenmüssen des Unternehmers ?
= nach § 276 ff

HIER (+) → der Unternehmer haftet gemäß § 276 grundsätzlich für eigenen Vorsatz und jede eigene Fahrlässigkeit; S hat gemäß § 276 fahrlässig gehandelt, als er den Grill unfachgemäß verschweißt hat

***7. Kein Ausschluß der Gewährleistung ?* (+)**

8. Durchführung des Schadensersatzanspruchs

→ der Besteller muß gegenüber dem Unternehmer lediglich seinen Anspruch erklären (der Unternehmer muß also - im Gegensatz zur Wandelung / Minderung ... - nicht damit einverstanden sein)

HIER (+) → K hat erklärt, er wolle Schadensersatz

9. Umfang des Schadensersatzanspruchs

→ (immer) Ersatz des ***Mangel***schadens

entweder
- ***sog. großer Schadensersatzanspruch***
  = der Besteller kann die mangelhafte Sache zurückgeben **und** Kaufpreisrückzahlung fordern **und** weitergehenden Schadensersatz fordern

oder
- ***sog. kleiner Schadensersatzanspruch***
  = der Besteller darf die Sache behalten und als Schadensersatz **entweder** Wertdifferenz zwischen mangelhafter und mangelfreier Sache **oder** den erforderlichen Betrag zur Mängelbeseitigung verlangen

HIER → K will den Grill behalten; er hat sich dazu entschieden, die Kosen für die Mängelbeseitigung von S zu fordern; die Reparaturkosten betragen 300,-- DM

***10. also: Anspruch entstanden* (+)**

II. Anspruch untergegangen ? (–)

III. Anspruch durchsetzbar ? (+)

IV. Ergebnis:

**K gegen S Schadensersatz gemäß § 635
in Höhe von 300,-- DM (+)**

Formulierungsvorschlag Fall 33

- K gegen S Schadensersatz gemäß § 635

K könnte gegen S einen Schadensersatzanspruch gemäß § 635 haben.

I. Dann müßte der Anspruch zunächst entstanden sein.

1. Dies setzt einen wirksamen Werkvertrag oder einen Werklieferungsvertrag über nicht vertretbare Sachen voraus.
S und K haben einen Vertrag über die Erstellung eines Grills aus vom Besteller geliefertem Stoff geschlossen. Demnach handelt es sich um einen Werkvertrag (§ 631).

2. Weiterhin müßte das Werk einen Mangel, § 633 I aufweisen. Ein Mangel liegt vor, wenn das Werk einen Fehler hat oder ihm eine zugesicherte Eigenschaft fehlt.

a. Fraglich ist, ob das Werk einen Fehler aufweist.
Als Fehler wird jedes für den Besteller nachteilige Abweichen der Ist- von der Soll-Beschaffenheit gewertet. Eine Erheblichkeit des Fehlers ist nicht erforderlich.
Der Grill ist unsachgemäß verschweißt. Ein Bein ist abgebrochen. Dies stellt eine Abweichung von der Soll-Beschaffenheit (ordnungsgemäße Verschweißung), also einen Fehler im Sinne des § 633 I, dar.

b. Demnach handelt es sich um einen Mangel i.S.d. § 633 I.

3. Der Mangel ist auch bis zur Abnahme (§ 640) entstanden.

4. Schließlich müßte der Anspruchsteller dem Anspruchsgegner eine angemessene Frist zur Mängelbeseitigung gesetzt und zugleich erklärt haben, daß er nach deren Ablauf die Beseitigung ablehne, § 634 I.
K hat eine dreiwöchige Frist gesetzt und betont, er werde nach deren Ablauf eine Beseitigung des Mangels ablehnen. Auch diese Voraussetzung ist erfüllt.

5. Weiterhin müßte die gesetzte Frist abgelaufen sein, ohne daß der Unternehmer die Mängelbeseitigung vorgenommen hat.
S hat den gesetzten Termin nicht eingehalten.

6. Der Unternehmer müßte die Pflichtverletzung zu vertreten haben. Das Verschulden bemißt sich grundsätzlich nach den §§ 276, 278.
Der Anspruchsgegner haftet gemäß § 276 für eigenen Vorsatz und jede eigene Fahrlässigkeit. S hat gemäß § 276 fahrlässig gehandelt, als er den Grill unfachgemäß verschweißte. Er hat somit die Pflichtverletzung zu vertreten.

7. Ein Ausschluß der Gewährleistung ist nicht ersichtlich.

8. Der Besteller muß gegenüber dem Unternehmer lediglich erklären, daß er Schadensersatz fordert. Ein Einverständnis des Unternehmers ist nicht erforderlich.
K hat seinen Anspruch auf Schadensersatz gegenüber S geltend gemacht.

9. Der Besteller (K) hat das Recht, die Sache zu behalten und als Schadensersatz entweder die Wertdifferenz zwischen mangelhafter und mangelfreier Sache oder den erforderlichen Betrag zur Mängelbeseitigung zu verlangen (sog. kleiner Schadensersatzanspruch).
K will den Grill behalten. Er hat sich dazu entschieden, die Kosten für die Mängelbeseitigung von S zu fordern. Die Reparaturkosten betragen 300,-- DM.

10. Demnach ist der Anspruch entstanden.

II. Der Anspruch des K ist nicht untergegangen.

III. Er ist auch durchsetzbar.

IV. K hat gegen S einen Schadensersatzanspruch gemäß § 635 in Höhe von 300,-- DM.

Fazit

1. Das war ein ***relativ einfacher Fall*** aus dem Bereich der Schadensersatzansprüche bei der Werkmängelhaftung. Ihr habt bestimmt bemerkt, daß ***viele der Prüfungspunkte identisch*** mit Prüfungspunkten bei Wandelungs- und Minderungsansprüchen sind. Es gibt aber Besonderheiten, die zu beachten sind.

2. ***Im Obersatz*** der Prüfung solltet Ihr - wie bei Schadensersatzansprüchen im Kaufrecht - ***nicht erwähnen***, was und ***wieviel*** der Anspruchsteller vom Anspruchsgegner verlangen kann.
Das stellt sich erst unter Punkt ***I. 9.*** **Umfang des Schadensersatzanspruchs** heraus und findet dann nochmals unter Punkt ***IV. Ergebnis*** Erwähnung (s.o.).

3. Während im Kaufrecht an einen Schadensersatzanspruch (§ 463 oder § 480 II) nur beim Fehlen einer zugesicherten Eigenschaft bzw. bei Arglist des Verkäufers zu denken ist, kann ***im Werkvertragsrecht auch wegen eines "normalen" Fehlers Schadensersatz*** gefordert werden.

4. Anders als im Kaufrecht muß der Besteller - wie bei der Wandelung und Minderung von Werkverträgen - dem Unternehmer eine Frist zur Mängelbeseitigung setzen und die Beseitigung im Falle des Fristablaufs ablehnen. Das wird aus dem (mißverständlichen) Wortlaut des § 635 gefolgert. Die Zauberworte "statt der Wandelung oder Minderung" sollen bedeuten, daß die Voraussetzungen der Wandelung bzw. Minderung erfüllt sein müssen, damit der Besteller Schadensersatz fordern kann. Zu den Voraussetzungen gehört aber auch die ***Fristsetzung mit Ablehnungsandrohung***.

5. Der allerallerwichtigste Unterschied zur Kaufmängelhaftung ist aber dieser: ***Gemäß § 635 muß der Unternehmer den Mangel des Werks zu vertreten haben***. Das Verschulden des Anspruchsgegners richtet sich nach den §§ 276 und 278. Der Unternehmer haftet demnach für eigenen Vorsatz und jede eigene Fahrlässigkeit und für Vorsatz und jede Fahrlässigkeit eines Erfüllungsgehilfen.

6. Dem Kaufmängelrecht vergleichbar ist eine weitere Besonderheit. Der Anspruchsteller muß ***nur erklären, er wolle Schadensersatz***. Ein Einverständnis des Anspruchsgegners (so beim Wandelungs- und Minderungsanspruch) ist nicht Voraussetzung.

7. Ebenfalls dem Kaufmängelrecht vergleichbar ist das Wahlrecht des Bestellers zwischen dem ***"großen Schadensersatzanspruch"*** und dem ***"kleinen Schadensersatzanspruch"***.

   Ob der eine oder andere Anspruch einschlägig ist, bestimmt sich nach den jeweiligen Angaben im Sachverhalt und / oder nach der jeweiligen Fallfrage. Ihr solltet also immer darauf achten, was der Anspruchsteller will.

   Ersetzt wird regelmäßig der eigentliche Mangelschaden, d.h. der Schaden an der Sache selbst. In welchem Umfang der Mangelschaden zu ersetzen ist, hängt davon ab, ob der Besteller die Sache behalten will oder nicht.

   Er kann den ***sog. kleinen Schadensersatzanspruch*** geltend machen:

   dann darf er die Sache behalten und als Schadensersatz verlangen

   entweder Wertdifferenz zwischen mangelhafter und mangelfreier Sache

   oder den erforderlichen Betrag zur Mängelbeseitigung

   Der Anspruchsteller kann aber auch den ***sog. großen Schadensersatzanspruch*** geltend machen:

   dann muß er die mangelhafte Sache zurückgeben (bzw. kann deren Annahme verweigern)

   und Kaufpreisrückzahlung fordern

   und weitergehenden Schadensersatz fordern

Fall 34

Der ein wenig verrückte - aber nichtdestotrotz geschäftsfähige - Rechtsanwalt R läßt vom Künstler K eine fünf Meter große stilisierte Justitia-Figur aus Stahlschrott errichten. Gekrönt wird das Kunstwerk von einen riesigen Windrad. R läßt die Skulptur auf genaue Anweisung des K durch das Unternehmen des U in seinem Garten verankern. Aufgrund eines Konstruktionsfehlers des Windrads gerät die Figur beim ersten stärkeren Wind in arge Vibrationen und beschädigt die von U errichtete Befestigung. Eine Änderung der Skulptur ist nicht möglich. R fordert von K Ersatz der zusätzlichen Befestigungskosten (1.500,-- DM). K wendet zu Recht ein, der technisch bewanderte R habe die Fehlkonstruktion grob fahrlässig übersehen. Deshalb seien Gewährleistungsansprüche ausgeschlossen.

Frage: Kann R von K Schadensersatz verlangen ?

Lösungsskizze Fall 34

Vorüberlegung:

R hat ein Kunstwerk erstellen lassen. Hierzu hat er nicht die benötigten Stoffe geliefert. Es kann sich demnach nur um einen Werklieferungsvertrag (§ 651) handeln. Fraglich ist also, ob Kauf- oder Werkvertragsrecht Anwendung findet. Das hängt davon ab, ob die Parteien einen Werklieferungsvertrag über vertretbare oder über nicht vertretbare Sachen geschlossen haben.
Bei vertretbaren Sachen handelt es sich um Sachen, die mehrmals vorhanden sind, insbesondere um Massenartikel des täglichen Lebens. Es handelt sich um Sachen, die immer wieder hergestellt werden und nicht individuell auf den Besteller zugeschnitten sind. Im Vordergrund steht die Übereignung der Sachen.
Nicht vertretbare Sachen sind demgegenüber einmalig oder nicht austauschbar und den Bestellerwünschen angepaßt, also im Prinzip Individualanfertigungen. Im Vordergrund steht die Herstellung des Werks.

Bei der Erstellung der Skulptur handelt es sich nicht um ein Massenprodukt, das jederzeit austauschbar ist, sondern um eine Individualanfertigung. Auf diesen Werklieferungsvertrag bezüglich nicht vertretbarer Sachen finden gemäß § 651 I 2, 2. Halbsatz die Vorschriften über den Werkvertrag Anwendung.

Vergleicht dazu abermals die Ausführungen im einleitenden Kapitel "Mängel im Werk- und Werklieferungsvertrag - Eine kleine Einführung".

- R gegen K Schadensersatz gemäß § 635 ?

I. Anspruch entstanden ?

1. *Wirksamer Werkvertrag, § 631 oder Werklieferungsvertrag über nicht vertretbare Sachen, § 651 ?*

HIER (+) → die Skulptur ist aus Stoffen des Unternehmers hergestellt worden; also haben die Parteien einen Werklieferungsvertrag (§ 651) geschlossen; bei der Erstellung des Kunstwerks handelt es sich nicht um ein Massenprodukt, das jederzeit austauschbar ist, sondern um eine Individualanfertigung; der Werklieferungsvertrag beinhaltet somit die Herstellung nicht vertretbarer Sachen; auf ihn finden gemäß § 651 I 2, 2. Halbsatz die Vorschriften über den Werkvertrag Anwendung

2. *Mangel, § 633 I ?*
= entweder Fehler oder Fehlen einer zugesicherten Eigenschaft

a. Fehler ?
= jedes für den Besteller nachteilige Abweichen der Ist- von der Soll-Beschaffenheit; eine Erheblichkeit des Mangels ist nicht erforderlich

HIER (+) → das Windrad der Skulptur ist fehlkonstruiert

***b. <u>also</u>: Mangel* (+)**

3. *Entstehen des Mangels bis zur Abnahme, § 640 / Vollendung, § 646 ?*

HIER (+) → bis zur Abnahme, § 640

4. *Fristsetzung mit Ablehnungsandrohung, § 634 I ?*

HIER (−), aber ***entbehrlich*** → R hat zwar zur Beseitigung weder eine Frist gesetzt noch eine Ablehnungsandrohung ausgesprochen; die Fristsetzung (und damit auch die Ablehnungsandrohung) ist aber entbehrlich, wenn die Beseitigung des Mangels nicht möglich ist, § 634 II; der Mangel läßt sich nicht beseitigen

5. *Ablauf der Frist ohne Mängelbeseitigung ?*

!! diese Voraussetzung entfällt, da schon eine Fristsetzung entbehrlich ist !!

6. *Vertretenmüssen des Unternehmers ?*
= nach §§ 276 ff

HIER (+) → der Unternehmer haftet gemäß § 276 grundsätzlich für eigenen Vorsatz und jede eigene Fahrlässigkeit; K hat gemäß § 276 fahrlässig gehandelt, als er das Windrad falsch konstruierte

7. *Kein Ausschluß der Gewährleistung ?*

a. gemäß § 640 II ?
= Ausschluß der Ansprüche aus § 633 und § 634, wenn der Besteller ein mangelhaftes Werk abnimmt, obwohl er den Mangel kennt

HIER (–) → ein Haftungssausschluß scheitert schon daran, daß sich § 640 II nicht auf den Schadensersatzanspruch gemäß § 635 bezieht; im übrigen setzt § 640 II eine positive Kenntnis des Mangels voraus

b. also: kein Ausschluß der Gewährleistung (+)

8. Durchführung des Schadensersatzanspruchs

→ der Besteller muß gegenüber dem Unternehmer lediglich seinen Anspruch erklären (der Unternehmer muß also - im Gegensatz zur Wandelung / Minderung ... - nicht damit einverstanden sein)

HIER (+) → R hat erklärt, er wolle Schadensersatz

9. Umfang des Schadensersatzanspruchs

→ (immer) Ersatz des ***Mangel***schadens

HIER (–) → bei der Beschädigung der Verankerung handelt es sich nicht um einen Schaden, der am Werk selbst entstanden ist (Mangelschaden), sondern um einen Mangelfolgeschaden

aber:

§ 635 erfaßt nach allgemeiner Meinung (aber streitig) nächste Mangelfolgeschäden; das sind Schäden, die mit dem mangelhaften Werk in unmittelbarer Beziehung stehen

HIER (+) → die Fehlkonstruktion des Windrades der Skulptur hat unmittelbar auf die Verankerung eingewirkt; die erforderliche enge Beziehung zwischen Mangel und Mangelfolgeschaden ist zu bejahen; die Reparatur kostet 1.500,-- DM; in diesem Umfang ist der Schaden zu ersetzen

10. also: Anspruch entstanden (+)

II. Anspruch untergegangen ? (–)

III. Anspruch durchsetzbar ? (+)

IV. Ergebnis:

R gegen K Schadensersatz gemäß § 635
in Höhe von 300,-- DM (+)

Formulierungsvorschlag Fall 34

- R gegen K Schadensersatz gemäß § 635

R könnte gegen K einen Schadensersatzanspruch gemäß § 635 haben.

I. Dann müßte der Anspruch zunächst entstanden sein.

1. Dies setzt einen wirksamen Werkvertrag oder einen Werklieferungsvertrag über nicht vertretbare Sachen voraus.
Die Skulptur ist aus Stoffen des Unternehmers hergestellt worden. Also haben die Parteien einen Werklieferungsvertrag (§ 651) geschlossen. Bei der Erstellung des Kunstwerks handelt es sich nicht um ein Massenprodukt, das jederzeit austauschbar ist, sondern um eine Individualanfertigung. Der Werklieferungsvertrag beinhaltet somit die Herstellung einer nicht vertretbaren Sache. Auf ihn finden gemäß § 651 I 2, 2. Halbsatz die Vorschriften über den Werkvertrag Anwendung

2. Weiterhin müßte das Werk einen Mangel, § 633 I aufweisen. Ein Mangel liegt vor, wenn das Werk einen Fehler hat oder ihm eine zugesicherte Eigenschaft fehlt.

a. Fraglich ist, ob das Werk einen Fehler aufweist.
Als Fehler wird jedes für den Besteller nachteilige Abweichen der Ist- von der Soll-Beschaffenheit gewertet. Eine Erheblichkeit des Fehlers ist nicht erforderlich.
Das Windrad der Skulptur ist fehlkonstruiert. Dies stellt eine Abweichung von der Soll-Beschaffenheit, also einen Fehler im Sinne des § 633 I, dar.

b. Demnach handelt es sich um einen Mangel i.S.d. § 633 I.

3. Der Mangel ist auch bis zur Abnahme (§ 640) entstanden.

4. Schließlich müßte der Anspruchsteller dem Anspruchsgegner eine angemessene Frist zur Mängelbeseitigung gesetzt und zugleich erklärt haben, daß er nach deren Ablauf die Beseitigung ablehne, § 634 I.
Eine Fristsetzung ist seitens R nicht erfolgt. Sie könnte aber entbehrlich sein. Die Fristsetzung ist entbehrlich, wenn die Beseitigung des Mangels nicht möglich ist, § 634 II.
Die Fehlkonstruktion läßt sich nicht beseitigen. Demnach war eine Fristsetzung (und damit auch die Ablehnungsandrohung) entbehrlich.

5. Die an sich erforderliche Voraussetzung des Fristablaufs ohne Vornahme der Mängelbeseitigung entfällt, weil schon die Fristsetzung entbehrlich ist.

6. Der Unternehmer müßte die Pflichtverletzung zu vertreten haben. Das Verschulden bemißt sich grundsätzlich nach den §§ 276, 278.
Der Anspruchsgegner haftet gemäß § 276 für eigenen Vorsatz und jede eigene Fahrlässigkeit. K hat gemäß § 276 fahrlässig gehandelt, als er das Windrad falsch konstruierte. Er hat somit die Pflichtverletzung zu vertreten.

7. Fraglich ist, ob ein Ausschluß der Anspruchs in Betracht kommt.

a. Der Anspruch könnte gemäß § 640 II entfallen. Ein Haftungssausschluß scheitert jedoch schon daran, daß sich § 640 II nicht auf den Schadensersatzanspruch gemäß § 635 bezieht. Im übrigen setzt § 640 II eine positive Kenntnis des Mangels voraus.

b. Die üblichen gesetzlichen Gewährleistungsrechte sind somit nicht ausgeschlossen.

8. Der Besteller muß gegenüber dem Unternehmer lediglich erklären, daß er Schadensersatz fordert. Ein Einverständnis des Unternehmers ist nicht erforderlich.
R hat seinen Anspruch auf Schadensersatz gegenüber K geltend gemacht.

9. Der Besteller (R) kann gemäß § 635 Ersatz des Mangelschadens verlangen. Bei der Beschädigung der Verankerung handelt es sich nicht um einen Schaden, der am Werk selbst entstanden ist (Mangelschaden), sondern um einen Mangelfolgeschaden.
Fraglich ist, ob auch ein solcher Schaden durch § 635 ersetzt wird. § 635 erfaßt nach allgemeiner Meinung nächste Mangelfolgeschäden. Das sind Schäden, die mit dem mangelhaften Werk in unmittelbarer Beziehung stehen.
Die Fehlkonstruktion des Windrades der Skulptur hat unmittelbar auf die Verankerung eingewirkt. Die erforderliche enge Beziehung zwischen Mangel und Mangelfolgeschaden ist zu bejahen. Die Reparatur kostet 1.500,-- DM. In diesem Umfang ist der Schaden zu ersetzen.

10. Demnach ist der Anspruch entstanden.

II. Der Anspruch des R ist nicht untergegangen.

III. Er ist auch durchsetzbar.

IV. R hat gegen K einen Schadensersatzanspruch gemäß § 635 in Höhe von 1.500,-- DM.

Fazit

1. Bezüglich des Aufbaus des Schadensersatzanspruchs habt Ihr Euch schon am letzten Fall orientieren können. Es dürfte sich lohnen, abermals das dazugehörige Fazit zu lesen.

2. Und der zwischen den Parteien geschlossene Vertrag war einmal mehr ein ***Werklieferungsvertrag (§ 651)***. Auf den finden bekanntlich die Werkvertragsregeln Anwendung, wenn nicht vertretbare Sachen hergestellt werden sollen. Ich weiß, daß Ihr das mittlerweile wißt, oder?!

3. ***§ 640 II*** normiert unter bestimmten Voraussetzungen einen ***Ausschluß der Gewährleistung***. Zu beachten ist jedoch, daß sich die genannte Norm nur auf die Ansprüche aus § 633 und § 634 bezieht. Der ***Schadensersatzanspruch gemäß § 635 wird nicht erfaßt***. Wenn Ihr irgendwann trotzdem mit § 640 II arbeitet, solltet Ihr daran denken, daß Gewährleistungsrechte oder -ansprüche ***nur bei positiver Kenntnis*** vom Mangel ausgeschlossen sind. Ein Kennenmüssen bzw. die grob fahrlässige Unkenntnis des Mangels schließt - im Gegensatz zu der im Kaufrecht vergleichbaren Norm des § 460 - eine Gewährleistung nicht aus.

   Weitere Ausschlußgründe tauchen im übrigen in diesem Kapitel nicht mehr auf. Und warum wohl? Wir sprechen im Chor: Weil die Mängelhaftung ein riesiges Baukastensystem ist und wir schon alle Ausschlußgründe kennen. Und wenn nicht, gibt's ja am Ende des Buchs Aufbauschemata, in denen Ihr alles Wissenswerte nachlesen/wiederholen könnt.

4. ***§ 635*** gewährt grundsätzlich den ***Ersatz sogenannter Mangelschäden***. Mangelfolgeschäden werden nach allgemeiner (aber durchaus bestrittener) Meinung unter engen Voraussetzungen ebenfalls über § 635 ersetzt.

Es handelt sich dabei um ***nächste Mangelfolgeschäden***, d.h. um solche Schäden, die zwar nicht an der mangelhafte Sache selbst auftreten, aber mit dem mangelhaften Werk in unmittelbarer, ganz enger Beziehung stehen.
Wann das der Fall ist, kann man nie so genau ergründen. Die Grenzen sind ärgerlicherweise fließend. Spaßeshalber könnt Ihr ja einmal in die einschlägigen Kommentare schauen. Dort sind Beispiele aus der Rechtsprechung zu finden.
Gleich danach werden immer Beispiele aufgelistet, in denen die unmittelbare Beziehung zum mangelhaften Werk verneint worden ist. Das bedeutet, daß solche Schäden, sogenannte ***entfernte Mangelfolgeschäden***, nicht mehr über § 635 ersetzt werden. Der Besteller darf sich dann ***über*** die ***p.V.V.*** (des Werk- oder Werklieferungsvertrages) seinen Ersatz seines Schadens vom Unternehmer holen.

Wenn Ihr mehr über den Aufbau des Anspruchs aus p.V.V. erfahren wollt, werdet Ihr in den letzten Fällen der Kaufmängelhaftung fündig.

In Klausuren werdet Ihr kaum Zeit haben, Euch mit der verwirrenden Vielzahl von gutgemeinten Vorschlägen der Literatur zu befassen. Stellt Euch breitbeinig auf den oben beschriebenen Standpunkt der allgemeinen Meinung.

5. Ach ja: Ob dieser oder jener Anspruch geltend gemacht werden kann, ist ganz entscheidend für die ***Verjährung***. Der ***Anspruch gemäß § 635*** verjährt nach den ***Fristen des § 638***, also innerhalb von sechs Monaten (normal), einem Jahr (Arbeiten an Grundstücken) oder fünf Jahren (Arbeiten an Bauwerken). Der ***Anspruch aus p.V.V.*** unterliegt der viel längeren ***Verjährung des § 195***. Hier hat der Besteller 30 Jahre Zeit, sich zu rühren.

Mängel im Mietvertrag - Eine kleine Einführung

Einleitende Worte

Da soll es also auch noch Mängel im Mietvertrag geben. Und an was denken wir da spontan? Jede Wette. Fast allen fällt zunächst einmal etwas zur Wohnraummiete ein. Je nach sozialer Herkunft wird der Blickwinkel der Betrachtung dieser oder jener sein. Töchter und Söhne von Bessersituierten werden sich an Klagen ihrer Eltern über Mieter erinnern, die die ganze Wohnung versaut haben. Ojeoje. Kinder des Proletariats wissen gruselige Geschichten über böse Vermieterkapitalisten zu berichten, die niemals etwas reparieren und ihre siebenköpfige Familie in einem kalten und feuchten Loch hausen lassen. Natürlich zu einer Wuchermiete. Auweia.

Aber Spaß beiseite: Beide Grundsituationen gibt es ja wirklich. Sowohl ein Vermieter als auch ein Mieter kann der Bösewicht sein. Im Extremfall sind es sogar beide. Und wenn sich jemand danebenbenimmt, hat der jeweils andere ein Interesse daran, den Mißstand vom anderen beseitigen zu lassen. Unter Umständen kann er sogar Schadensersatz verlangen.

Und noch etwas: Mängel im Mietvertrag gibt es natürlich nicht nur bei der Wohnraummiete. Mieten kann man nämlich auch Autos, Motorräder, Werkzeug und ach so vieles mehr. Ihr werdet das in den folgenden Fällen merken.

Zur ***Systematik*** sei folgendes gesagt. Im Prinzip könnt Ihr auf Euer nunmehr hoffentlich vorhandenes Wissen zu den am Anfang des Buches aufgeführten Mängeln im Kaufvertrag zurückgreifen. Irgendwo müßt Ihr prüfen, ob tatsächlich ein Mangel vorliegt und dann überdenken, ob eine Gewährleistung vielleicht ausgeschlossen ist. Das ist die immer und immer wiederkehrende Grundkonstellation, die Ihr beachten solltet.

Das Mietrecht bietet aber einige besondere Normen. Deshalb solltet Ihr zunächst Eure bewährten Gesetzestexte zücken und Euch die **§§ *535 ff*** mehrfach zu Gemüte führen. Jaja, Lesen ist angesagt. Vieles erschließt sich - wie so oft - aus der Aneinanderreihung vieler lustiger Worte in den einzelnen Normen selbst. Möglicherweise wiederhole ich mich jetzt. Fakt ist und bleibt folgendes: Ich habe im Laufe meines Studiums mehrfach Klausuren "in den Sand gesetzt", weil ich mich vor dem Lesen des Gesetzestextes gedrückt habe und lediglich auf mein vermeintliches Wissen bezüglich diverser Themenbereiche verlassen habe. Und ich war verlassen. Capito? Vamos!!

Lesepause - ....

Und?! Nicht schummeln!! Hand auf's Herz und an den Kopf.

Beantwortet doch einmal folgende Frage:

> Bietet **§ *537*** einen Anspruch auf Minderung gegen den Mietzinsanspruch des Vermieters ?

Schon diese Frage läßt sich anhand des Gesetzes leicht beantworten. Der Mieter hat keinen Minderungsanspruch.
Gemäß § 537 ist der Mieter schon kraft Gesetzes von der Entrichtung eines Teils des vereinbarten Mietzinses oder sogar des gesamten Mietzinses befreit, wenn die Mietsache einen Fehler aufweist oder ihr eine zugesicherte Eigenschaft fehlt. Der Mieter muß also gegenüber dem Vermieter noch nicht einmal erklären, daß er den Mietzins (gänzlich oder zum Teil) nicht zahlen werde. Wer hätt's gedacht. Ich jedenfalls lange nicht. Welch Schmach und Ärger. Die berechtigte Randbemerkung des Korrektors lautete damals so oder ähnlich: "Und was steht im Gesetz?!" Und all das wäre soooo leicht zu vermeiden gewesen. Ich gräme mich noch heute.

Zu beachten ist in diesem Zusammenhang aber eine weitere Besonderheit. Das "Recht" des Mieters auf gänzliche oder teilweise Minderung des Mietzinses ist unter den Voraussetzungen des § 545 I ausgeschlossen. Der Mieter muß dem Vermieter unverzüglich den Fehler der Mietsache anzeigen.

Eines will ich Euch schon jetzt verraten. Es gibt im Rahmen der Mietmängel besonders interessante und weniger wichtige Normen. Insbesondere §§ 535 - 541, §§ 542 - 545, § 548, § 550, § 553, § 558 solltet Ihr Euch aber unbedingt einhämmern.

Und jetzt ran an die Fälle. Und wenn Ihr sie bearbeitet habt - aber erst dann - ein Blick an's Ende des Buchs. Da erscheint dann noch einmal alles (und noch ein bißchen mehr) in den mittlerweile bekannten Aufbauschemata.

Abermals viel Spaß bei der Bearbeitung !!!

Fall 35

Der etwas überdrehte und stinkreiche M will die 500 m^2 große Villa des V mieten. Die Parteien schließen einen dementsprechenden Vertrag, in dem sie als monatlichen Mietzins 10.000,-- DM vereinbaren. Nachdem M frohgemut zwei Jahre in der Villa dem Nichtstun frönt, stellt sich heraus, daß ein Teil der Dachkonstruktion des Hauses einzustürzen droht. Der empörte M weist V auf die teilweise Unbewohnbarkeit des Hauses hin, da er drei der sechs Schlafzimmer und seinen Billard-Salon nicht mehr nutzen kann. Zudem ärgert ihn fürchterlich, daß der V ein eigenes Verschulden an dem Mißstand zurückweist und deshalb trotzdem auf Zahlung der Miete beharrt.

Frage 1: Hat M gegen V Ansprüche auf Instandsetzung des Dachs bzw. auf Minderung des Mietzinses ?

Frage 2: Kann V von M Zahlung des Mietzinses verlangen ?

Lösungsskizze Fall 35

Frage 1: Hat M gegen V Ansprüche auf Instandsetzung des Dachs bzw. auf Minderung des Mietzinses ?

- M gegen V Anspruch auf Instandsetzung des Dachs gemäß § 536

I. Anspruch entstanden ?

1. Wirksamer Mietvertrag, § 535 ?

HIER (+) → die Parteien haben die Gebrauchsüberlassung einer Villa für 10.000,-- DM / Monat vereinbart; eine etwaige Nichtbeachtung der Schriftform hat gemäß §§ 580, 566 keine Auswirkungen auf die Gültigkeit des Vertrags (vgl. Gesetzeswortlaut)

2. Nicht vertragsgemäßer Zustand der Mietsache ?

HIER (+) → ein Teil des Dachs ist einsturzgefährdet

3. Kein Ausschluß des Anspruchs ? **(+)**

4. <u>also</u>: Anspruch entstanden **(+)**

II. Anspruch untergegangen ? **(–)**

III. Anspruch durchsetzbar ? **(+)**

IV. Ergebnis:

M gegen V Anspruch auf Instandsetzung des Dachs gemäß § 536 (+)

- M gegen V Anspruch auf Minderung des Mietzinses gemäß § 537

(–) !!! → § 537 gibt dem Mieter keinen Anspruch auf Minderung; bei Vorliegen der Voraussetzungen des § 537 ist der Mieter allenfalls automatisch ganz oder zum Teil von der Mietzinszahlung befreit (vgl. Gesetzestext)

Frage 2: Kann V von M Zahlung des Mietzinses verlangen ?

- V gegen M Mietzinszahlung gemäß § 535 S. 2 ?

I. Anspruch entstanden ?

1. Wirksamer Mietvertrag, § 535 ? (+), s.o.

2. <u>also</u>: Anspruch entstanden (+)

II. Anspruch untergegangen ? (–)

III. Anspruch durchsetzbar ?

1. Befreiung von der Mietzinszahlung gemäß § 537 ?
= gesetzlich (!!!) eintretende gänzliche oder teilweise (Minderung) Befreiung von der Mietzinszahlung

a. Mietvertrag, § 535 ? (+), s.o.

b. Voraussetzungen des § 537 I oder II ?
= beachtlicher Fehler der Mietsache zur Zeit der Überlassung oder später <u>oder</u> Fehlen einer zugesicherten Eigenschaft

aa. beachtlicher Fehler, § 537 I ?
= jedes für den Mieter nachteilige Abweichen der Ist- von der Sollbeschaffenheit, das die Gebrauchstauglichkeit der Sache aufhebt oder mindert und nicht nur gering / unbeachtlich ist

HIER (+) → das Hausdach ist teilweise einsturzgefährdet; M kann einen Teil der gemieteten Sache nicht nutzen

bb. Vorliegen des Fehlers bei der Überlassung, § 537 I 1, Var. 1 oder Entstehen im Laufe der Miete, § 537 I 1, Var. 2 ?

HIER → im Laufe der Miete, § 537 I 1, Var. 2

cc. <u>also</u>: Voraussetzungen des § 537 I (+)

c. Kein Ausschluß des Rechts ? (+)

aa. gemäß § 545 I und II, 2. Halbsatz ?
= Ausschluß der gesetzlichen Befreiung bei Nichtanzeige eines Mangels

HIER (–) → M ist seiner Mängelanzeigepflicht aus § 545 I 1 nachgekommen

bb. <u>also</u>: kein Ausschluß des Rechts (+)

d. Umfang der Befreiung
→ keine Angaben im Sachverhalt

e. <u>also</u>: teilweise Befreiung von der Mietzinszahlung gemäß § 537 (+)

2. <u>also</u>: Anspruch (des V) in voller Höhe durchsetzbar (–)

IV. Ergebnis:
V gegen M Mietzinszahlung gemäß § 535 S. 2 in voller Höhe (-)

Formulierungsvorschlag Fall 35

Frage 1: Hat M gegen V Ansprüche auf Instandsetzung des Dachs bzw. auf Minderung des Mietzinses ?

- M gegen V Anspruch auf Instandsetzung des Dachs gemäß § 536

M könnte gegen V einen Anspruch Instandsetzung des Dachs gemäß § 536 haben.

I. Dann müßte der Anspruch zunächst entstanden sein.

1. Dies setzt einen wirksamen Mietvertrag voraus.
V und M haben die Gebrauchsüberlassung einer Villa für 10.000,-- DM / Monat vereinbart. Demnach handelt es sich um einen Mietvertrag (§ 535). Eine etwaige Nichtbeachtung der Schriftform hat gemäß §§ 580, 566 keine Auswirkungen auf die Gültigkeit des Vertrags (vgl. Gesetzeswortlaut).

2. Außerdem müßte sich die Mietsache in einem nicht vertragsgemäßen Zustand befinden.
Ein Teil des Dachs ist einsturzgefährdet. Also liegt auch diese Voraussetzung vor.

3. Ein Ausschluß des Anspruchs ist nicht ersichtlich.

4. Demnach ist der Anspruch entstanden.

II. Der Anspruch des M ist nicht untergegangen.

III. Er ist auch durchsetzbar.

IV. M hat gegen V einen Anspruch auf Instandsetzung des Dachs gemäß § 536.

- M gegen V Anspruch auf Minderung des Mietzinses gemäß § 537

Ein Minderungsanspruch des M scheidet aus. § 537 gibt dem Mieter keinen Anspruch auf Minderung, sondern - bei Vorliegen der Voraussetzungen des § 537 I oder II - allenfalls eine Minderungseinrede gegen den Mietzinsanspruch des Vermieters aus § 535 S. 2.

Frage 2: Kann V von M Zahlung des Mietzinses verlangen ?

- V gegen M Mietzinszahlung gemäß § 535 S. 2

Möglicherweise hat V gegen M einen Anspruch auf Mietzinszahlung gemäß § 535 S. 2.

I. Dann müßte der Anspruch zunächst entstanden sein.

1. V und M haben einen wirksamen Mietvertrag geschlossen (s.o.).

2. Demnach ist der Anspruch entstanden.

II. Der Anspruch ist nicht untergegangen.

III. Fraglich ist jedoch, ob er auch durchsetzbar ist.

1. Möglicherweise ist M gemäß § 537 ganz oder teilweise von der Mietzinszahlung befreit. Unter den Voraussetzungen der genannten Norm tritt die Befreiung automatisch, d.h. per Gesetz ein.

a. V und M haben einen wirksamen Mietvertrag geschlossen (s.o.).

b. Weiterhin müßten die Voraussetzungen des § 537 I oder II vorliegen.

Die Mietsache könnte einen beachtlichen Fehler, § 537 I aufweisen.

Als Fehler wird jedes für den Mieter nachteilige Abweichen der Ist- von der Soll-Beschaffenheit, das die Gebrauchstauglichkeit der Sache aufhebt oder mindert und das nicht nur gering bzw. unbeachtlich ist, gewertet.
Das Hausdach ist teilweise einsturzgefährdet. Dieser Zustand stellt einen beachtlichen Fehler i.S.d. § 537 I dar. M kann die Mietsache nur teilweise nutzen.

Der Fehler ist im Laufe der Miete entstanden, § 537 I 1, Var. 2.

Also liegen die Voraussetzungen des § 537 I vor.

c. Fraglich ist, ob Ausschluß des Rechts in Betracht kommt.

Die teilweise Befreiung von der Pflicht zur Mietzinszahlung könnte unter den Voraussetzungen des § 545 I und II, 2. Halbsatz ausgeschlossen sein. Dann müßte der Mieter die Mängelanzeige gegenüber dem Vermieter unterlassen haben. M ist jedoch seiner Mängelanzeigepflicht aus § 545 I 1 nachgekommen.

Ein Ausschluß scheidet demnach aus.

d. Bezüglich des Umfangs der Befreiung enthält der Sachverhalt keine Angaben.

e. Der Mieter ist gemäß § 537 teilweise von der Entrichtung des Mietzinses befreit.

2. Der Mietzinsanspruch des V ist nicht in voller Höhe durchsetzbar.

IV. V hat gegen M einen Mietzinsanspruch gemäß § 535 S. 2, jedoch nicht in voller Höhe.

Fazit

1. Der Anspruch aus **§ *536*** ist denkbar einfach. Er weist keine großartigen Besonderheiten auf.
   Etwas solltet Ihr allerdings beachten: Bei § 536 handelt es sich um eine ***Ergänzung der Hauptpflicht*** des Vermieters aus (§ 535 S. 1). Der Vermieter muß also nicht nur die Mietsache überlassen, sondern eben auch in einem ***vertragsgemäßen Zustand***. Und er muß sie so erhalten. § 536 bietet deshalb für den Mieter einen eigenen Anspruch auf Herstellung dieses Zustands.

2. Und nun noch einmal zu **§ *537***: Diese Norm gibt dem Mieter ***keinen Anspruch auf Minderung*** und auch ***keine*** typische ***Mängeleinrede***. Er ist - bei Vorliegen der Voraussetzungen des § 537 - ganz oder teilweise ***von der Entrichtung des Mietzinses befreit***. Die Befreiung tritt ***per Gesetz*** ein. Das ist elementar.

3. Ihr habt ***etwas annähernd Vergleichbares*** schon einmal kennengelernt. Und zwar zum ersten Mal viel weiter vorne. Bei der Mängelhaftung im Kaufvertrag. Da wurdet Ihr unversehens mit der Mängeleinrede im Rahmen des **§ *478*** konfrontiert. Wenn Euch das schon wieder entfallen sein sollte, blättert flugs zurück und betrachtet diese Schweinerei noch einmal. Es gibt unglaublich ***viele Parallelen zu § 537***.

4. Zwar muß der Mieter ein Minderungsrecht niemals erklären. Im Prüfungspunkt ***III.1.c. (Kein Ausschluß des Rechts)*** ist aber zu beachten, daß die Befreiung gemäß **§ *545 I und II, 2. Halbsatz*** bei der Nichtanzeige des Mangels ausgeschlossen sein kann. Es handelt sich de facto um eine "verkappte Erklärungspflicht". Ihr könnt dazu ein paar kurze Worte erwähnen, müßt es aber nicht, wenn der Mieter die Voraussetzung laut Sachverhalt erfüllt hat.

5. Interessant sind im Rahmen der Einrede des § 537 folgende Einzelheiten:

   Der ***Fehlerbegriff*** ist ***fast identisch mit*** dem der Sachmängelhaftung im ***Kaufvertrag***.
   Ein ***Verschulden*** des Vermieters ist im übrigen ***nicht erforderlich***.
   Da es sich bei § 537 nicht um einen Anspruch handelt, müßt Ihr Euch über eine etwaige ***Verjährung*** keine Gedanken machen.

Fall 36

L, der einmal mehr seinem Selbstdarstellungstrieb erliegt, mietet beim Autovermieter V ein fabrikneues Sportwagen-Cabriolet, um im heimatlichen Dorf für Aufsehen zu sorgen. Der schriftlich geschlossene Vertrag erstreckt sich über zwei Tage und verpflichtet L, bei Rückgabe des Autos 500,-- DM an V zu zahlen. Leider kann L den Wagen nach Übergabe nur an einem Tag nutzen. Eintretender Dauerregen macht ein Fahren unmöglich, da sich das Verdeck nicht schließen läßt. Der Defekt war schon bei Vertragsabschluß vorhanden. Als L zum vereinbarten Rückgabetermin bei V eintrifft, verlangt dieser die vereinbarten 500,-- DM Mietzins. L will wegen des eintägigen Ausfalls nur 250,-- DM zahlen. Daraufhin verweist V auf den auf der Vorderseite des Mietvertrags deutlich sichtbaren Hinweis: "Der Mieter bestätigt durch seine Unterschrift die Geltung der allgemeinen Geschäftsbedingungen des Vermieters.". In den bei V jederzeit einsehbaren Geschäftsbedingungen findet sich unter § 8 der Passus: "Eine Minderung ist ausgeschlossen.".

Frage: Kann V von L Zahlung des gesamten Mietzinses verlangen ?

Lösungsskizze Fall 36

- V gegen L Mietzinszahlung gemäß § 535 S. 2 ?

I. Anspruch entstanden ?

1. Wirksamer Mietvertrag, § 535 ?

HIER (+) → die Parteien haben die Gebrauchsüberlassung eines Autos gegen Entgelt vereinbart

2. also: Anspruch entstanden (+)

II. Anspruch untergegangen ? (−)

III. Anspruch durchsetzbar ?

1. Befreiung von der Mietzinszahlung gemäß § 537 ?

= gesetzlich (!!!) eintretende gänzliche oder teilweise (Minderung) Befreiung von der Mietzinszahlung

a. Mietvertrag, § 535 ? (+), s.o.

b. Voraussetzungen des § 537 I oder II ?

= beachtlicher Fehler der Mietsache zur Zeit der Überlassung oder später oder Fehlen einer zugesicherten Eigenschaft

aa. beachtlicher Fehler, § 537 I ?

= jedes für den Mieter nachteilige Abweichen der Ist- von der Sollbeschaffenheit, das die Gebrauchstauglichkeit der Sache aufhebt oder mindert und nicht nur gering / unbeachtlich ist

HIER (+) → das Verdeck konnte nicht geschlossen werden; L konnte deshalb den Wagen teilweise nicht nutzen

bb. Vorliegen des Fehlers bei der Überlassung, § 537 I 1, Var. 1 oder Entstehen im Laufe der Miete, § 537 I 1, Var. 2 ?

HIER → bei der Überlassung, § 537 I 1, Var. 1

cc. also: Voraussetzungen des § 537 I (+)

c. Kein Ausschluß des Rechts ?

aa. gemäß § 545 I und II, 2. Halbsatz ?
= Ausschluß der gesetzlichen Befreiung bei Nichtanzeige eines Mangels

HIER (−) → L ist seiner Mängelanzeigepflicht aus § 545 I 1 nachgekommen

bb. gemäß § 8 der Geschäftsbedingungen des V ?
= Ausschluß der gesetzlichen Befreiung

HIER an sich (+), aber:

(1) Wirksamkeit der Klausel ?
= bei Übereinstimmung mit dem AGBG

(a) Allgemeine Geschäftsbedingung i.S.d. § 1 AGBG ?

HIER (+) → sie ist für eine Vielzahl von Verträgen vorformuliert

(b) Wirksame Einbeziehung der Klausel in den Vertrag, § 2 AGBG ?

HIER (+) → ein deutlich sichtbarer Vetragshinweis auf die AGB reicht aus; L hatte zudem die Möglichkeit, in zumutbarer Weise bei Vertragsschluß vom Inhalt der AGB Kenntnis zu nehmen

(c) Unwirksamkeit nach AGBG-Bestimmungen ?
(Prüfungsreihenfolge immer: § 11 - § 10 - § 9 AGBG)

HIER (−) → § 11 Ziffer 10.a) (Ausschluß der Gewährleistung) ist nicht einschlägig; entgegen dem weit gefaßten Einleitungssatz des § 11 Ziffer 10 (Verträge über ... Leistungen) ist diese Bestimmung nicht anwendbar auf Gebrauchsüberlassungsverträge, wie z.B. die Miete

(d) also: Klausel wirksam (+)

(2) Ausschluß gemäß § 8 der Geschäftsbedingungen (+)

cc. also: kein Ausschluß des Rechts (−)

d. also: teilweise Befreiung von der Mietzinszahlung gemäß § 537 (−)

2. also: Anspruch (des V) in voller Höhe durchsetzbar (+)

IV. Ergebnis:

V gegen L Mietzinszahlung gemäß § 535 S. 2 in voller Höhe (+)

Formulierungsvorschlag Fall 36

- V gegen L Mietzinszahlung gemäß § 535 S. 2

Möglicherweise hat V gegen L einen Anspruch auf Mietzinszahlung gemäß § 535 S. 2.

I. Dann müßte der Anspruch zunächst entstanden sein.

1. Dies setzt einen wirksamen Mietvertrag voraus.
V und L die haben die Gebrauchsüberlassung eines Autos für 500,-- DM vereinbart. Demnach handelt es sich um einen Mietvertrag (§ 535).

2. Demnach ist der Anspruch entstanden.

II. Der Anspruch ist nicht untergegangen.

III. Fraglich ist jedoch, ob er auch durchsetzbar ist.

1. Möglicherweise ist L gemäß § 537 ganz oder teilweise von der Mietzinszahlung befreit. Unter den Voraussetzungen der genannten Norm tritt die Befreiung automatisch, d.h. per Gesetz ein.

a. V und L haben einen wirksamen Mietvertrag geschlossen (s.o.).

b. Weiterhin müßten die Voraussetzungen des § 537 I oder II vorliegen.

Die Mietsache könnte einen beachtlichen Fehler, § 537 I aufweisen.

Als Fehler wird jedes für den Mieter nachteilige Abweichen der Ist- von der Soll-Beschaffenheit, das die Gebrauchstauglichkeit der Sache aufhebt oder mindert und das nicht nur gering bzw. unbeachtlich ist, gewertet.
Das Verdeck des Wagens konnte nicht geschlossen werden; L konnte deshalb den Wagen teilweise nicht nutzen. Dieser Zustand stellt einen beachtlichen Fehler i.S.d. § 537 I dar.

Der Fehler der Mietsache lag schon bei deren Überlassung an den Mieter vor, § 537 I 1, Var. 1.

Also liegen die Voraussetzungen des § 537 I vor.

c. Fraglich ist, ob Ausschluß des Rechts in Betracht kommt.

Die teilweise Befreiung von der Pflicht zur Mietzinszahlung könnte unter den Voraussetzungen des § 545 I und II, 2. Halbsatz ausgeschlossen sein. Dann müßte der Mieter die Mängelanzeige gegenüber dem Vermieter unterlassen haben. L ist jedoch seiner Mängelanzeigepflicht aus § 545 I 1 nachgekommen.

V könnte durch § 8 seiner Geschäftsbedingungen das Minderungsrecht des L ausgeschlossen haben. L hätte demnach keine Einrede gegen den Mietzinsanspruch des V.

Hierzu müßte die Klausel jedoch wirksam sein. Die Wirksamkeit bestimmt sich nach den Vorschriften des AGBG, wenn die Geschäftsbedingungen des V - und damit auch der in Frage stehende § 8 - allgemeine Geschäftsbedingungen i.S. dieses Gesetzes sind.

Dann müßten sie den Voraussetzungen des § 1 AGBG genügen. Das wird bejaht, wenn die Bedingungen für eine Vielzahl von Verträgen vorformuliert ist.
Mangels entgegenstehender Anhaltspunkte ist hiervon auszugehen. Die Bedingungen des V sind allgemeine Geschäftsbedingungen i.S.d. AGBG.

Fraglich ist, ob die Bedingungen wirksam in den Vertrag einbezogen worden sind, § 2 AGBG. In diesem Zusammenhang reicht ein deutlich sichtbarer Vertragshinweis auf die AGB aus. L hatte zudem die Möglichkeit, in zumutbarer Weise bei Vertragsschluß vom Inhalt der AGB Kenntnis zu nehmen. Eine wirksame Einbeziehung gemäß § 2 I AGBG liegt somit vor.

Möglicherweise ist der § 8 der Geschäftsbedingungen des V jedoch gemäß § 11 Ziffer 10.a) ABGB unwirksam. Nach der genannten Norm ist in allgemeinen Geschäftsbedingungen u.a. eine Klausel unwirksam, die einen Teil der Gewährleistungsrechte ausschließt.
Entgegen dem weit gefaßten Einleitungssatz des § 11 Ziffer 10 (Verträge über ... Leistungen) ist diese Bestimmung aber nicht anwendbar auf Gebrauchsüberlassungsverträge, wie z.B. die Miete.

Die von V verwendete Klausel ist demnach wirksam.

Der Ausschluß gemäß § 8 der Geschäftsbedingungen ist wirksam.

Die üblichen Gewährleistungsrechte sind somit ausgeschlossen.

d. Der Mieter ist nicht gemäß § 537 teilweise von der Entrichtung des Mietzinses befreit.

2. Der Mietzinsanspruch des V ist in voller Höhe durchsetzbar.

IV. V hat gegen L einen Mietzinsanspruch gemäß § 535 S. 2 in voller Höhe.

Fazit

1. ***§ 537 beinhaltet*** - wie schon gesagt - keinen Anspruch, sondern ***eine gesetzliche Befreiung von der Mietzinszahlungspflicht***. Je nach Umfang der Beeinträchtigung ist eine gänzliche Befreiung oder eine teilweise Befreiung (Minderung) möglich.

2. Innerhalb des Vermieteranspruchs auf Mietzinszahlung ist bei der Frage der Durchsetzbarkeit des Anspruchs zu prüfen, ob eine (teilweise) Befreiung von der Mietzinszahlung in Betracht kommt.
Wiederum ergeben sich ***viele Parallelen zu der Mängelhaftung im Kauf- und Werkvertragsrecht***. Wie sollte es auch anders sein.

3. Bezüglich des - allgegenwärtigen - ***Ausschlusses der Gewährleistung*** ist einmal mehr die Frage nach der Wirksamkeit von "***Allgemeinen Geschäftsbedingungen***" gestellt worden.

   Und jetzt kommt der Knaller, den Ihr euch unbedingt einprägen müßt:

   § 11 Nr. 10 a AGBG (Ausschluß der Gewährleistung) ist nicht einschlägig. Entgegen dem weit gefaßten Einleitungssatz des ***§ 11 Nr. 10 AGBG*** (Verträge über ... Leistungen) ist diese Bestimmung ***nicht anwendbar auf Gebrauchsüberlassungsverträge***, wie z.B. die Miete!!!

Fall 37

Der recht mittellose Philosophiestudent P mietet ein winziges Zimmer im Haus des rüstigen Oberst O. An einem kalten Januarmittag entsteigt er seinem Bett und versucht, die am Fenster befindlichen Eisblumen durch Inbetriebnahme des Heizkörpers zu verscheuchen. P muß sich sehr schnell mit einem Defekt des Wärmespenders abfinden. Der herbeigerufene O äußert, etwas Abhärtung habe noch niemandem geschadet, verspricht dann aber, sich um die Sache zu kümmern. Dennoch muß P die folgenden zwei Wochen bei enormer Kälte und in Decken gehüllt am Schreibtisch verbringen. Am Ende des Monats verlangt O Zahlung der Miete. P ist ob der erlittenen Qualen lediglich bereit, einen Teil des geschuldeten Betrags zu zahlen. Im anschließenden Streitgespräch zückt O den zwischen den Parteien geschlossenen Vertrag und verweist P triumphierend auf die Klausel: "Der Mieter darf den Mietzins wegen etwaiger Fehler an der Mietsache nicht mindern.".

Frage: Hat O einen Anspruch auf Zahlung des Mietzinses ?

Lösungsskizze Fall 37

- O gegen P Mietzinszahlung gemäß § 535 S. 2 ?

I. Anspruch entstanden ?

1. Wirksamer Mietvertrag, § 535 ?

HIER (+) → die Parteien haben die Gebrauchsüberlassung eines Zimmers gegen Entgelt vereinbart

2. <u>also</u>: Anspruch entstanden **(+)**

II. Anspruch untergegangen ? **(–)**

III. Anspruch durchsetzbar ?

1. Befreiung von der Mietzinszahlung gemäß § 537 ?

= gesetzlich (!!!) eintretende gänzliche oder teilweise (Minderung) Befreiung von der Mietzinszahlung

a. Mietvertrag, § 535 ? (+), s.o.

b. Voraussetzungen des § 537 I oder II ?

= beachtlicher Fehler der Mietsache zur Zeit der Überlassung oder später <u>oder</u> Fehlen einer zugesicherten Eigenschaft

aa. beachtlicher Fehler, § 537 I ?

= jedes für den Mieter nachteilige Abweichen der Ist- von der Sollbeschaffenheit, das die Gebrauchstauglichkeit der Sache aufhebt oder mindert und nicht nur gering / unbeachtlich ist

HIER (+) → die Heizung war defekt; P konnte deshalb das Zimmer nur teilweise nutzen

bb. Vorliegen des Fehlers bei der Überlassung, § 537 I 1, Var. 1 oder Entstehen im Laufe der Miete, § 537 I 1, Var. 2 ?

HIER → im Laufe der Miete, § 537 I 1, Var. 2

***cc. <u>also</u>: Voraussetzungen des § 537 I* (+)**

c. Kein Ausschluß des Rechts ?

aa. gemäß § 545 I und II, 2. Halbsatz ?
= Ausschluß der gesetzlichen Befreiung bei Nichtanzeige eines Mangels

HIER (–) → P ist seiner Mängelanzeigepflicht aus § 545 I 1 nachgekommen

bb. aufgrund der vertraglichen Ausschlußklausel ?
= Ausschluß des Minderungsrechts

HIER (–) → zwar können in einem individuell ausgehandelten Mietvertrag - im Gegensatz zu "Allgemeinen Geschäftsbedingungen" - alle Gewährleistungsrechte ausgeschlossen werden; damit hat der Mieter auch kein Minderungsrecht; dies ergibt sich unmittelbar aus einem Umkehrschluß des Wortlauts des § 537 III;
§ 537 III normiert jedoch ausdrücklich, daß bei Mietverhältnissen über Wohnraum eine mit dem Mieter geschlossene Vereinbarung, die nachteilig von den in § 537 gewährten Mieterrechten abweicht, unwirksam ist;
P hat von O ein Zimmer, also Wohnraum gemietet; die Klausel im Vertrag schließt sein durch § 537 I gewährtes Minderungsrecht aus; also verstößt die Klausel gegen § 537 III und ist unwirksam

cc. <u>also</u>: kein Ausschluß des Rechts **(+)**

d. Umfang der Befreiung
→ keine Angaben im Sachverhalt

e. <u>also</u>: teilweise Befreiung von der Mietzinszahlung gemäß § 537 **(+)**

2. <u>also</u>: Anspruch (des O) in voller Höhe durchsetzbar **(–)**

IV. Ergebnis:
O gegen P Mietzinszahlung gemäß § 535 S. 2 in voller Höhe (–)

Formulierungsvorschlag Fall 37

- O gegen P Mietzinszahlung gemäß § 535 S. 2

Möglicherweise hat O gegen P einen Anspruch auf Mietzinszahlung gemäß § 535 S. 2.

I. Dann müßte der Anspruch zunächst entstanden sein.

1. Dies setzt einen wirksamen Mietvertrag voraus.
O und P die haben die Gebrauchsüberlassung eines Zimmers gegen Entgelt vereinbart. Somit handelt es sich um einen Mietvertrag (§ 535).

2. Demnach ist der Anspruch entstanden.

II. Der Anspruch ist nicht untergegangen.

III. Fraglich ist jedoch, ob er auch durchsetzbar ist.

1. Möglicherweise ist P gemäß § 537 ganz oder teilweise von der Mietzinszahlung befreit. Unter den Voraussetzungen der genannten Norm tritt die Befreiung automatisch, d.h. per Gesetz ein.

a. O und P haben einen wirksamen Mietvertrag geschlossen (s.o.).

b. Weiterhin müßten die Voraussetzungen des § 537 I oder II vorliegen.

Die Mietsache könnte einen beachtlichen Fehler, § 537 I aufweisen.

Als Fehler wird jedes für den Mieter nachteilige Abweichen der Ist- von der Soll-Beschaffenheit, das die Gebrauchstauglichkeit der Sache aufhebt oder mindert und das nicht nur gering bzw. unbeachtlich ist, gewertet.
Die Heizung war defekt. P konnte deshalb das Zimmer nur teilweise nutzen. Dieser Zustand stellt einen beachtlichen Fehler i.S.d. § 537 I dar.

Der Fehler ist im Laufe der Miete entstanden, § 537 I 1, Var. 2.

Also liegen die Voraussetzungen des § 537 I vor.

c. Fraglich ist, ob Ausschluß des Rechts in Betracht kommt.

Die teilweise Befreiung von der Pflicht zur Mietzinszahlung könnte unter den Voraussetzungen des § 545 I und II, 2. Halbsatz ausgeschlossen sein. Dann müßte der Mieter die Mängelanzeige gegenüber dem Vermieter unterlassen haben. P ist jedoch seiner Mängelanzeigepflicht aus § 545 I 1 nachgekommen.

Das Minderungsrecht könnte aufgrund der vertraglichen Ausschlußklausel entfallen.

Die Parteien haben im Mietvertrag eine Minderung des Mietzinses wegen etwaiger Fehler an der Mietsache ausgeschlossen.
In einem individuell ausgehandelten Mietvertrag können - im Gegensatz zu "Allgemeinen Geschäftsbedingungen" - alle Gewährleistungsrechte grundsätzlich ausgeschlossen werden. Damit hat der Mieter auch kein Minderungsrecht. Dies ergibt sich unmittelbar aus einem Umkehrschluß des Wortlauts des § 537 III.

§ 537 III normiert jedoch ausdrücklich, daß bei Anmietung von Wohnraum eine mit dem Mieter geschlossene Vereinbarung, die nachteilig von den in § 537 gewährten Mieterrechten abweicht, unwirksam ist. P hat von O ein Zimmer, also Wohnraum gemietet. Die Klausel im Vertrag schließt sein durch § 537 I gewährtes Minderungsrecht aus. Also verstößt die Klausel gegen § 537 III und ist unwirksam.

Das Minderungsrecht des P ist somit nicht ausgeschlossen.

Die üblichen Gewährleistungsrechte sind somit ausgeschlossen.

d. Bezüglich des Umfangs der Minderung enthält der Sachverhalt keine Angaben.

e. Der Mieter ist gemäß § 537 teilweise von der Entrichtung des Mietzinses befreit.

2. Der Mietzinsanspruch des O ist nicht in voller Höhe durchsetzbar.

IV. O hat gegen P einen Mietzinsanspruch gemäß § 535 S. 2, jedoch nicht in voller Höhe.

Fazit

1. Der besondere ***Aufbau*** der gänzlichen oder teilweisen Befreiung von der Mietzinszahlung dürfte nun klar sein. Achtet darauf, daß zwar die innerhalb dieses Prüfungskomplexes auftauchenden Probleme vergleichbar mit denen der Mängeleinrede im Kaufrecht und Werk- bzw. Werklieferungsrecht sind, aber durchaus Aufbauunterschiede existieren. Vergleicht das selbst noch einmal.

2. Im Prüfungspunkt ***Ausschluß der Gewährleistung*** wartete eine weitere Besonderheit auf Euch. Wie Ihr aus den Fällen zu Kauf- und Werkmängeln wissen dürftet, können in einem individuell ausgehandelten (Miet-) ***Vertrag*** alle ***Gewährleistungsrechte ausgeschlossen*** werden.
   Damit hat der Mieter auch kein Minderungsrecht. Dies ergibt sich unmittelbar aus einem Umkehrschluß des Wortlauts des **§ *537 III*.** Die genannte Norm sagt aber ausdrücklich, daß eine mit dem Mieter geschlossene Vereinbarung, die nachteilig von den in § 537 gewährten Mieterrechten abweicht, unwirksam ist. Merken!!!

3. Eine ***Übersicht*** zu allen gängigen Problemen findet Ihr in den ***Aufbauschemata*** am Ende des Buchs.

Fall 38

Der gewitzte Altreifenverwerter A verhandelt mit dem Bauer V über einen Vertrag bezüglich der Nutzung eines brachgelegten Ackers zur Zwischenlagerung von Altreifen gegen ein monatliches Entgelt. Auf Nachfrage erklärt V nachdrücklich, das Grundstück habe eine Größe von ca. 200.000 m^2. A handelt nach dem Motto "Vertrauen ist gut, Kontrolle ist besser" und schreitet das Grundstück ab. Nach seiner Berechnung mißt das Gelände lediglich 3/4 der angegebenen Größe. Seine Berechnung stimmt annähernd mit der tatsächlichen Größe des Ackers überein. A reibt sich insgeheim die Hände, weil er sich ausrechnet, den vereinbarten monatlichen Preis im nachhinein "drücken" zu können. Dann schließen die Parteien den Vertrag. Als V am Ende des ersten Monats von V Zahlung der vereinbarten Vergütung verlangt, ist A lediglich bereit, einen Teil zu begleichen. Er stellt sich auf den Standpunkt, dem Grundstück fehle wegen der Mindergröße eine zugesicherte Eigenschaft.

Frage: Hat V einen Anspruch auf Zahlung des gesamten Mietzinses ?

Lösungsskizze Fall 38

- V gegen A Mietzinszahlung gemäß § 535 S. 2 ?

I. Anspruch entstanden ?

1. Wirksamer Mietvertrag, § 535 ?

HIER (+) → die Parteien haben die Gebrauchsüberlassung eines Grundstücks gegen Entgelt vereinbart; eine etwaige Nichtbeachtung der Schriftform hat gemäß §§ 580, 566 keine Auswirkungen auf die Gültigkeit des Vertrags (vgl. Gesetzeswortlaut)

2. <u>also</u>: Anspruch entstanden (+)

II. Anspruch untergegangen ? (–)

III. Anspruch durchsetzbar ?

1. Befreiung von der Mietzinszahlung gemäß § 537 ?

= gesetzlich (!!!) eintretende gänzliche oder teilweise (Minderung) Befreiung von der Mietzinszahlung

a. Mietvertrag, § 535 ? (+), s.o.

b. Voraussetzungen des § 537 I oder II ?

= beachtlicher Fehler der Mietsache zur Zeit der Überlassung oder später <u>oder</u> Fehlen einer zugesicherten Eigenschaft

aa. Fehlen einer zugesicherten Eigenschaft, § 537 II ?

Zugesicherte Eigenschaft = alle gegenwärtigen, wertbildenden Faktoren, die der Vermieter besonders hervorgehoben hat (auch unwesentliche Abweichungen); bei Grundstücken ist außerdem § 537 II 2 zu beachten

HIER (+) → A hat auf Nachfrage nachdrücklich erklärt, das Grundstück habe eine Größe von ca. 200.000 m²; er hat die Größe des Ackers also besonders hervorgehoben; die Zusicherung einer bestimmten Grundstücksgröße steht gemäß § 537 II 2 der Zusicherung einer Eigenschaft gleich

bb. Fehlen der zugesicherten Eigenschaft bei der Überlassung, § 537 II 1, Var. 1 oder späterer Wegfall, § 537 II 1, Var. 2 ?

HIER → bei der Überlassung, § 537 II 1, Var. 1

cc. also: Voraussetzungen des § 537 II **(+)**

c. Kein Ausschluß des Rechts ?

aa. gemäß § 545 I und II, 2. Halbsatz ?

= Ausschluß der gesetzlichen Befreiung bei Nichtanzeige eines Mangels

HIER (–) → A ist seiner Mängelanzeigepflicht aus § 545 I 1 nachgekommen

bb. gemäß § 539 ?

= Ausschluß wegen Kenntnis bzw. grob fahrlässiger Unkenntnis des Mangels bei Vertragsabschluß

HIER (+) → A wußte positiv, daß das Grundstück wesentlich kleiner ist, als angegeben; er hat in diesem Wissen den Vertrag abgeschlossen; er hat sich seine Rechte aus § 537 auch nicht gemäß § 539 S. 2 i.V.m. § 464 vorbehalten

cc. also: kein Ausschluß des Rechts **(–)**

d. also: teilweise Befreiung von der Mietzinszahlung gemäß § 537 **(–)**

2. also: Anspruch (des V) in voller Höhe durchsetzbar **(+)**

IV. Ergebnis:

V gegen A Mietzinszahlung gemäß § 535 S. 2 in voller Höhe (+)

Formulierungsvorschlag Fall 38

- V gegen A Mietzinszahlung gemäß § 535 S. 2

Möglicherweise hat V gegen A einen Anspruch auf Mietzinszahlung gemäß § 535 S. 2.

I. Dann müßte der Anspruch zunächst entstanden sein.

1. Dies setzt einen wirksamen Mietvertrag voraus.

V und A die haben die Gebrauchsüberlassung eines Grundstücks gegen Entgelt vereinbart. Somit handelt es sich um einen Mietvertrag (§ 535). Eine etwaige Nichtbeachtung der Schriftform hat gemäß §§ 580, 566 keine Auswirkungen auf die Gültigkeit des Vertrags (vgl. Gesetzeswortlaut).

2. Demnach ist der Anspruch entstanden.

II. Der Anspruch ist nicht untergegangen.

III. Fraglich ist jedoch, ob er auch durchsetzbar ist.

1. Möglicherweise ist A gemäß § 537 ganz oder teilweise von der Mietzinszahlung befreit. Unter den Voraussetzungen der genannten Norm tritt die Befreiung automatisch, d.h. per Gesetz ein.

a. V und A haben einen wirksamen Mietvertrag geschlossen (s.o.).

b. Weiterhin müßten die Voraussetzungen des § 537 I oder II vorliegen.

Der Mietsache könnte eine zugesicherte Eigenschaft fehlen, § 537 II.

Als zugesicherte Eigenschaften werden alle gegenwärtigen, wertbildenden Faktoren gewertet, die der Vermieter besonders hervorgehoben hat. Es kann sich auch um unwesentliche Abweichungen handeln. Bei Grundstücken ist außerdem § 537 II 2 zu beachten.

V hat auf Nachfrage nachdrücklich erklärt, das Grundstück habe eine Größe von ca. 200.000 m^2. Er hat die Größe des Ackers also besonders hervorgehoben. Die Zusicherung einer bestimmten Grundstücksgröße steht gemäß § 537 II 2 der Zusicherung einer Eigenschaft gleich. Das Gelände ist kleiner als von V angegeben. Ihm fehlte somit eine zugesicherte Eigenschaft.

Die Eigenschaft fehlte bei Überlassung der Mietsache, § 537 II 1, Var. 1.

Also liegen die Voraussetzungen des § 537 II vor.

c. Fraglich ist, ob Ausschluß des Rechts in Betracht kommt.

Die teilweise Befreiung von der Pflicht zur Mietzinszahlung könnte unter den Voraussetzungen des § 545 I und II, 2. Halbsatz ausgeschlossen sein. Dann müßte der Mieter die Mängelanzeige gegenüber dem Vermieter unterlassen haben. A ist jedoch seiner Mängelanzeigepflicht aus § 545 I 1 nachgekommen.

Das Minderungsrecht könnte gemäß § 539 wegen Kenntnis bzw. grob fahrlässiger Unkenntnis des Mangels bei Vertragsabschluß entfallen.
A wußte positiv, daß das Grundstück wesentlich kleiner ist, als angegeben. Er hat in diesem Wissen den Vertrag abgeschlossen und hat sich seine Rechte aus § 537 auch nicht gemäß § 539 S. 2 i.V.m. § 464 vorbehalten.

Die üblichen Gewährleistungsrechte sind somit ausgeschlossen.

d. Der Mieter ist nicht gemäß § 537 teilweise von der Entrichtung des Mietzinses befreit.

2. Der Mietzinsanspruch des V ist in voller Höhe durchsetzbar.

IV. V hat gegen A einen Mietzinsanspruch gemäß § 535 S. 2 in voller Höhe.

Fazit

1. Die erste zu beachtende ***Besonderheit*** ist die Regelung des **§** ***537 II 2***. Gemäß dieser Norm ist die Zusicherung einer bestimmten Grundstücksgröße der Zusicherung einer Eigenschaft gleichzustellen.

2. Ein ***Ausschluß der Befreiung von der Mietzinszahlung*** war unter dem Gesichtspunkt des **§** ***539*** zu prüfen. Der Grundsatz dürfte Euch bekannt sein. Ihr habt ihn bereits in § 460 (Kaufmängelhaftung) und in § 640 II (Werkmängelhaftung) kennengelernt. Das Recht ist hier ausgeschlossen, wenn der Mieter den Mangel bei Vertragsschluß kennt oder grob fahrlässig nicht kennt.
   Die Regelung ist vergleichbar mit § 460, der bei Kaufmängeln unter denselben Voraussetzungen zum Ausschluß der Gewährleistung führt. Bei Mängeln im Werkvertrag ist ein Unterschied zu beachten. Erinnert Ihr Euch? Dort gibt es einen Ausschluß der Gewährleistung nur bei positiver Kenntnis des Mangels.

Fall 39

Lebenskünstler L hat eine Marktlücke entdeckt. Er beschafft für wohlbetuchte Nichtstuer exklusive und skurrile Kraftfahrzeuge und vermietet sie an diese weiter. Eines Tages erhält er vom Kunden X die Weisung, ihm für drei Tage ein Goggomobil-Cabrio zu besorgen. L tut, wie ihm geheißen. Er wendet sich an den Oldtimersammler V, der ein solches Gefährt besitzt. V ist bereit, sein "Schmuckstück" für 500,-- DM pro Tag zu entbehren. V und L schließen einen dementsprechender Vertrag über drei Tage. Nachdem L den Wagen erhalten hat, stellt sich heraus, daß er sich aufgrund eines Defektes der Elektrik nicht mehr bewegen läßt. Da das Auto nicht fahrbereit ist, kann L es nicht an X weitergeben. Er verlangt deshalb von V Ersatz des entgangenen Gewinns. L hätte das Gefährt für 700,-- DM pro Tag an X weitervermieten können. Ein Gutachter ermittelt, daß die Fahruntüchtigkeit erst nach der Übergabe des Autos an L eingetreten ist. Der Elektrikdefekt war schon bei Vertragsschluß vorhanden, aber nicht von V erkannt worden.

Frage: Kann L von V Zahlung des entgangenen Gewinns verlangen ?

Lösungsskizze Fall 39

Vorüberlegung:

Gefragt ist nach einem möglichen Schadensersatzanspruch des L gegen V. Wir befinden uns im Bereich der Mietmängelhaftung. Dort stehen ***drei Anspruchsgrundlagen*** zur Verfügung. Alle möglichen Ansprüche finden sich in ***§ 538 I***.

§ 538 I differenziert wie folgt:

Der Mieter kann Schadensersatz verlangen, wenn ein Mangel i.S.d. § 537 beim Abschluß des Vertrages vorhanden war, ***§ 538 I, Var. 1***. Er kann Ersatz verlangen, wenn ein solcher Mangel später entsteht <u>und</u> der Vermieter den Mangel zu vertreten hat, ***§ 538 I, Var. 2***. Wenn der Vermieter mit der Mängelbeseitigung in Verzug kommt, gibt's ebenfalls Schadensersatz, ***§ 538 I, Var. 3***.

Also überlegt immer schon am Anfang der Bearbeitung, welche der Varianten den nun die richtige sein könnte und fangt mit diesem Anspruch an. Meist tauchen in Klausuren die ersten beiden Varianten auf.

In unserem Fall war der Defekt der Elektrik schon <u>beim</u> Vertragsabschluß vorhanden. Unerheblich ist, daß der eigentliche Defekt - die Fahruntüchtigkeit - erst danach eingetreten ist. Der Mangel muß lediglich beim Abschluß des Vertrags vorhanden sein. Ein Hervortreten des Mangels ist nicht erforderlich. Auch auf eine Kenntnis des Mangels seitens des Vermieters kommt es nicht an. Die beschriebenen Umstände sprechen für die Prüfung des Anspruchs aus ***§ 538 I, Var. 1***.

- L gegen V Schadensersatz gemäß § 538 I, Var. 1 ?

I. Anspruch entstanden ?

1. Wirksamer Mietvertrag, § 535 ?

HIER (+) → die Parteien haben die Gebrauchsüberlassung eines Autos gegen Entgelt vereinbart

2. Mangel i.S.d. § 537 I oder II ?

= beachtlicher Fehler oder Fehlen einer zugesicherten Eigenschaft

a. beachtlicher Fehler, § 537 I ?

= jedes für den Mieter nachteilige Abweichen der Ist- von der Sollbeschaffenheit, das die Gebrauchstauglichkeit der Sache aufhebt oder mindert und nicht nur gering / unbeachtlich ist

HIER (+) → der Wagen ist wegen eines Defektes der Elektrik nicht fahrbereit

b. <u>also</u>: Mangel i.S.d. § 537 I (+)

3. Vorliegen des Mangels beim Vertragsabschluß, § 538 I, Var. 1 ?

HIER (+) → die Elektrik des Autos schon <u>beim</u> Vertragsabschluß defekt; unerheblich ist, daß der eigentliche Defekt - die Fahruntüchtigkeit - erst danach eingetreten ist; der Mangel muß beim Abschluß des Vertrags lediglich vorhanden sein; ein Hervortreten des Mangels ist nicht erforderlich

4. Vertretenmüssen des Vermieters

ist bei § 538 I, <u>Var. 1</u> nicht erforderlich (Garantiehaftung)!!!;
auf eine Kenntnis des Mangels seitens des Vermieters kommt es somit nicht an

5. Kein Ausschluß der Gewährleistung ? (+)

6. Durchführung des Schadensersatzanspruchs

→ der Mieter muß lediglich den Schadensersatzanspruch gegenüber dem Vermieter erklären

HIER (+) → L hat erklärt, er wolle Schadensersatz

7. Umfang des Schadensersatzanspruchs

→ immer Ersatz des ***<u>Mangel</u>***schadens
= Ersatz des eigentlichen Nichterfüllungsschadens

HIER → zum Mangelschaden gehört auch der entgangene Gewinn; er beträgt (700,-- DM - 500,-- DM) = 200,-- DM pro Tag, also insgesamt 600,-- DM

8. <u>also</u>: Anspruch entstanden (+)

II. Anspruch untergegangen ? (–)

III. Anspruch durchsetzbar ? (+)

IV. Ergebnis:
L gegen V Schadensersatz gemäß § 538 I, Var. 1
in Höhe von 600,-- DM (+)

Formulierungsvorschlag Fall 39

- L gegen V Schadensersatz gemäß § 538 I, Var. 1

L könnte gegen V einen Schadensersatzanspruch gemäß § 538 I, Var. 1 haben.

I. Dann müßte der Anspruch zunächst entstanden sein.

1. Dies setzt einen wirksamen Mietvertrag voraus.
V und L die haben die Gebrauchsüberlassung eines Autos gegen Entgelt vereinbart. Somit handelt es sich um einen Mietvertrag (§ 535).

2. Weiterhin müßte die Mietsache einen Mangel i.S.d. § 537 I oder II aufweisen. Ein Mangel der Sache liegt vor, wenn sie einen beachtlichen Fehler hat oder ihr eine zugesicherte Eigenschaft fehlt.

a. Fraglich ist, ob die Mietsache einen beachtlichen Fehler, § 537 I hat.
Als Fehler wird jedes für den Mieter nachteilige Abweichen der Ist- von der Soll-Beschaffenheit, das die Gebrauchstauglichkeit der Sache aufhebt oder mindert und das nicht nur gering bzw. unbeachtlich ist, gewertet.
Das Auto ist wegen eines Defektes der Elektrik nicht fahrbereit. Dieser Zustand stellt einen beachtlichen Fehler i.S.d. § 537 I dar.

b. Demnach hat die Mietsache einen Mangel i.S.d. § 537 I.

3. Weiterhin müßte der Mangel beim Vertragsschluß vorhanden gewesen sein, § 538 I, Var. 1.
Die Elektrik des Wagens war schon beim Vertragsschluß defekt. Unerheblich ist, daß der eigentliche Defekt - die Fahruntüchtigkeit - erst danach eingetreten ist. Der Mangel muß beim Abschluß des Vertrags lediglich vorhanden sein. Ein Hervortreten des Mangels ist nicht erforderlich.

4. Nicht erforderlich ist im Rahmen des § 538 I, Var. 1 ein Vertretenmüssen des Vermieters (Garantiehaftung). Auf eine Kenntnis oder Nichtkenntnis des Mangels seitens des Vermieters kommt es somit nicht an.

5. Ein Ausschluß der Gewährleistung ist nicht ersichtlich.

6. Der Mieter muß gegenüber dem Vermieter lediglich erklären, daß er Schadensersatz fordert. Ein Einverständnis des Vermieters ist nicht erforderlich.
L hat seinen Anspruch auf Schadensersatz gegenüber V geltend gemacht.

7. Der Mieter kann gemäß § 538 grundsätzlich Ersatz für jeden Mangelschaden verlangen. Hierzu gehört auch der entgangene Gewinn. L hat das Auto für 500,-- DM pro Tag gemietet. Er hätte es für 700,-- DM pro Tg an X weitervermieten können. Die Mietzeit im Verhältnis L - X hätte drei Tage betragen. Der entgangene Gewinn beträgt somit (700,-- DM - 500,-- DM) = 200,-- DM pro Tag, also insgesamt 600,-- DM.

8. Demnach ist der Anspruch entstanden.

II. Der Anspruch des L ist nicht untergegangen.

III. Er ist auch durchsetzbar.

IV. L hat gegen V einen Schadensersatzanspruch gemäß § 538 I, Var. 1 in Höhe von 600,-- DM.

Fazit

1. **§ *538 I*** enthält ***drei verschiedene Schadensersatzansprüche***. Ich habe sie in der Vorüberlegung zur Lösungsskizze aufgelistet. Wichtig sind vor allem die ersten beiden Möglichkeiten. Hier war die erste dieser Varianten einschlägig: Der Mieter kann Schadensersatz verlangen, wenn ein Mangel i.S.d. § 537 ***beim*** Abschluß des Vertrages vorhanden war, **§ *538 I, Var. 1***. Die Konzentration auf den richtigen Schadensersatzanspruch ist sinnvoll, weil alle Ansprüche des § 538 I verschiedenen Voraussetzungen unterliegen.

2. Im Rahmen des Anspruch aus **§ *538 I, Var. 1*** muß der Mangel beim Vertragsschluß vorhanden sein. Die Betonung liegt auf dem ***Zauberwort "vorhanden"***. Wann der Mangel tatsächlich hervortritt, ist nicht wichtig. Der eigentliche und spürbare Defekt kann - wie in unserem Fall - erst nach der Übergabe der Sache an den Mieter hervortreten.

3. Ein ***Vertretenmüssen*** des Vermieters ist beim Anspruch aus **§ *538 I, Var. 1 entbehrlich***. Es handelt sich um einen Fall der sogenannten Garantiehaftung. Ganz anders ist das im übrigen beim Anspruch aus § 538 I, Var. 2.

4. Der Mieter muß lediglich den Schadensersatzanspruch gegenüber dem Vermieter erklären. Ein Einverständnis des Vermieters ist nicht erforderlich.

Fall 40

Hauseigentümer V vermietet an den Musiker M am 01.04. einen Bungalow, dessen Dach seit geraumer Zeit undicht ist. Schäden sind innerhalb des Hauses noch nicht sichtbar. Weder V noch M kennen die Undichtigkeit. Einige Tage später dringt anläßlich eines Gewitters endlich Wasser in die Wohnräume ein. Hierbei wird der Konzertflügel des M beschädigt. Die Restaurierung kostet 20.000,-- DM. M verlangt diesen Betrag von V, der einwendet, eine Haftung sei schon deshalb ausgeschlossen, weil er vom Zustand des Dachs nichts gewußt habe. Insofern treffe ihn keine Verantwortung.

Frage: Kann M von V Schadensersatz verlangen ?

Lösungsskizze Fall 40

Vorüberlegung:

Gefragt ist nach einem möglichen Schadensersatzanspruch des M gegen V. Wir befinden uns im Bereich der Mietmängelhaftung. Dort stehen ***drei Anspruchsgrundlagen*** zur Verfügung. Alle möglichen Ansprüche finden sich in ***§ 538 I.***

§ 538 I differenziert wie folgt:
Der Mieter kann Schadensersatz verlangen, wenn ein Mangel i.S.d. § 537 beim Abschluß des Vertrages vorhanden war, ***§ 538 I, Var. 1.*** Er kann Ersatz verlangen, wenn ein solcher Mangel später entsteht und der Vermieter den Mangel zu vertreten hat, ***§ 538 I, Var. 2.*** Wenn der Vermieter mit der Mängelbeseitigung in Verzug kommt, gibt's ebenfalls Schadensersatz, ***§ 538 I, Var. 3.***

Also überlegt immer schon am Anfang der Bearbeitung, welche der Varianten den nun die richtige sein könnte und fangt mit diesem Anspruch an. Meist tauchen in Klausuren die ersten beiden Varianten auf.

In unserem Fall war die Undichtigkeit des Dachs schon beim Vertragsabschluß vorhanden.
Das spricht für die Prüfung des Anspruchs aus ***§ 538 I, Var. 1.***

- M gegen V Schadensersatz gemäß § 538 I, Var. 1 ?

I. Anspruch entstanden ?

1. Wirksamer Mietvertrag, § 535 ?

HIER (+) → die Parteien haben die Gebrauchsüberlassung eines Hau-ses gegen Entgelt vereinbart; eine etwaige Nichtbeachtung der Schriftform hat gemäß §§ 580, 566 keine Auswirkungen auf die Gültigkeit des Vertrags (vgl. Gesetzeswortlaut)

2. Mangel i.S.d. § 537 I oder II ?
= beachtlicher Fehler oder Fehlen einer zugesicherten Eigenschaft

a. beachtlicher Fehler, § 537 I ?

= jedes für den Mieter nachteilige Abweichen der Ist- von der Sollbeschaffenheit, das die Gebrauchstauglichkeit der Sache aufhebt oder mindert und nicht nur gering / unbeachtlich ist

HIER (+) → das Hausdach ist undicht

***b. also: Mangel i.S.d. § 537 I* (+)**

3. Vorliegen des Mangels beim Vertragsabschluß, § 538 I, Var. 1 ?

HIER (+) → das Dach war schon vor dem 01.04. undicht

4. Vertretenmüssen des Vermieters

ist bei § 538 I, Var. 1 nicht erforderlich (Garantiehaftung)!!!

***5. Kein Ausschluß der Gewährleistung ?* (+)**

6. Durchführung des Schadensersatzanspruchs

→ der Mieter muß lediglich den Schadensersatzanspruch gegenüber dem Vermieter erklären

HIER (+) → M hat erklärt, er wolle Schadensersatz

7. Umfang des Schadensersatzanspruchs

→ (im Mietrecht) immer auch Ersatz des ***Mangelfolge***schadens (h.M.)

= der Mieter kann Schäden, die erst durch die mangelhafte Sache selbst entstehen, ersetzt verlangen

HIER → durch den Schaden an der Mietsache (undichtes Dach) ist ein Schaden (Mangelfolgeschaden) an einer anderen Sache des Mieters (Konzertflügel) entstanden; die Restaurierung des Instruments kostet 20.000,-- DM; diesen Betrag kann M von V fordern

***8. also: Anspruch entstanden* (+)**

***II. Anspruch untergegangen ?* (–)**

***III. Anspruch durchsetzbar ?* (+)**

IV. Ergebnis:

M gegen V Schadensersatz gemäß § 538 I, Var. 1
in Höhe von 20.000,-- DM (+)

Formulierungsvorschlag Fall 40

- M gegen V Schadensersatz gemäß § 538 I, Var. 1

M könnte gegen V einen Schadensersatzanspruch gemäß § 538 I, Var. 1 haben.

I. Dann müßte der Anspruch zunächst entstanden sein.

1. Dies setzt einen wirksamen Mietvertrag voraus.
V und M die haben die Gebrauchsüberlassung eines Bungalows gegen Entgelt vereinbart. Somit handelt es sich um einen Mietvertrag (§ 535). Eine etwaige Nichtbeachtung der Schriftform hat gemäß §§ 580, 566 keine Auswirkungen auf die Gültigkeit des Vertrags (vgl. Gesetzeswortlaut).

2. Weiterhin müßte die Mietsache einen Mangel i.S.d. § 537 I oder II aufweisen. Ein Mangel der Sache liegt vor, wenn sie einen beachtlichen Fehler hat oder ihr eine zugesicherte Eigenschaft fehlt.

a. Fraglich ist, ob die Mietsache einen beachtlichen Fehler, § 537 I hat.
Als Fehler wird jedes für den Mieter nachteilige Abweichen der Ist- von der Soll-Beschaffenheit, das die Gebrauchstauglichkeit der Sache aufhebt oder mindert und das nicht nur gering bzw. unbeachtlich ist, gewertet.
Das Dach des Hauses ist undicht. Dieser Zustand stellt einen beachtlichen Fehler i.S.d. § 537 I dar.

b. Demnach hat die Mietsache einen Mangel i.S.d. § 537 I.

3. Das Dach war schon vor dem 01.04. undicht. Der Mangel war somit auch beim Vertragsschluß vorhanden, § 538 I, Var. 1.

4. Nicht erforderlich ist im Rahmen des § 538 I, Var. 1 ein Vertretenmüssen des Vermieters (Garantiehaftung).

5. Ein Ausschluß der Gewährleistung ist nicht ersichtlich.

6. Der Mieter muß gegenüber dem Vermieter lediglich erklären, daß er Schadensersatz fordert. Ein Einverständnis des Vermieters ist nicht erforderlich.
M hat seinen Anspruch auf Schadensersatz gegenüber V geltend gemacht.

7. Nach allgemeiner Meinung kann der Mieter gemäß § 538 Ersatz für Schäden verlangen, die erst durch die mangelhafte Sache selbst entstehen (Mangelfolgeschäden).
Durch den Schaden an der Mietsache (undichtes Dach) ist ein Schaden (Mangelfolgeschaden) an einer anderen Sache des Mieters (Konzertflügel) entstanden. Die Restaurierung des Instruments kostet 20.000,-- DM. Diesen Betrag kann M von V fordern.

8. Demnach ist der Anspruch entstanden.

II. Der Anspruch des M ist nicht untergegangen.

III. Er ist auch durchsetzbar.

IV. M hat gegen V einen Schadensersatzanspruch gemäß § 538 I, Var. 1 in Höhe von 20.000,-- DM.

Fazit

1. **§ *538 I*** enthält ***drei verschiedene Schadensersatzansprüche***. Ich habe sie in der Vorüberlegung zur Lösungsskizze aufgelistet. Wichtig sind vor allem die ersten beiden Möglichkeiten. Hier war die erste dieser Varianten einschlägig: Der Mieter kann Schadensersatz verlangen, wenn ein Mangel i.S.d. § 537 ***beim*** Abschluß des Vertrages vorhanden war, **§ *538 I, Var. 1***.

2. Ein ***Vertretenmüssen*** des Vermieters ist beim Anspruch aus **§ *538 I, Var. 1 entbehrlich***. Es handelt sich um einen Fall der sogenannten Garantiehaftung. Ganz anders ist das im übrigen beim Anspruch aus § 538 I, Var. 2.

3. Ersetzt wird im Rahmen der Ansprüche aus **§ *538 I, Var. 1 und 2*** nicht nur der jeweilige Mangelschaden. Außerdem erfassen die genannten Ansprüche - im Gegensatz zu den vergleichbaren Ansprüchen im Kauf- bzw. Werkmängelrecht - nach h.M. ***auch Mangelfolgeschäden***.

   Wir halten fest: Der Ersatz der Mangelfolgeschäden ist im Kaufrecht, im Werk- bzw. Werklieferungsrecht und im Mietrecht vollkommen unterschiedlich geregelt. Verrückte Welt!!!

Fall 41

Baumaschinenhändler B vermietet an den Hauseigentümer K einen hydraulischen Lift, mit dessen Hilfe dieser in schwindelerregender Höhe die Dachrinnen seines Eigenheims säubern möchte. Zunächst arbeitet der Lift längere Zeit ohne Beanstandung. Nachdem K zum wiederholten Male den Förderkorb besteigt und das Gerät in Betrieb nimmt, muß er feststellen, daß die Hydraulik nicht mehr sachgerecht arbeitet. Es kommt regelmäßig zu einem plötzlichen "Absacken" des Lifts. Der sofort herbeigerufene B begutachtet die Situation und repariert den Lift. Als K den Lift wiederum in Betrieb nimmt, fällt ihm nach einiger Zeit auf, daß sich der Defekt abermals einstellt. Dies liegt an der durch B in der Eile unsachgemäß vorgenommenen Reparatur. Allen Warnungen seiner Ehefrau zum Trotz beginnt K mit der Arbeit. Beim zu erwartenden Versagen der Hydraulik stürzt er aus dem Korb und bricht sich beide Beine. Die später zu begleichende Arztrechnung macht K um 2.000,-- DM ärmer.

Frage: Kann K von B Schadensersatz verlangen ?

Lösungsskizze Fall 41

Vorüberlegung:

Gefragt ist nach einem möglichen Schadensersatzanspruch des K gegen B. Wir befinden uns im Bereich der Mietmängelhaftung. Dort stehen ***drei Anspruchsgrundlagen*** zur Verfügung. Alle möglichen Ansprüche finden sich in *§ 538 I*.

§ 538 I differenziert wie folgt:

Der Mieter kann Schadensersatz verlangen, wenn ein Mangel i.S.d. § 537 beim Abschluß des Vertrages vorhanden war, ***§ 538 I, Var. 1***. Er kann u.U. Ersatz verlangen, wenn ein solcher Mangel später entsteht, ***§ 538 I, Var. 2***. Wenn der Vermieter mit der Mängelbeseitigung in Verzug kommt, gibt's ebenfalls Schadensersatz, ***§ 538 I, Var. 3***.

In unserem Fall war der Defekt der Hydraulik nicht schon beim Vertragsschluß vorhanden, sondern ist erst später entstanden. Das spricht für die Prüfung des Anspruchs aus ***§ 538 I, Var. 2***.

- K gegen B Schadensersatz gemäß § 538 I, Var. 2 ?

I. Anspruch entstanden ?

1. Wirksamer Mietvertrag, § 535 ?

HIER (+) → die Parteien haben die Gebrauchsüberlassung eines Hydrauliklifts gegen Entgelt vereinbart

2. Mangel i.S.d. § 537 I oder II ?

= beachtlicher Fehler oder Fehlen einer zugesicherten Eigenschaft

a. beachtlicher Fehler, § 537 I ?

= jedes für den Mieter nachteilige Abweichen der Ist- von der Sollbeschaffenheit, das die Gebrauchstauglichkeit der Sache aufhebt oder mindert und nicht nur gering / unbeachtlich ist

HIER (+) → die Hydraulik ist defekt

b. also: Mangel i.S.d. § 537 I (+)

3. Entstehen des Mangels nach Vertragsabschluß, § 538 I, Var. 2 ?

HIER (+) → die Hydraulik hat zunächst ordnungsgemäß funktioniert; erst nach längerer Betriebszeit ist der Defekt aufgetreten

4. Vertretenmüssen des Vermieters, § 538 I, Var. 2 ?

= nach § 276 oder § 278

HIER (+) → der Vermieter haftet gemäß § 276 für eigenen Vorsatz und jede Fahrlässigkeit; B hat den Lift unsachgemäß repariert, also fahrlässig gehandelt

5. Kein Ausschluß der Gewährleistung ?

a. gemäß § 545 I und II, 2. Halbsatz ?

= (u.a.) Ausschluß von Schadensersatzansprüchen bei Nichtanzeige eines Mangels und dadurch verhinderter Abhilfe

HIER (–) → zwar ist K zunächst seiner Mängelanzeigepflicht aus § 545 I 1 nachgekommen; nachdem der Defekt aber wiederum aufgetreten ist, hätte er B abermals benachrichtigen müssen; mangels einer Benachrichtigung konnte B den Mangel nicht endgültig beseitigen

b. also: kein Ausschluß der Gewährleistung (–)

6. also: Anspruch entstanden (–)

II. Ergebnis:

K gegen B Schadensersatz gemäß § 538 I, Var. 2 (-)

Formulierungsvorschlag Fall 41

- K gegen B Schadensersatz gemäß § 538 I, Var. 2

K könnte gegen B einen Schadensersatzanspruch gemäß § 538 I, Var. 2 haben.

I. Dann müßte der Anspruch zunächst entstanden sein.

1. Dies setzt einen wirksamen Mietvertrag voraus.
B und K die haben die Gebrauchsüberlassung eines Hydrauliklifts gegen Entgelt vereinbart. Somit handelt es sich um einen Mietvertrag (§ 535).

2. Weiterhin müßte die Mietsache einen Mangel i.S.d. § 537 I oder II aufweisen. Ein Mangel der Sache liegt vor, wenn sie einen beachtlichen Fehler hat oder ihr eine zugesicherte Eigenschaft fehlt.

a. Fraglich ist, ob die Mietsache einen beachtlichen Fehler, § 537 I hat.

Als Fehler wird jedes für den Mieter nachteilige Abweichen der Ist- von der Soll-Beschaffenheit, das die Gebrauchstauglichkeit der Sache aufhebt oder mindert und das nicht nur gering bzw. unbeachtlich ist, gewertet.
Die Hydraulik des Lifts war defekt. Dieser Zustand stellt einen beachtlichen Fehler i.S.d. § 537 I dar.

b. Demnach hat die Mietsache einen Mangel i.S.d. § 537 I.

3. Die Hydraulik hat zunächst ordnungsgemäß funktioniert. Erst nach längerer Betriebszeit ist der Defekt aufgetreten. Der Mangel ist somit erst nach Vertragsschluß entstanden, § 538 I, Var. 2.

4. Schließlich müßte der Vermieter den Mangel zu vertreten haben, § 538 I, Var. 2. Das Vertretenmüssen bemißt sich grundsätzlich nach den §§ 276, 278.
B hat den Lift in der Eile unsachgemäß repariert, also fahrlässig i.S.d. § 276 gehandelt.

5. Fraglich ist, ob ein Ausschluß der Gewährleistung in Betracht kommt.

a. Der Schadensersatzanspruch könnte gemäß § 545 II, 2. Halbsatz wegen der Nichtanzeige des Mangels und der dadurch verhinderten Abhilfe entfallen.
Zwar ist K zunächst seiner Mängelanzeigepflicht aus § 545 I 1 nachgekommen. Nachdem der Defekt aber wiederum aufgetreten ist, hätte er B abermals benachrichtigen müssen. Mangels einer Benachrichtigung konnte B den Mangel nicht endgültig beseitigen.

b. Der Schadensersatzanspruch des K ist somit ausgeschlossen.

6. Demnach ist der Anspruch nicht entstanden.

II. K hat gegen B keinen Schadensersatzanspruch gemäß § 538 I, Var. 2.

Fazit

1. In unserem Fall war der Defekt der Hydraulik nicht schon beim Vertragsschluß vorhanden, sondern ist erst später entstanden. Das spricht für die Prüfung des Anspruchs aus ***§ 538 I, Var. 2***.

2. Ein ***Vertretenmüssen*** des Vermieters ist beim Anspruch aus ***§ 538 I, Var. 2*** - im Gegensatz zum Anspruch aus § 538 I, Var. 1 - unentbehrliche Voraussetzung.

3. Der ***Schadensersatzanspruch*** kann ***ausgeschlossen*** sein, wenn der Mieter einen Mangel der Mietsache nicht gegenüber dem Vermieter anzeigt (§ 545 II, 2. Halbsatz). Resultiert der Schaden aus der wegen der ***Nichtanzeige*** verhinderten Abhilfe, ist der geschädigte Mieter der Dumme.

   Übrigens: Die Anzeigepflicht des Mieters entfällt, wenn der Vermieter (oder ein Erfüllungsgehilfe) selbst oder durch Dritte Kenntnis erlangt. Dann steht der Mieter ausnahmsweise wieder auf der Sonnenseite des Lebens.

4. ***Weitere*** - zum Teil schon bekannte - ***Ausschlußgründe*** findet Ihr in den Aufbauschemata am Ende des Buchs.

Fall 42

Tierhändler V vermietet im Rahmen einer Werbewoche an M am 30.03. einen kleinen Alligator namens "Sammy". M möchte mit dem putzigen Reptil im Baggersee baden gehen. Als Übergabetermin wird der 04.07. vereinbart. Die Miete in Höhe von 55,-- DM soll M bei Abholung des Tieres zahlen. Infolge eines Irrtums glaubt V, er habe den Vertrag am Tage nach Vertragsschluß wirksam gekündigt. Er vermietet den Alligator deshalb an den ebenfalls badefreudigen D und übergibt ihm die Echse. Als M am Morgen des 04.07. bei V erscheint, stellt sich das Versehen heraus. M kann zwar beim benachbarten Tierhändler Z ein gleichwertiges Tier mieten, muß aber 111,-- DM zahlen.

Frage: Kann M von V Zahlung des Differenzbetrags verlangen ?

Lösungsskizze Fall 42

Vorüberlegung:

An sich liegt ein typischer Fall der nachträglichen Unmöglichkeit vor (vgl. Die Fälle - Schuldrecht AT). Bei Vertragsschluß war es dem V durchaus möglich, M das Tier zum Gebrauch zu überlassen. Erst durch seinen Irrtum hat er nach Vertragsschluß den Alligator an D vermietet. Man bezeichnet das ganze auch als Rechtsmangel, weil der Vermieter nicht (mehr) in der Lage ist, dem Mieter das vereinbarte Recht zu vermitteln. M könnte demnach an sich einen Schadensersatzanspruch aus § 325 I 1 gegen V geltend machen. Dieser Anspruch ist jedoch nach allgemeiner Ansicht ausgeschlossen, wenn die ***Sondervorschriften der §§ 541 i.V.m. 538*** vorgehen. Und das ist hier tatsächlich der Fall. Die genannten Rechtsnormen regeln speziell die nachträgliche Unmöglichkeit im Mietrecht.

Es gibt zwei Möglichkeiten, eine solche Konstellation klausurgerecht darzustellen.
Einerseits könnt Ihr taktisch vorgehen und zunächst den - offensichtlichen - Anspruch aus § 325 I 1 vortäuschen. Im Rahmen der Prüfung desselben müßtet Ihr dann auf die Sondervorschriften der §§ 541 i.V.m. 538 umschwenken. Andererseits erscheint es legitim, direkt mit der Prüfung der Sondervorschriften zu beginnen. Dann empfiehlt es sich aber, den/die Korrektor/in höflich aber bestimmt auf den Ausschluß des Anspruchs gemäß § 325 I 1 aufmerksam zu machen.
Schön ist das alles nicht, aber - wie so oft - nicht zu vermeiden. Besondere Normen erfordern eben ein besonderes Vorgehen. Ich habe mich im übrigen für die zweite Möglichkeit entschieden. Und nun weiter:

M will von V den Differenzbetrag, also Schadensersatz. Durch den in § 541 enthaltenen Verweis tummeln wir uns abermals im schon bekannten und an Worten reichen § 538.

Und nun zur Sache:

!! Der die nachträgliche Unmöglichkeit regelnde Schadensersatzanspruch aus § 325 I 1 wird verdrängt, wenn die Vorraussetzungen der speziellen Mietrechtsvorschriften vorliegen.

- M gegen V Schadensersatz gemäß § 541 i.V.m. § 538 I analog ?

I. Anspruch entstanden ?

1. Wirksamer Mietvertrag, § 535 ?

HIER (+) → die Parteien haben die Gebrauchsüberlassung eines Alligators gegen Entgelt vereinbart

2. Entziehung des Gebrauchs der Mietsache infolge des Rechts eines Dritten, § 541 ?

HIER (+) → V hat den Alligator an den ebenfalls badefreudigen D vermietet und ihm das Tier übergeben; also kann er dem M keinen Gebrauch einräumen

3. Vertretenmüssen des Vermieters ?
= nach § 276 oder § 278

HIER (+) → der Vermieter haftet gemäß § 276 für eigenen Vorsatz und jede Fahrlässigkeit; V glaubte infolge eines Irrtums, er habe den Vertrag mit M wirksam gekündigt und hat deshalb das Tier an D vermietet; er hat also fahrlässig gehandelt

4. Kein Ausschluß der Gewährleistung ? (+)

5. Umfang des Schadensersatzanspruchs

→ Ersatz des Nichterfüllungsschadens

HIER → Differenz zwischen vereinbartem Mietzins und dem tatsächlich beim zweiten Tierhändler gezahlten Mietzins, also (111,-- DM minus 55,-- DM =) 56,-- DM

6. also: Ansprunch entstanden (+)

II. Anspruch untergegangen ? (–)

III. Anspruch durchsetzbar ? (+)

IV. Ergebnis:

M gegen V Schadensersatz gemäß § 541 i.V.m. § 538 I analog in Höhe von 56,-- DM (+)

Formulierungsvorschlag Fall 42

Der die nachträgliche Unmöglichkeit regelnde Schadensersatzanspruch aus § 325 I 1 wird verdrängt, wenn die Vorraussetzungen der speziellen Mietrechtsvorschriften vorliegen.

- M gegen V Schadensersatz gemäß § 541 i.V.m. § 538 I analog

M könnte gegen V einen Schadensersatzanspruch gemäß § 541 i.V.m. § 538 I analog haben.

I. Dann müßte der Anspruch zunächst entstanden sein.

1. Dies setzt einen wirksamen Mietvertrag voraus.
V und M die haben die Gebrauchsüberlassung eines Alligators gegen Entgelt vereinbart. Somit handelt es sich um einen Mietvertrag (§ 535).

2. Weiterhin müßte dem Mieter infolge des Rechts eines Dritten der Gebrauch der Mietsache entzogen sein, § 541.
V hat den Alligator an den ebenfalls badefreudigen D vermietet und ihm das Tier übergeben. Also kann er dem M aufgrund des Rechts des D keinen Gebrauch einräumen. Die Erfüllung des Vertrags ist unmöglich, die Voraussetzungen des § 541 liegen vor.

3. Schließlich müßte der Vermieter den Mangel zu vertreten haben, § 538 I, Var. 2. Das Vertretenmüssen bemißt sich grundsätzlich nach den §§ 276, 278.
V glaubte infolge eines Irrtums, er habe den Vertrag mit M wirksam gekündigt und hat deshalb das Tier an D vermietet. Er hat also fahrlässig gehandelt.

4. Ein Ausschluß der Gewährleistung ist nicht ersichtlich.

5. M kann Ersatz des Nichterfüllungsschadens verlangen. Dieser beinhaltet die Differenz zwischen vereinbartem Mietzins und dem tatsächlich beim zweiten Tierhändler gezahlten Mietzins, also (111,-- DM minus 55,-- DM =) 56,-- DM.

6. Demnach ist der Anspruch entstanden.

II. Der Anspruch ist nicht untergegangen.

III. Er ist auch durchsetzbar.

IV. M hat gegen V einen Schadensersatzanspruch gemäß § 541 i.V.m. § 538 I analog in Höhe von 56,-- DM.

Fazit

1. Nun. Das war ein Fall, der an sich in diesem Buch überhaupt nichts zu suchen hat. Oder vielleicht doch. Er behandelt eine typische Unmöglichkeitssituation. Und die Unmöglichkeit ist ein Problem des Allgemeinen Schuldrechts. Allerdings finden sich im besonderen Teil des Schuldrechts ab und an Sonderregeln, die den Unmöglichkeitsregeln vorgehen. Der grundsätzlich denkbare ***Unmöglichkeitsanspruch aus § 325 I 1*** (Schadensersatz) wird ***im Mietrecht durch*** den Anspruch aus **§§ *541 i.V.m.* § *538 verdrängt***.
   Insofern wollte ich Euch diese Besonderheit nicht unterschlagen.

2. Bezüglich der verschiedenen Möglichkeiten, eine solche Konstellation klausurgerecht darzustellen, findet Ihr in der Vorüberlegung zur Lösungsskizze einige Anregungen.

Fall 43

K hat im Mietshaus des V eine Wohnung angemietet. Von der sonst üblichen Putzpflicht im Treppenhaus ist er durch Absprache mit V befreit. Dieser wischt und wienert selbst leidenschaftlich gern. Eines Tages rutscht K im gerade von V geputzten nassen Hausflur aus und zieht sich einen unangenehmen Steißbeinbruch zu. Die ärztlichen Behandlungskosten belaufen sich auf 500,-- DM.

Frage: Kann K von V Ersatz der verauslagten Arztkosten verlangen ?

Anmerkung: Deliktische Ansprüche müssen nicht geprüft werden!!

Lösungsskizze Fall 43

Vorüberlegung:

Gefragt ist nach einem möglichen Schadensersatzanspruch des K gegen V. Wir befinden uns zwar weitestgehend im Bereich der Mängelhaftung innerhalb eines Mietverhältnisses. Die dort zur Verfügung stehenden ***drei Anspruchsgrundlagen*** des ***§ 538 I*** sind aber nicht einschlägig. Schlußendlich wird man entweder einen Mangel der Mietsache oder zumindest die Erheblichkeit verneinen können.

Bei Fällen wie diesem wird regelmäßig von der Verletzung einer Nebenpflicht ausgegangen. Und solche Verletzungen werden im vertraglichen Bereich allenfalls durch den Anspruch aus ***p.V.V. des Mietvertrages*** ausgeglichen.

- K gegen V Schadensersatz aus p.V.V. des Mietvertrages ?

I. Anspruch entstanden ?

1. Wirksames Schuldverhältnis ?

HIER (+) → Mietvertrag, § 535 zwischen V und K

2. Wahrung des Subsidiaritätsprinzips ?

= die p.V.V ist nur anwendbar, wenn keine der im Gesetz normierten Vorschriften über Leistungsstörungen (Unmöglichkeit, Verzug, Mängelhaftung) einschlägig sind

HIER (+) → keine gesetzlichen Vorschriften einschlägig; insbesondere erfaßt der Schadensersatzanspruch aus § 538 keinen Ausgleich bei möglichen Nebenpflichtverletzungen

3. Pflichtverletzung des Anspruchsgegners ?

= die Pflichtverletzung muß aus dem Schuldverhältnis resultieren; in Betracht kommt insbesondere die Verletzung von Schutz-, Sorgfalts-, Obhuts- und Aufklärungspflichten

HIER (+) → V hat K eine Schutzpflicht verletzt, indem er den zum Schutzbereich des Vertrages gehörenden Flur unsachgemäß geputzt und hierdurch K verletzt hat

4. Rechtswidrigkeit der Pflichtverletzung ? (+)

5. Vertretenmüssen des Anspruchsgegners ?
= nach § 276 oder § 278

HIER (+) → der Anspruchsgegner haftet gemäß § 276 grundsätzlich für eigenen Vorsatz und jede eigene Fahrlässigkeit; V hat gemäß § 276 zumindest fahrlässig gehandelt, als er den Flur naß zurückließ

6. (auf der Pflichtverletzung beruhender) Schaden ?
= jeder Nachteil, der durch die Pflichtverletzung entstanden ist

HIER (+) → K hat einen Steißbeinbruch erlitten, dessen ärztliche Behandlung 500,-- DM kostet

7. also: Anspruch entstanden (+)

II. Anspruch untergegangen ? (–)

III. Anspruch durchsetzbar ? (+)

IV. Ergebnis:
K gegen V Schadensersatz aus p.V.V. des Mietvertrages in Höhe von 500,-- DM (+)

Formulierungsvorschlag Fall 43

- K gegen V Schadensersatz aus p.V.V. des Mietvertrages

K könnte gegen V einen Schadensersatzanspruch aus p.V.V. des Mietvertrages haben.

I. Dann müßte der Anspruch zunächst entstanden sein.

1. Dies setzt einen wirksamen Mietvertrag voraus. V und K die haben die Gebrauchsüberlassung einer Wohnung gegen Entgelt vereinbart. Somit handelt es sich um einen Mietvertrag (§ 535).

2. Das für die Anwendbarkeit der p.V.V. zu beachtende Subsidiaritätsprinzip ist gewahrt. Es sind keine gesetzlichen Vorschriften ersichtlich, die der p.V.V. vorgehen würden.

3. Weiterhin müßte der Anspruchsgegner eine aus dem Vertragsverhältnis resultierende Pflicht verletzt haben. Hierzu gehört u.a. die Schutz- und Sorgfaltspflicht eines jeden Vertragspartners.
V hat den zum Schutzbereich des Mietvertrages gehörenden Flur unsachgemäß geputzt. Infolge der Nässe ist K verletzt worden. Hierdurch hat V die ihm gegenüber seinem Vertragspartner obliegende Schutzpflicht verletzt.

4. Die Pflichtverletzung ist auch rechtswidrig.

5. Schließlich müßte der Anspruchsgegner die Pflichtverletzung zu vertreten haben. Das Vertretenmüssen bemißt sich grundsätzlich nach den §§ 276, 278.
V hat gemäß § 276 zumindest fahrlässig gehandelt, als er den Flur naß zurückließ.

6. Außerdem müßte durch die Pflichtverletzung ein Schaden entstanden sein. Durch das unsachgemäße Putzen ist das Steißbein des K verletzt worden. K mußte für die Heilbehandlung 500,-- DM zahlen. Ihm ist somit durch die Pflichtverletzung ein Schaden in der genannten Höhe entstanden.

7. Demnach ist der Anspruch entstanden.

II. Der Anspruch ist nicht untergegangen.

III. Er ist auch durchsetzbar.

IV. K hat gegen V einen Schadensersatzanspruch aus p.V.V. des Mietvertrages in Höhe von 500,-- DM.

Fazit

1. Der Anspruch aus ***p.V.V.*** kommt ***im Mietrecht bei Mängeln*** der Mietsache ***nicht*** zur Anwendung. Die Ansprüche aus § 538 umfassen nach allgemeiner Meinung- im Gegensatz zu den vergleichbaren Ansprüchen im Kaufrecht und Werk- bzw. Werklieferungsrecht - auch die Mangelfolgeschäden. Für einen Anspruch aus p.V.V. ist also gar kein Platz.
Eine positive Vertragsverletzung ist im Mietrecht ***aber*** insbesondere dort ***denkbar***, wo es um ***Verletzung etwaiger Nebenpflichten*** geht.

2. Den Aufbau des Anspruchs aus p.V.V. habe ich in der Fallösung dargestellt. Er dürfte Euch keine großartigen Probleme bereiten. Denkt aber immer an die Wahrung des ***Subsidiaritätsprinzips*** und an das ***Vertretenmüssen*** des Anspruchsgegners.

3. ***Ergänzend sei noch folgendes bemerkt:*** Auch wenn sich der Mieter danebenbenimmt, ist an einen Anspruch des Vermieters aus p.V.V. zu denken. Ihr solltet aber in solchen Konstellationen unbedingt § 548 (lesen!!!) beachten.

Fall 44

V vermietet an den nicht sehr begüterten A eine kleine Mansardenwohnung. Kurz nach Bezug der Behausung wütet ein Sturm und zerstört das Glas des WC-Fensters. A bemerkt dies, unternimmt aber nichts. Der einige Tage später einsetzende Dauerregen verwandelt die Wohnung des A in ein Aquarium und das Treppenhaus in einen Wasserfall. Die Beseitigung der Schäden im Treppenhaus des V verschlingen die stolze Summe von 23.000,-- DM.

Frage: Hat V gegen A einen Schadensersatzanspruch ?

Lösungsskizze Fall 44

Vorüberlegung:

Gefragt ist (ausnahmsweise) nach einem möglichen Schadensersatzanspruch des Vermieters gegen den Mieter (V gegen A). Auch das soll ab und an vorkommen. Die Vorgehensweise zur gedanklichen Ermittlung der einschlägigen Anspruchsgrundlage gestaltet sich wie immer. Erst in's Gesetz schauen, ob Ihr eine spezielle Anspruchsgrundlage findet. Wenn Ihr nicht fündig werdet, kann es sich nur noch um den (nicht normierten) Schadensersatzanspruch aus p.V.V. handeln. Erinnert Ihr Euch? Die p.V.V. ist subsidiär.

Wenn Ihr nicht gerade nach durchzechter Nacht vor Eurem Gesetzestext dahindöst, solltet Ihr die hier anprüfbare Anspruchsgrundlage des § 545 II gefunden haben. Die Prüfung ist nicht sonderlich schwer.

- V gegen A Schadensersatz gemäß § 545 II ?

I. Anspruch entstanden ?

1. Wirksamer Mietvertrag, § 535 ?

HIER (+) → die Parteien haben die Gebrauchsüberlassung einer Wohnung gegen Entgelt vereinbart; eine etwaige Nichtbeachtung der Schriftform hat gemäß §§ 580, 566 keine Auswirkungen auf die Gültigkeit des Vertrags (vgl. Gesetzeswortlaut)

2. (eine der) Voraussetzungen des § 545 I ?

a. Auftreten eines Mangels der Mietsache im Laufe der Miete, § 545 I 1, Var. 1 ?

= weiter als Mangel i.S.d. § 537 jeder verschlechternde Zustand

HIER (+) → nach dem Bezug der Wohnung ist das Glas des WC-Fensters zerstört worden

b. <u>also</u>: Voraussetzung des § 545 I (+)

3. Kenntnis oder grob fahrlässige Unkenntnis des Mieters ?

HIER (+) → A kannte den Mangel positiv

4. Unterlassen der Mängelanzeige an den Vermieter, § 545 II ? (+)

5. Vertretenmüssen des Anspruchsgegners ?
= wenn er gemäß § 276 oder § 278 haftet

HIER (+) → der Anspruchsgegner haftet gemäß § 276 grundsätzlich für eigenen Vorsatz und jede eigene Fahrlässigkeit; A hat gemäß § 276 zumindest fahrlässig gehandelt, als er den Vermieter nicht informierte

6. (aus der Nichtanzeige resultierender) Schaden ?
= jeder Nachteil, der durch die Nichtanzeige entstanden ist

HIER (+) → das Treppenhaus des V wurde geflutet; die Renovierung kostet 23.000,-- DM

7. also: Anspruch entstanden (+)

II. Anspruch untergegangen ? (–)

III. Anspruch durchsetzbar ? (+)

IV. Ergebnis:
V gegen A Schadensersatz gemäß § 545 II
in Höhe von 23.000,-- DM (+)

Formulierungsvorschlag Fall 44

- V gegen A Schadensersatz gemäß § 545 II

V könnte gegen A einen Schadensersatzanspruch gemäß § 545 II haben.

I. Dann müßte der Anspruch zunächst entstanden sein.

1. Dies setzt einen wirksamen Mietvertrag voraus.
V und A die haben die Gebrauchsüberlassung einer Wohnung gegen Entgelt vereinbart. Somit handelt es sich um einen Mietvertrag (§ 535). Eine etwaige Nichtbeachtung der Schriftform hat gemäß §§ 580, 566 keine Auswirkungen auf die Gültigkeit des Vertrags (vgl. Gesetzeswortlaut).

2. Weiterhin müßte eine der Voraussetzungen des § 545 I erfüllt sein.

a. Fraglich ist, ob sich im Laufe der Miete ein Mangel gezeigt hat, § 545 I 1, Var. 1. Als Mangel wird in diesem Zusammenhang - weiter als in § 537 - jeder schlechte Zustand der Mietsache gewertet, der nach deren Übergabe entsteht.
Nach dem Bezug der Wohnung ist das Glas des WC-Fensters zerstört worden. Somit hat sich ein Mangel im Laufe der Miete gezeigt.

b. Demnach liegt eine der Voraussetzungen des § 545 I vor.

3. Mieter A kannte den Mangel positiv.

4. Er hat es unterlassen, dem Vermieter den Mangel anzuzeigen, § 545 II.

5. Der Mieter müßte die Nichtanzeige zu vertreten haben. Das Verschulden bemißt sich grundsätzlich nach den §§ 276, 278.
A hat den Vermieter trotz Kenntnis nicht über den Mangel informiert, also zumindest fahrlässig i.S.d. § 276 gehandelt.

6. Außerdem müßte durch die Nichtanzeige ein Schaden entstanden sein. Das Treppenhaus des V ist geflutet worden. Die hierdurch erforderliche Renovierung kostet 23.000,-- DM. Es handelt sich mithin um einen auf der Nichtanzeige des A basierenden Schaden.

7. Demnach ist der Anspruch entstanden.

II. Der Anspruch ist nicht untergegangen.

III. Er ist auch durchsetzbar.

IV. V hat gegen A einen Schadensersatzanspruch gemäß § 545 II in Höhe von 23.000,-- DM.

Fazit

1. Der Anspruch des Vermieters gegen den Mieter gemäß ***§ 545 II*** enthält keine Besonderheiten. Wie Ihr ihn aufbauen könnt, habt Ihr in der Lösungsskizze gesehen.

2. So, Ihr habt es hinter Euch. Die hoffentlich nicht allzu qualvolle Erarbeitung diverser Fälle aus dem Mängelbereich hat ein Ende. Jetzt ist Zeit zum ***Jubeln***. Laßt die ***Sektkorken knallen***. Und dann könnt Ihr ja alles noch einmal wiederholen.

3. ***Gleich anschließend*** erwarten Euch ***Aufbauschemata*** zu den wichtigen Ansprüchen und Einreden. Abschließend werdet Ihr mit einem ***Sachverzeichnis*** traktiert. Und tschüß ...

AUFBAUSCHEMATA - Die Mängelhaftung

Die wichtigsten Ansprüche und Einreden

Ein kleines Schmankerl am Ende des Buchs darf nicht fehlen. Deshalb habe ich mich entschlossen, die wichtigsten Ansprüche und Einreden nochmals in Kurzform zu präsentieren.

Wohlgemerkt: An dieser Stelle kann ***nicht jedes Detail*** erklärt werden. Die folgenden Schemata sollen ***lediglich*** einen ***Überblick*** verschaffen, an welcher Stelle man welchen Prüfungspunkt erwähnen kann. Ergänzend und zur Ordnung Eures Verständnisses scheint es angebracht, wiederum die Einleitungen in die jeweiligen Fallkapitel durchzuarbeiten.

Die Schemata sollen und können keinen Einstieg in die Materie darstellen, sondern dienen zur Wiederholung!!!

Vor der Bearbeitung der Fälle solltet Ihr nicht mit den Schemata arbeiten. Ihr bringt Euch möglicherweise um ein grandioses Erfolgserlebnis.

Doch nun zum Aufbau der Schemata:

Sie sind nach Vertragstypen geordnet und orientieren sich an der Reihenfolge der im Buch zu bearbeitenden Fälle. Zuerst erscheinen Aufbauhilfen zur ***Mängelhaftung im Kaufrecht (I.)***, dann Aufbauhilfen zur Mängelhaftung ***im Werk- und Werklieferungsrecht (II.)***. Schlußendlich beschäftigen sich die Schemata mit der Mängelhaftung ***im Mietrecht (III.)***. Achtet auf die Kopfzeilen.

Jeder Teilbereich beinhaltet die wichtigsten Ansprüche, die Euch in einer schriftlichen Bearbeitung tangieren können. Auch die entsprechenden ***Mängeleinreden*** fehlen nicht.

Ich wiederhole mich: Nicht jedes irgendwie denkbare Prüfungspunkt taucht in den Schemata auf. Auch nicht jedes Problem kann in epischer Breite dargestellt werden. Ihr solltet also bei Unsicherheiten und/oder Unklarheiten unbedingt noch einmal die Fälle durcharbeiten, in denen die Problempunkte auftauchen. Um in die betreffenden Fälle zu gelangen, hilft ein Blick ins ganz am Ende des Buchs befindliche Sachregister.

Wandelung (§ 462 bzw. § 480)

bei der Stückschuld:

- Wandelungsanspruch gemäß §§ 462, 459, 465, 467, 346 ff ?

bei der Gattungsschuld:

- Wandelungsanspruch gemäß §§ 462, 480, 459, 465, 467, 346 ff ?

I. Anspruch entstanden ?

1. Kaufvertrag über Stückschuld / über Gattungsschuld, § 433 ?

2. Voraussetzungen des § 459 ?

= beachtlicher Fehler der Kaufsache oder Fehlen einer zugesicherten Eigenschaft zur Zeit des Gefahrübergangs

a. beachtlicher Fehler, § 459 I ?

= bei der ***Stückschuld*** jedes für den Käufer nachteilige Abweichen der Ist- von der Soll-Beschaffenheit, das nicht nur gering / unbeachtlich ist

= bei der ***Gattungsschuld*** jedes nachteilige Abweichen von mittlerer Art und Güte, das nicht nur gering / unbeachtlich ist

wenn der Sachverhalt Anhaltspunkte dafür bietet (aber nur dann!!), erfolgt an dieser Stelle eine Auseinandersetzung mit dem Abgrenzungsproblem: Lieferung einer fehlerhaften Sache - Lieferung eines aliud (Falschlieferung)

→ wenn Fehler (+): weiter in der Prüfung

→ wenn aliud (+): Wandelung (−)

b. Fehlen einer zugesicherten Eigenschaft, § 459 II ?

Zugesicherte Eigenschaft = alle gegenwärtigen, wertbildenden Faktoren, die der Verkäufer besonders hervorgehoben hat (auch unwesentliche Abweichungen); u.U. sogar konkludente Zusicherung

c. Vorliegen des Mangels bei Gefahrübergang ?

= bei der Übergabe, § 446 oder bei der Übergabe an Transportperson, § 447

3. Kein Ausschluß der Gewährleistung ?

a. gemäß § 460 ? (nur beim Stückkauf, str. !!!)

= Ausschluß der Haftung, wenn der Käufer den Fehler bei Abschluß des Vertrages kennt (§ 460 S. 1) oder infolge grober Fahrlässigkeit nicht erkannt hat, außer bei Zusicherung der Fehlerfreiheit bzw. bei Arglist des Verkäufers (§ 460 S. 2); die letztgenannte Variante ist nach allg. Ansicht nicht auf zugesicherte Eigenschaften anwendbar

b. aufgrund einer vertraglichen Ausschlußklausel ?

= Beschränkung der Gewährleistungsrechte (hier: Ausschluß der Wandelung)

→ in einem individuell ausgehandelten Kaufvertrag können - im Gegensatz zu "Allgemeinen Geschäftsbedingungen" - alle Gewährleistungsrechte ausgeschlossen werden; Unwirksamkeit nur bei Arglist des Verkäufers

c. aufgrund "Allgemeiner Geschäftsbedingungen" ?

= Beschränkung der Gewährleistungsrechte (hier: Ausschluß der Wandelung)

- ***Wirksamkeit der Klausel ?***

= bei Übereinstimmung mit dem AGBG

- Allgemeine Geschäftsbedingung i.S.d. § 1 AGBG
- Wirksame Einbeziehung in den Vertrag, § 2 AGBG
- Unwirksamkeit nach AGBG-Bestimmungen
  (Prüfungsreihenfolge immer: § 11 - § 10 - § 9 AGBG)

4. Durchführung der Wandelung

→ gemäß § 465 muß der Käufer gegenüber dem Verkäufer die Wandelung erklären und dieser damit einverstanden sein; sollte der Verkäufer die erforderliche Einverständnis-Willenserklärung verweigern, kann der Käufer direkt auf Rückzahlung der Vergütung klagen; das zusprechende Urteil beinhaltet einen richterlichen Gestaltungsakt; hieraus resultiert die Umwandlung in ein Rückgewährschuldverhältnis (modifizierte Vertragstheorie)

5. Rechtsfolgen / Umfang der Wandelung

→ §§ 467, 346 S. 1, 347 S. 3, 246 = Rückgewähr der empfangenen Leistungen; § 348 = Zug um Zug

II. Anspruch untergegangen ?

1. gemäß § 467 S. 1 i.V.m. § 351 S. 1 ?

= **Verschulden** des Untergangs ... durch den **Käufer** vor Vollzug der Wandelung

!! ***Problem:*** **Verschulden**

→ **vor** Kenntnis des Käufers vom Wandelungsgrund
= Benutzung der Sache in untypischer gefährlicher Weise

→ **nach** Kenntnis des Käufers vom Wandelungsgrund
= jedes Verschulden

2. gemäß § 377 HGB ?

= Kauf ist für beide Seiten ein Handelsgeschäft und der Käufer untersucht die Ware nicht unverzüglich nach Erhalt und hat bei deren Mangelhaftigkeit den Verkäufer nicht unverzüglich hiervon unterrichtet

III. Anspruch durchsetzbar ?

- ***Verjährung des Anspruchs ?***

= beim Wandelungsanspruch: § 477 I 1

→ 6 Monate bei beweglichen Sachen ab Ablieferung; 1 Jahr bei Grundstücken ab Übergabe; 30 Jahre (§ 195) bei Arglist des Verkäufers

IV. Ergebnis

***Wandelungseinrede** im Rahmen des § 478*

- Kaufpreiszahlung gemäß § 433 II ?

I. Anspruch entstanden ?

- ***Wirksamer Kaufvertrag, § 433 ?***

II. Anspruch untergegangen ?

III. Anspruch durchsetzbar ?

1. Einrede im Rahmen des § 478 I 1 ?
= Erhaltung der Mängeleinrede (hier: Wandelungseinrede) und daraus resultierendes Zahlungsverweigerungsrecht

a. Anzeige eines Mangels vor Ablauf der Verjährungsfrist ?
= innerhalb der Frist des § 477 I = bei beweglichen Sachen sechs Monate ab Ablieferung, bei Grundstücken 1 Jahr ab Übergabe, außer bei Arglist des Verkäufers → dann 30 Jahre (§ 195)

b. Wandelungsanspruch des Käufers ?
→ gemäß §§ ***462***, 459, 465, 467, 346 ff (***Stück***schuld)
→ gemäß §§ ***462, 480***, 459, 465, 467, 346 ff (***Gattung***sschuld)

aa. Anspruch (des Käufers) entstanden ?

(1) Kaufvertrag über Stückschuld / Gattungsschuld, § 433 ?

(2) Voraussetzungen des § 459 ?
= beachtlicher Fehler der Kaufsache <u>oder</u> Fehlen einer zugesicherten Eigenschaft zur Zeit des Gefahrübergangs

(a) beachtlicher Fehler, § 459 I ?
= bei der ***Stückschuld*** jedes für den Käufer nachteilige Abweichen der Ist- von der Soll-Beschaffenheit, das nicht nur gering / unbeachtlich ist
= bei der ***Gattungsschuld*** jedes nachteilige Abweichen von mittlerer Art und Güte, das nicht nur gering / unbeachtlich ist

(b) Fehlen einer zugesicherten Eigenschaft, § 459 II ?
Zugesicherte Eigenschaft = alle gegenwärtigen, wertbildenden Faktoren, die der Verkäufer besonders hervorgehoben hat (auch unwesentliche Abweichungen); u.U. sogar konkludente Zusicherung

(c) Lag der Mangel bei Gefahrübergang vor ?
= bei der Übergabe, § 446 oder bei der Übergabe an Transportperson, § 447

(3) <u>Kein Ausschluß</u> der Gewährleistung ?
→ vgl. Wandelung

(a) gemäß § 460 (nur beim <u>Stück</u>kauf, str. !!!) ?

(b) aufgrund einer vertraglichen Ausschlußklausel ?

(c) aufgrund "Allgemeiner Geschäftsbedingungen" ?

bb. Anspruch (des Käufers) untergegangen ?
→ vgl. Wandelung

(1) gemäß § 467 S. 1 i.V.m. § 351 S. 1 ?

(2) gemäß § 377 HGB ?

cc. Anspruch (des Käufers) durchsetzbar ?

- *Verjährung des Anspruchs ?*
  = beim Wandelungsanspruch: § 477 I 1
  → 6 Monate bei beweglichen Sachen ab Ablieferung
  → 1 Jahr bei Grundstücken ab Übergabe
  → 30 Jahre (§ 195) bei Arglist des Verkäufers

dd. also: Wandelungsanspruch des Käufers (+/−)

c. also: Mängeleinrede des Käufers gemäß § 478 I 1 (+/−)

2. also: Anspruch (d. Verkäufers auf Kaufpreiszahlung) durchsetzbar (+/−)

IV. Ergebnis

Minderung (§ 462 bzw. § 480)

bei der Stückschuld:

- Minderungsanspruch gemäß §§ 462, 459, 465, 472 ?

bei der Gattungsschuld:

- Minderungsanspruch gemäß §§ 462, 480, 459, 465, 472 ?

I. Anspruch entstanden ?

1. Kaufvertrag über Stückschuld / über Gattungsschuld, § 433 ?

2. Voraussetzungen des § 459 ?
→ vgl. zu den folgenden Punkten: Wandelung

a. beachtlicher Fehler, § 459 I ?

b. Fehlen einer zugesicherten Eigenschaft, § 459 II ?

c. Vorliegen des Mangels bei Gefahrübergang ?

3. Kein Ausschluß der Gewährleistung ?
→ vgl. zu den folgenden Punkten: Wandelung

a. gemäß § 460 ?

b. aufgrund einer vertraglichen Ausschlußklausel ?

c. aufgrund "Allgemeiner Geschäftsbedingungen" ?

4. Durchführung der Minderung
→ gemäß § 465 muß der Käufer gegenüber dem Verkäufer die Minderung erklären und dieser damit einverstanden sein; sollte der Verkäufer die erforderliche Einverständnis-Willenserklärung verweigern, kann der Käufer direkt auf teilweise Rückzahlung der Vergütung klagen; das zusprechende Urteil beinhaltet einen richterlichen Gestaltungsakt; hieraus resultiert die Umwandlung in ein Rückgewährschuldverhältnis (modifizierte Vertragstheorie)

5. Rechtsfolgen / Umfang der Minderung

→ **§ 472 I, II** → !! Berechnung !!:

$$\text{geminderter Kaufpreis} = \frac{\text{Wert der Sache mit Mangel} \times \text{vereinbarter Kaufpreis}}{\text{Wert der Sache ohne Mangel}}$$

II. Anspruch untergegangen ?

- gemäß § 377 HGB ?
→ vgl. Wandelung

III. Anspruch durchsetzbar ?

- Verjährung des Anspruchs ?
= beim Minderungsanspruch: § 477 I 1
→ vgl. Wandelung

IV. Ergebnis

Minderungsseinrede *im Rahmen des § 478*

- Kaufpreiszahlung gemäß § 433 II ?

I. Anspruch entstanden ?

- Wirksamer Kaufvertrag, § 433 ?

II. Anspruch untergegangen ?

III. Anspruch durchsetzbar ?

1. Einrede im Rahmen des § 478 I 1 ?
= Erhaltung der Mängeleinrede (hier: Minderungseinrede) und daraus resultierendes (teilweises) Zahlungsverweigerungsrecht

a. Anzeige eines Mangels vor Ablauf der Verjährungsfrist ?
= innerhalb der Frist des § 477 I

b. Minderungsanspruch des Käufers ?
→ gemäß §§ ***462***, 459, 465, 472 (***Stück***schuld)
→ gemäß §§ ***462, 480***, 459, 465, 472 (***Gattung***sschuld)

aa. Anspruch (des Käufers) entstanden ?

(1) Kaufvertrag über Stückschuld / Gattungsschuld, § 433 ?

(2) Voraussetzungen des § 459 ?
→ vgl. Minderung

(3) Kein Ausschluß der Gewährleistung ?
→ vgl. Minderung

(4) Rechtsfolgen / Umfang der Minderung
→ vgl. Minderung

bb. Anspruch (des Käufers) untergegangen ?
→ vgl. Minderung

cc. Anspruch (des Käufers) durchsetzbar ?

- Verjährung des Anspruchs ?
→ vgl. Minderung

dd. <u>also</u>: Minderungsanspruch des Käufers **(+/−)**

c. <u>also</u>: Mängeleinrede des Käufers gemäß § 478 I 1 **(+/−)**

2. <u>also</u>: Anspruch (d. Verkäufers auf Kaufpreiszahlung) durchsetzbar **(+/−)**

IV. Ergebnis

Nachlieferung bei Gattungsschuld (§ 480)

- Nachlieferungsanspruch gemäß §§ 480, 459 ?

I. Anspruch entstanden ?

1. Kaufvertrag über Gattungsschuld, § 433 ?

2. Voraussetzungen des § 459 ?
→ vgl. zu den folgenden Punkten auch: Wandelung

a. beachtlicher Fehler, § 459 I ?
- bei der ***Gattungsschuld*** jedes nachteilige Abweichen von mittlerer Art und Güte, das nicht nur gering / unbeachtlich ist

wenn der Sachverhalt Anhaltspunkte dafür bietet (aber nur dann!!), erfolgt an dieser Stelle eine Auseinandersetzung mit dem Abgrenzungsproblem: Lieferung einer fehlerhaften Sache - Lieferung eines aliud (Falschlieferung)
→ wenn Fehler (+): weiter in der Prüfung
→ wenn aliud (+): Nachlieferung (−) → Erfüllungsanspruch § 433

b. Fehlen einer zugesicherten Eigenschaft, § 459 II ?

c. Vorliegen des Mangels bei Gefahrübergang ?

3. Kein Ausschluß der Gewährleistung ?
→ vgl. zu den folgenden Punkten: Wandelung

a. aufgrund einer vertraglichen Ausschlußklausel ?

b. aufgrund "Allgemeiner Geschäftsbedingungen" ?

4. Durchführung der Nachlieferung
→ in entsprechender Anwendung des § 465 muß der Käufer gegenüber dem Verkäufer das Nachlieferungsbegehren erklären und dieser damit einverstanden sein; sollte der Verkäufer die erforderliche Einverständnis-Willenserklärung verweigern, kann der Käufer direkt auf Nachlieferung klagen

II. Anspruch untergegangen ?

- gemäß § 377 HGB ?
→ vgl. Wandelung

III. Anspruch durchsetzbar ?

- Verjährung des Anspruchs ?
= (auch) beim Nachlieferungsanspruch: § 477 I 1
→ vgl. Wandelung

IV. Ergebnis

Nachlieferungseinrede im Rahmen des § 478 analog

- Kaufpreiszahlung gemäß § 433 II ?

I. Anspruch entstanden ?

- Wirksamer Kaufvertrag, § 433 ?

II. Anspruch untergegangen ?

III. Anspruch durchsetzbar ?

1. Einrede im Rahmen des § 478 I 1 analog ?
= Erhaltung der Mängeleinrede (hier: Nachlieferungseinrede) und daraus resultierendes Zahlungsverweigerungsrecht

a. Anzeige eines Mangels vor Ablauf der Verjährungsfrist ?
= (auch beim Nachlieferungsanspruch) innerhalb der Frist des § 477 I

b. Nachlieferungsanspruch des Käufers ?
→ gemäß §§ 480, 459

aa. Anspruch (des Käufers) entstanden ?

(1) Kaufvertrag über Gattungsschuld, § 433 ?

(2) Voraussetzungen des § 459 ?
→ vgl. Nachlieferung

(3) Kein Ausschluß der Gewährleistung ?
→ vgl. Nachlieferung

(4) Rechtsfolgen / Umfang der Nachlieferung
→ vgl. Nachlieferung

bb. Anspruch (des Käufers) untergegangen ?
→ vgl. Nachlieferung

cc. Anspruch (des Käufers) durchsetzbar ?

- Verjährung des Anspruchs ?
→ vgl. Nachlieferung

dd. also: Nachlieferungsanspruch des Käufers (+/−)

c. also: Mängeleinrede des Käufers gemäß § 478 I 1 (+/−)

2. also: Anspruch (d. Verkäufers auf Kaufpreiszahlung) durchsetzbar (+/−)

IV. Ergebnis

Schadensersatz bei Stückschuld (§ 463)

- Schadensersatz gemäß § 463 ?

I. Anspruch entstanden ?

1. Kaufvertrag über Stückschuld, § 433 ?

2. Voraussetzungen des § 463 S. 1 oder 2 ?

a. Fehlen einer zugesicherten Eigenschaft, § 463 S. 1 ?
Zugesicherte Eigenschaft = alle gegenwärtigen, wertbildenden Faktoren, die der Verkäufer besonders hervorgehoben hat (auch unwesentliche Abweichungen)

b. Arglistiges Verschweigen eines Fehlers, § 463 S. 2 ?

aa. beachtlicher Fehler, § 459 I ?
= bei der ***Stückschuld*** jedes für den Käufer nachteilige Abweichen der Ist- von der Soll-Beschaffenheit, das nicht nur gering / unbeachtlich ist

bb. Arglistiges Verschweigen eines Fehlers ?
= Verkäufer hat Pflicht zur Offenbarung des Fehlers, kommt dieser aber nicht nach

c. Fehlen der Eigenschaft im Zeitpunkt des Kaufs ?
= sowohl im Zeitpunkt des Kaufvertragsschlusses als auch bei der Übergabe, § 446 oder bei der Übergabe an Transportperson, § 447

bzw.

c. Arglistige Täuschung bei Vertragsschluß ?

3. Kein Ausschluß der Gewährleistung ?
→ vgl. Wandelung

a. gemäß § 460 ?

b. aufgrund einer vertraglichen Ausschlußklausel ?

c. aufgrund "Allgemeiner Geschäftsbedingungen" ?

4. Durchführung des Schadensersatzanspruchs
→ der Käufer muß lediglich den Schadensersatzanspruch gegenüber dem Verkäufer erklären (der Verkäufer muß also - im Gegensatz zur Wandelung / Minderung ... - nicht damit einverstanden sein)

5. Umfang des Schadensersatzanspruchs
→ (immer) Ersatz des ***Mangel***schadens

entweder

- sog. großer Schadensersatzanspruch
= Käufer kann die mangelhafte Sache zurückgeben **und** Kaufpreisrückzahlung fordern **und** weitergehenden Schadensersatz fordern

oder

- ***sog. <u>kleiner</u> Schadensersatzanspruch***
  = der Käufer darf die Sache behalten und als Schadensersatz **entweder** Wertdifferenz zwischen mangelhafter und mangelfreier Sache **oder** den erforderlichen Betrag zur Mängelbeseitigung verlangen

!!! ein über den eigentlichen Mangelschaden hinausgehender Schaden (= Mangel<u>folge</u>schaden) wird dann über § 463 ersetzt, wenn er vom objektiven Sinn der Zusicherung umfaßt wird; das ist zu bejahen, wenn die Zusicherung gerade bezweckt, den Käufer vor solchen Schäden zu bewahren

!!! ein über den eigentlichen Mangelschaden hinausgehender Schaden (= Mangel<u>folge</u>schaden) wird dann über § 463 ersetzt, wenn er durch die arglistige Täuschung adäquat verursacht ist (a.A. vertretbar; dann aber Schadensersatz über p.V.V.)

!!! alle anderen Mangelfolgeschäden werden nicht über § 463 ersetzt; der Käufer hat allenfalls einen Schadensersatzanspruch aus p.V.V.

II. Anspruch untergegangen ?

- ***gemäß § 467 S. 1 i.V.m. § 351 S. 1 ?***
  = **Verschulden** des Untergangs ... durch den **Käufer** vor Vollzug der Wandelung

!!! wenn der Käufer einen "großen Schadensersatzanspruch wählt, kann auch ein Anspruch auf Schadensersatz gemäß § 463 unter den Voraussetzungen des § 351 untergegangen sein; dieser Anspruch beinhaltet, daß der Käufer - neben einem weitergehenden Schadensersatz - den Kaufpreis <u>gegen Rückgabe der mangelhaften Kaufsache</u> zurückerhalten will; insofern ist ein "Teil" des "großen Schadensersatzanspruchs" mit der Wandelung vergleichbar

!! ***<u>Problem</u>:*** **Verschulden** → vgl. Wandelung

III. Anspruch durchsetzbar ?

- ***Verjährung des Anspruchs ?***
  = beim arglistigen Verschweigen eines Mangel: § 195
  → 30 Jahre

  = beim Fehlen einer zugesicherten Eigenschaft: § 477 I 1
  → 6 Monate bei beweglichen Sachen ab Ablieferung
  → 1 Jahr bei Grundstücken ab Übergabe

IV. Ergebnis

Schadensersatz bei Gattungsschuld (§ 480 II)

- **Schadensersatz gemäß § 480 II ?**

I. Anspruch entstanden ?

1. Kaufvertrag über Gattungsschuld, § 433 ?

2. Voraussetzungen des § 480 II ?

a. Fehlen einer zugesicherten Eigenschaft, § 480 II, Var. 1 ?
Zugesicherte Eigenschaft = alle gegenwärtigen, wertbildenden Faktoren, die der Verkäufer besonders hervorgehoben hat (auch unwesentliche Abweichungen)

b. Arglistiges Verschweigen eines Fehlers, § 480 II, Var. 2 ?

aa. beachtlicher Fehler, § 459 I ?
= bei der ***Gattungsschuld*** jedes nachteilige Abweichen von mittlerer Art und Güte, das nicht nur gering / unbeachtlich ist

bb. Arglistiges Verschweigen eines Fehlers ?
= Verkäufer hat Pflicht zur Offenbarung des Fehlers, kommt dieser aber nicht nach

c. Fehlen der Eigenschaft bei Gefahrübergang ?
= bei der Übergabe, § 446 oder bei der Übergabe an Transportperson, § 447;
!!! die Eigenschaft muß - anders als bei § 463 - nicht auch bei Vertragsabschluß fehlen, weil zu diesem Zeitpunkt oft noch gar nicht feststeht, welche konkrete Sache aus einer Gattung übereignet werden soll.

bzw.
c. Arglistige Täuschung bei Vertragsschluß ?

3. Kein Ausschluß der Gewährleistung ?
→ vgl. Wandelung

a. aufgrund einer vertraglichen Ausschlußklausel ?

b. aufgrund "Allgemeiner Geschäftsbedingungen" ?

4. Durchführung des Schadensersatzanspruchs
→ der Käufer muß lediglich den Schadensersatzanspruch gegenüber dem Verkäufer erklären (der Verkäufer muß also - im Gegensatz zur Wandelung / Minderung ... - nicht damit einverstanden sein)

5. Umfang des Schadensersatzanspruchs
→ (immer) Ersatz des ***Mangel***schadens

entweder
- ***sog. großer Schadensersatzanspruch***
= Käufer kann die mangelhafte Sache zurückgeben **und** Kaufpreisrückzahlung fordern **und** weitergehenden Schadensersatz fordern

oder
- ***sog. kleiner Schadensersatzanspruch***
= der Käufer darf die Sache behalten und als Schadensersatz **entweder** Wertdifferenz zwischen mangelhafter und mangelfreier Sache **oder** den erforderlichen Betrag zur Mängelbeseitigung verlangen

!!! ein über den eigentlichen Mangelschaden hinausgehender Schaden (= Mangelfolgeschaden) wird dann über § 480 II ersetzt, wenn er vom objektiven Sinn der Zusicherung umfaßt wird; das ist zu bejahen, wenn die Zusicherung gerade bezweckt, den Käufer vor solchen Schäden zu bewahren

!!! ein über den eigentlichen Mangelschaden hinausgehender Schaden (= Mangelfolgeschaden) wird dann über § 480 II ersetzt, wenn er durch die arglistige Täuschung adäquat verursacht ist (a.A. vertretbar; dann aber Schadensersatz über p.V.V.)

!!! alle anderen Mangelfolgeschäden werden nicht über § 480 II ersetzt; der Käufer hat allenfalls einen Schadensersatzanspruch aus p.V.V.

II. Anspruch untergegangen ?

- ***gemäß § 467 S. 1 i.V.m. § 351 S. 1 ?***
= **Verschulden** des Untergangs ... durch den **Käufer** vor Vollzug der Wandelung

!!! wenn der Käufer einen "großen Schadensersatzanspruch wählt, kann auch ein Anspruch auf Schadensersatz gemäß § 480 II unter den Voraussetzungen des § 351 untergegangen sein; dieser Anspruch beinhaltet, daß der Käufer - neben einem weitergehenden Schadensersatz - den Kaufpreis gegen Rückgabe der mangelhaften Kaufsache zurückerhalten will; insofern ist ein "Teil" des "großen Schadensersatzanspruchs" mit der Wandelung vergleichbar

!! ***Problem:*** **Verschulden** → vgl. Wandelung

III. Anspruch durchsetzbar ?

- ***Verjährung des Anspruchs ?***
= beim arglistigen Verschweigen eines Mangel: § 195
→ 30 Jahre

= beim Fehlen einer zugesicherten Eigenschaft: § 477 I 1
→ 6 Monate bei beweglichen Sachen ab Ablieferung
→ 1 Jahr bei Grundstücken ab Übergabe

IV. Ergebnis

Herstellungs- (Erfüllungs-) Anspruch (§ 633 I)

- Anspruch auf Erstellung des Werks gemäß §§ 633 I, 631 ?

I. Anspruch entstanden ?

1. Wirksamer Werkvertrag, § 631 oder Werklieferungsvertrag über nicht vertretbare Sachen, § 651 ?

2. Mangel, § 633 I ?
= entweder Fehler oder Fehlen einer zugesicherten Eigenschaft

a. Fehler ?
= jedes für den Besteller nachteilige Abweichen der Ist- von der Soll-Beschaffenheit; eine Erheblichkeit des Mangels ist nicht erforderlich

b. Fehlen einer zugesicherten Eigenschaft ?
Zugesicherte Eigenschaft = alle gegenwärtigen, wertbildenden Faktoren, die der Ersteller besonders hervorgehoben hat (auch unwesentliche Abweichungen)

3. Entstehen des Mangels bis zur Abnahme, § 640 / Vollendung, § 646 ?

4. Kein Ausschluß des Anspruchs ?

a. gemäß § 640 II ?
= Ausschluß der Haftung, wenn der Besteller trotz Kenntnis des Mangels das Werk abnimmt

b. aufgrund einer vertraglichen Ausschlußklausel ?
= Beschränkung der Gewährleistungsrechte (hier: Ausschluß des Herstellungsanspruchs)
→ in einem individuell ausgehandelten Werkvertrag können - im Gegensatz zu "Allgemeinen Geschäftsbedingungen" - alle Mängelansprüche ausgeschlossen werden; Unwirksamkeit nur bei Arglist des Herstellers, § 637

c. aufgrund "Allgemeiner Geschäftsbedingungen" ?
→ vgl. Mängel im Kaufrecht: Wandelung

5. Durchführung des Anspruchs
→ der Besteller muß gegenüber dem Ersteller lediglich seinen Anspruch erklären

II. Anspruch untergegangen ?

III. Anspruch durchsetzbar ?

- Verjährung des Anspruchs ?
= beim Erfüllungsanspruch: § 195 → 30 Jahre

IV. Ergebnis

Mängelbeseitigung = Nachbesserung (§ 633 II)

- Mängelbeseitigung gemäß § 633 II ?

I. Anspruch entstanden ?

1. Wirksamer Werkvertrag, § 631 oder Werklieferungsvertrag über nicht vertretbare Sachen, § 651 ?

2. Mangel, § 633 I ?

= entweder Fehler oder Fehlen einer zugesicherten Eigenschaft

a. Fehler ?

= jedes für den Besteller nachteilige Abweichen der Ist- von der Soll-Beschaffenheit; eine Erheblichkeit des Mangels ist nicht erforderlich

b. Fehlen einer zugesicherten Eigenschaft ?

Zugesicherte Eigenschaft = alle gegenwärtigen, wertbildenden Faktoren, die der Ersteller besonders hervorgehoben hat (auch unwesentliche Abweichungen)

3. Entstehen des Mangels bis zur Abnahme, § 640 / Vollendung, § 646 ?

4. Kein Ausschluß des Anspruchs ?

a. gemäß § 640 II ?

= Ausschluß der Haftung, wenn der Besteller trotz Kenntnis des Mangels das Werk abnimmt

b. aufgrund einer vertraglichen Ausschlußklausel ?

= Beschränkung der Gewährleistungsrechte (hier: Ausschluß des Mängelbeseitigungsanspruchs)

→ in einem individuell ausgehandelten Werkvertrag können - im Gegensatz zu "Allgemeinen Geschäftsbedingungen" - alle Mängelansprüche ausgeschlossen werden; Unwirksamkeit nur bei Arglist des Herstellers, § 637

c. aufgrund "Allgemeiner Geschäftsbedingungen" ?

→ vgl. Mängel im Kaufrecht: Wandelung

5. Durchführung des Anspruchs

→ der Besteller muß gegenüber dem Ersteller lediglich seinen Anspruch erklären

II. Anspruch untergegangen ?

III. Anspruch durchsetzbar ?

- Verjährung des Anspruchs ?

= beim Nachbesserungsanspruch: § 638 I

→ 6 Monate ab Abnahme; 1 Jahr bei Arbeiten an Grundstücken ab Abnahme; 5 Jahre bei Bauwerken ab Abnahme; 30 Jahre (§ 195) bei Arglist des Unternehmers

IV. Ergebnis

Aufwendungsersatz (§ 633 III)

- Aufwendungsersatz gemäß § 633 III ?

I. Anspruch entstanden ?

1. Wirksamer Werkvertrag, § 631 oder Werklieferungsvertrag über nicht vertretbare Sachen, § 651 ?

2. Mangel, § 633 I ?
→ vgl. zu den folgenden Punkten: Herstellungsanspruch

a. Fehler ?

b. Fehlen einer zugesicherten Eigenschaft ?

3. Entstehen des Mangels bis zur Abnahme, § 640 / Vollendung, § 646 ?

4. Verzug des Unternehmers mit der Mängelbeseitigung ?
= Verzugsvoraussetzungen (§§ 284, 285)

a. Anspruch auf Mängelbeseitigung ?

b. Mahnung (§ 284) oder Mahnungssurrogat ?

aa. Mahnung ?
= dringende und bestimmte Aufforderung zur Leistung (Mängelbeseitigung)

bb. Mahnungssurrogat ?
= Ersatz für/Entbehrlichkeit der Mahnung: vgl. § 284

c. Nicht rechtzeitige Mängelbeseitigung ?

d. Vertretenmüssen des Unternehmers ?
= nach §§ 276 ff

5. Aufwendungen des Anspruchsteller zur Mängelbeseitigung ?

6. Kein Ausschluß des Anspruchs ?
→ vgl. zu den folgenden Punkten: Herstellungsanspruch

a. gemäß § 640 II ?

b. aufgrund einer vertraglichen Ausschlußklausel ?

c. aufgrund "Allgemeiner Geschäftsbedingungen" ?

7. Durchführung des Anspruchs
→ der Besteller muß gegenüber dem Ersteller lediglich seinen Anspruch erklären

II. Anspruch untergegangen ?

III. Anspruch durchsetzbar ?

→ vgl. Nachbesserung

IV. Ergebnis

Wandelung (§ 634)

- Wandelungsanspruch
gemäß § 634 i.V.m. §§ 465, 467, 346 ff analog ?

I. Anspruch entstanden ?

1. Wirksamer Werkvertrag, § 631 oder Werklieferungsvertrag über nicht vertretbare Sachen, § 651 ?

2. Mangel, § 633 I ?
→ vgl. zu den folgenden Punkten: Herstellungsanspruch

a. Fehler ?

b. Fehlen einer zugesicherten Eigenschaft ?

3. Entstehen des Mangels bis zur Abnahme, § 640 / Vollendung, § 646 ?

4. Fristsetzung mit Ablehnungsandrohung erfolgt, § 634 I ?
→ die Fristsetzung (und damit auch die Ablehnungsandrohung) ist unter den in § 634 II aufgeführten Gründen entbehrlich

5. Ablauf der Frist ohne Mängelbeseitigung ?
→ diese Voraussetzung entfällt, wenn schon eine Fristsetzung entbehrlich ist

6. Kein Ausschluß der Gewährleistung ?

a. gemäß § 634 III ?
= Ausschluß der Wandelung, wenn der Mangel (nicht das Fehlen der zugesicherten Eigenschaft!!) den Wert oder die Tauglichkeit des Werks nur unerheblich mindert

→ vgl. zu den folgenden Punkten: Herstellungsanspruch

b. gemäß § 640 II ?

c. aufgrund einer vertraglichen Ausschlußklausel ?

d. aufgrund "Allgemeiner Geschäftsbedingungen" ?

7. Durchführung der Wandelung
→ gemäß § 634 IV i.V.m. § 465 analog muß der Besteller gegenüber dem Unternehmer die Wandelung erklären und dieser damit einverstanden sein; sollte der Unternehmer die erforderliche Einverständnis-Willenserklärung verweigern, kann der Besteller direkt auf Rückzahlung der Vergütung klagen; das zusprechende Urteil beinhaltet einen richterlichen Gestaltungsakt; hieraus resultiert die Umwandlung in ein Rückgewährschuldverhältnis (modifizierte Vertragstheorie)

8. Rechtsfolgen / Umfang der Wandelung
→ § 634 IV i.V.m. §§ 467, 346 S. 1, 347 S. 3, 246 = Rückgewähr der empfangenen Leistungen; § 348 = Zug um Zug

II. Anspruch untergegangen ?

- ***gemäß § 634 IV i.V.m. §§ 467 S. 1, § 351 S. 1 analog ?***
  = **Verschulden** des Untergangs ... durch den **Besteller** vor Vollzug der Wandelung

  → vgl. Mängel im Kaufrecht: Wandelung

III. Anspruch durchsetzbar ?

- ***Verjährung des Anspruchs ?***
  = beim Wandelungsanspruch: § 638 I
  → vgl. Nachbesserung

IV. Ergebnis

Wandelungseinrede im Rahmen des § 639

- Vergütungsanspruch gemäß § 631 I ?

I. Anspruch entstanden ?

- ***Wirksamer Werkvertrag, § 631 oder Werklieferungsvertrag über nicht vertretbare Sachen, § 651 ?***

II. Anspruch untergegangen ?

III. Anspruch durchsetzbar ?

1. Einrede im Rahmen des § 639 I i.V.m. § 478 I 1 analog ?
= Erhaltung der Mängeleinrede (hier: Wandelungseinrede) und daraus resultierendes Zahlungsverweigerungsrecht

a. Anzeige eines Mangels vor Vollendung der Verjährungsfrist ?
= innerhalb der Frist des § 638 I = bei "normalen" Werken sechs Monate ab Abnahme/Vollendung, bei Grundstücksarbeiten 1 Jahr ab Abnahme/Vollendung, bei Bauwerken 5 Jahre ab Abnahme/Vollendung, außer bei Arglist des Herstellers → dann 30 Jahre (§ 195)

b. Wandelungsanspruch des Bestellers ?
→ gemäß § 634 i.V.m. §§ 465, 467, 346 ff. analog

aa. Anspruch (des Bestellers) entstanden ?

(1) Wirksamer Werkvertrag, § 631 oder Werklieferungsvertrag über nicht vertretbare Sachen, § 651 ?

(2) Mangel, § 633 I ?
→ vgl. Wandelung

(3) Entstehen des Mangels bis zur Abnahme, § 640 / Vollendung, § 646 ?

(4) Fristsetzung mit Ablehnungsandrohung, § 634 I ?

(5) Ablauf der Frist ohne Mängelbeseitigung ?

(6) Kein Ausschluß der Gewährleistung ?
→ vgl. Wandelung

(7) also: Anspruch (des Bestellers) entstanden (+ / −)

bb. Anspruch (des Bestellers) untergegangen ?
→ vgl. Wandelung

cc. Anspruch (des Bestellers) durchsetzbar ?

- *Verjährung des Anspruchs ?*
→ vgl. Wandelung

dd. also: Wandelungsanspruch des Bestellers (+ / −)

c. also: Mängeleinrede im Rahmen des § 639 I i.V.m. § 478 I 1 analog (+ / −)

2. also: Anspruch (des Unternehmers auf Zahlung der Vergütung) durchsetzbar (+ / −)

IV. Ergebnis

Minderung (§ 634)

- Minderungsanspruch gemäß § 634 i.V.m. §§ 465, 472 analog ?

I. Anspruch entstanden ?

1. Wirksamer Werkvertrag, § 631 oder Werklieferungsvertrag über nicht vertretbare Sachen, § 651 ?

2. Mangel, § 633 I ?
→ vgl. zu den folgenden Punkten: Herstellungsanspruch

a. Fehler ?

b. Fehlen einer zugesicherten Eigenschaft ?

3. Entstehen des Mangels bis zur Abnahme, § 640 / Vollendung, § 646 ?

4. Fristsetzung mit Ablehnungsandrohung, § 634 I ?

5. Ablauf der Frist ohne Mängelbeseitigung ?

6. Kein Ausschluß der Gewährleistung ?
→ vgl. zu den folgenden Punkten: Herstellungsanspruch

a. gemäß § 640 II ?

b. aufgrund einer vertraglichen Ausschlußklausel ?

c. aufgrund "Allgemeiner Geschäftsbedingungen" ?

7. Durchführung der Minderung
→ gemäß § 634 IV i.V.m. § 465 analog muß der Besteller gegenüber dem Unternehmer die Minderung erklären und dieser damit einverstanden sein; sollte der Unternehmer die erforderliche Einverständnis-Willenserklärung verweigern, kann der Besteller direkt auf teilweise Rückzahlung der Vergütung klagen; das zusprechende Urteil beinhaltet einen richterlichen Gestaltungsakt; hieraus resultiert die Umwandlung in ein Rückgewährschuldverhältnis (modifizierte Vertragstheorie)

8. Rechtsfolgen / Umfang der Minderung
→ § 634 IV i.V.m. § 472 I, II analog → !! Berechnung !!:

$$\text{geminderte Vergütung} = \frac{\text{Wert der Werks mit Mangel} \times \text{vereinbarte Vergütung}}{\text{Wert des Werks ohne Mangel}}$$

II. Anspruch untergegangen ?

III. Anspruch durchsetzbar ?

- Verjährung des Anspruchs ?
= beim Minderungsanspruch: § 638 I → vgl. Nachbesserung

IV. Ergebnis

Minderungseinrede im Rahmen des § 639

- Vergütungsanspruch gemäß § 631 I ?

I. Anspruch entstanden ?

- ***Wirksamer Werkvertrag, § 631 oder Werklieferungsvertrag über nicht vertretbare Sachen, § 651 ?***

II. Anspruch untergegangen ?

III. Anspruch durchsetzbar ?

1. Einrede im Rahmen des § 639 I i.V.m. § 478 I 1 analog ?
= Mängeleinrede (hier: Minderungseinrede) und daraus resultierendes teilweises Zahlungsverweigerungsrecht

a. Anzeige eines Mangels vor Vollendung der Verjährungsfrist ?
= innerhalb der Frist des § 638 I

b. Minderungsanspruch des Bestellers ?
→ gemäß § 634 i.V.m. §§ 465, 472 analog

aa. Anspruch (des Bestellers) entstanden ?
→ vgl. Minderung

(1) Wirksamer Werkvertrag, § 631 oder Werklieferungsvertrag über nicht vertretbare Sachen, § 651 ?

(2) Mangel, § 633 I ?

(3) Entstehen des Mangels bis zur Abnahme, § 640 / Vollendung, § 646 ?

(4) Fristsetzung mit Ablehnungsandrohung, § 634 I ?

(5) Ablauf der Frist ohne Mängelbeseitigung ?

(6) Kein Ausschluß der Gewährleistung ?
→ vgl. Minderung

(7) Rechtsfolgen / Umfang der Minderung

(8) <u>also</u>: Anspruch (des Bestellers) entstanden (+/−)

bb. Anspruch (des Bestellers) untergegangen ?
→ vgl. Minderung

cc. Anspruch (des Bestellers) durchsetzbar ?

- ***Verjährung des Anspruchs ?***
→ vgl. Minderung

dd. <u>also</u>: Minderungsanspruch des Bestellers (+/−)

c. <u>also</u>: Mängeleinrede des § 639 I i.V.m. § 478 I 1 analog (+/−)

2. <u>also</u>: Anspruch (auf Vergütungszahlung) durchsetzbar (+/−)

IV. Ergebnis

Schadensersatz *(§ 635)*

- Schadensersatz gemäß § 635 ?

I. Anspruch entstanden ?

1. Wirksamer Werkvertrag, § 631 oder Werklieferungsvertrag über nicht vertretbare Sachen, § 651 ?
→ vgl. zu den folgenden Punkten: Herstellungsanspruch

2. Mangel, § 633 I ?

a. Fehler ?

b. Fehlen einer zugesicherten Eigenschaft ?

3. Entstehen des Mangels bis zur Abnahme, § 640 / Vollendung, § 646 ?

4. Fristsetzung mit Ablehnungsandrohung, § 634 I ?

5. Ablauf der Frist ohne Mängelbeseitigung ?

6. Vertretenmüssen des Unternehmers ?
= nach § 276 oder § 278 haftet

7. Kein Ausschluß der Gewährleistung ?
→ vgl. zu den folgenden Punkten: Herstellungsanspruch

a. aufgrund einer vertraglichen Ausschlußklausel ?

b. aufgrund "Allgemeiner Geschäftsbedingungen" ?

8. Durchführung des Schadensersatzanspruchs
→ der Besteller muß gegenüber dem Unternehmer lediglich seinen Anspruch erklären (der Unternehmer muß also - im Gegensatz zur Wandelung / Minderung ... - nicht damit einverstanden sein)

9. Umfang des Schadensersatzanspruchs

→ (immer) Ersatz des ***Mangel***schadens

entweder
- ***sog. großer Schadensersatzanspruch***
= der Besteller kann die mangelhafte Sache zurückgeben **und** Kaufpreisrückzahlung fordern **und** weitergehenden Schadensersatz fordern

oder
- ***sog. kleiner Schadensersatzanspruch***
= der Besteller darf die Sache behalten und als Schadensersatz **entweder** Wertdifferenz zwischen mangelhafter und mangelfreier Sache **oder** den erforderlichen Betrag zur Mängelbeseitigung verlangen

!!! § 635 erfaßt nach allgemeiner Meinung (aber streitig) nächste Mangelfolgeschäden; das sind Schäden, die mit dem mangelhaften Werk in unmittelbarer Beziehung stehen

!!! alle anderen (entfernten) Mangelfolgeschäden werden nicht über § 635 ersetzt; der Besteller hat allenfalls einen Schadensersatzanspruch aus p.V.V. (Verjährung dann § 195 = 30 Jahre)

- ***gemäß § 634 IV i.V.m. §§ 467 S. 1, § 351 S. 1 analog ?***

→ vgl. Mängel im Kaufrecht: Schadensersatz

II. Anspruch untergegangen ?

III. Anspruch durchsetzbar ?

- ***Verjährung des Anspruchs ?***
  = beim Wandelungsanspruch: § 638 I
  → vgl. Nachbesserung

IV. Ergebnis

Instandsetzungs- = Erhaltungsanspruch (§ 536)

- Anspruch auf Instandsetzung der Mietsache gemäß § 536 ?

I. Anspruch entstanden ?

1. Wirksamer Mietvertrag, § 535 ?

2. Nicht vertragsgemäßer Zustand der Mietsache ?

3. Kein Ausschluß des Anspruchs ?

a. aufgrund einer vertraglichen Ausschlußklausel ?
= Ausschluß des Anspruchs

→ in einem individuell ausgehandelten Mietvertrag können - alle Gewährleistungsrechte ausgeschlossen werden; Unwirksamkeit bei Mietverhältnissen über Wohnraum, § 537 III; Unwirksamkeit bei Arglist des Vermieters, § 540

b. aufgrund "Allgemeiner Geschäftsbedingungen" ?
= Ausschluß des Anspruchs

- ***Wirksamkeit der Klausel ?***
  = bei Übereinstimmung mit dem AGBG

  - Allgemeine Geschäftsbedingung i.S.d. § 1 AGBG
  - Wirksame Einbeziehung in den Vertrag, § 2 AGBG
  - Unwirksamkeit nach AGBG-Bestimmungen
    (Prüfungsreihenfolge immer: § 11 - § 10 - § 9 AGBG)
    !! § 11 Nr. 10 a (Ausschluß der Gewährleistung) ist nicht einschlägig; entgegen dem weit gefaßten Einleitungssatz des § 11 Nr. 10 (Verträge über ... Leistungen) ist diese Bestimmung nicht anwendbar auf Gebrauchsüberlassungsverträge, wie z.B. die Miete!!

II. Anspruch untergegangen ?

III. Anspruch durchsetzbar ?

IV. Ergebnis

Gänzliche oder teilweise Befreiung vom Mietzins (§ 537)

- Mietzinszahlung gemäß § 535 S. 2 ?

I. Anspruch entstanden ?

- Wirksamer Mietvertrag, § 535 ?

II. Anspruch untergegangen ?

III. Anspruch durchsetzbar ?

1. Befreiung von der Mietzinszahlung gemäß § 537 ?
= gesetzlich (!!!) eintretende gänzliche oder teilweise (Minderung) Befreiung von der Mietzinszahlung

a. Mietvertrag, § 535 ?

b. Voraussetzungen des § 537 I oder II ?
= beachtlicher Fehler der Mietsache oder Fehlen einer zugesicherten Eigenschaft zur Zeit der Überlassung oder später

aa. beachtlicher Fehler, § 537 I ?
= jedes für den Mieter nachteilige Abweichen der Ist- von der Sollbeschaffenheit, das die Gebrauchstauglichkeit der Sache aufhebt oder mindert und nicht nur gering / unbeachtlich ist

bb. Fehlen einer zugesicherten Eigenschaft, § 537 II ?
Zugesicherte Eigenschaft = alle gegenwärtigen, wertbildenden Faktoren, die der Vermieter besonders hervorgehoben hat (auch unwesentliche Abweichungen); bei Grundstücken ist außerdem § 537 II 2 zu beachten

cc. Vorliegen des Fehlers bei der Überlassung, § 537 I 1, Var. 1 oder Entstehen im Laufe der Miete, § 537 I 1, Var. 2 ?

c. Kein Ausschluß des Rechts ?

aa. gemäß § 545 I und II 2. Halbsatz ?
= Verletzung der Mängelanzeigepflicht durch den Mieter

bb. gemäß § 539 ?
= Ausschluß wegen Kenntnis bzw. grob fahrlässiger Unkenntnis des Mangels bei Vertragsabschluß (auch bei Arglist des Vermieters)

cc. aufgrund einer vertraglichen Ausschlußklausel ?
→ in einem individuell ausgehandelten Mietvertrag können - alle Gewährleistungsrechte ausgeschlossen werden; Unwirksamkeit bei Mietverhältnissen über Wohnraum, § 537 III; Unwirksamkeit bei Arglist des Vermieters, § 540

dd. aufgrund "Allgemeiner Geschäftsbedingungen" ?

- Wirksamkeit der Klausel ?
= bei Übereinstimmung mit dem AGBG

- Allgemeine Geschäftsbedingung i.S.d. § 1 AGBG
- Wirksame Einbeziehung in den Vertrag, § 2 AGBG
- Unwirksamkeit nach AGBG-Bestimmungen
  (Prüfungsreihenfolge immer: § 11 - § 10 - § 9 AGBG)

  !! § 11 Nr. 10 a (Ausschluß der Gewährleistung) ist nicht einschlägig; entgegen dem weit gefaßten Einleitungssatz des § 11 Nr. 10 (Verträge über ... Leistungen) ist diese Bestimmung nicht anwendbar auf Gebrauchsüberlassungsverträge, wie z.B. die Miete!!

ee. bei Verursachung des Mangels durch den Mieter ?

d. Umfang der Befreiung

entweder

- ***Befreiung vom Mietzins***
  → nur bei völliger Beseitigung der Gebrauchsfähigkeit

oder

- ***teilweise Befreiung vom Mietzins (Minderung)***
  → Berechnung § 537 I i.V.m. § 472 I, II analog

e. <u>also</u>: (teilweise) Befreiung von der Mietzinszahlung **(+ / −)**

2. <u>also</u>: Anspruch (des Vermieters auf Mietzinszahlung in voller Höhe) durchsetzbar **(+ / −)**

IV. Ergebnis

Schadensersatz wegen Mangels <u>bei</u> Vertragsschluß *(§ 538 I, Var. 1)*

- Schadensersatz gemäß § 538 I, Var. 1 ?

I. Anspruch entstanden ?

1. Wirksamer Mietvertrag, § 535 ?

2. Mangel i.S.d. § 537 I oder II ?
= beachtlicher Fehler <u>oder</u> Fehlen einer zugesicherten Eigenschaft

a. beachtlicher Fehler, § 537 I ?
→ vgl. Befreiung vom Mietzins

b. Fehlen einer zugesicherten Eigenschaft, § 537 II ?
→ vgl. Befreiung vom Mietzins

3. Vorliegen des Mangels beim Vertragsabschluß, § 538 I, Var. 1 ?

4. Vertretenmüssen des Vermieters
ist bei § 538 I, <u>Var. 1</u> nicht erforderlich (Garantiehaftung)!!!

5. Kein Ausschluß der Gewährleistung ?
→ vgl. Befreiung vom Mietzins

a. gemäß § 545 I und II 2. Halbsatz ?

b. gemäß § 539 ?

c. aufgrund einer vertraglichen Ausschlußklausel ?

d. aufgrund "Allgemeiner Geschäftsbedingungen" ?

e. bei Verursachung des Mangels durch den Mieter ?

6. Durchführung des Schadensersatzanspruchs
→ der Mieter muß lediglich den Schadensersatzanspruch gegenüber dem Vermieter erklären

7. Umfang des Schadensersatzanspruchs

→ immer Ersatz des ***<u>Mangel</u>***schadens
→ (im Mietrecht) auch Ersatz des ***<u>Mangelfolge</u>***schadens (h.M.)

II. Anspruch untergegangen ?

III. Anspruch durchsetzbar ?

- Verjährung des Anspruchs ?
= beim Schadensersatzanspruch: § 195 (nicht § 558!!) → 30 Jahre

IV. Ergebnis

Schadensersatz wegen Mangels *__nach__ Vertragsschluß* *(§ 538 I, Var. 2)*

- Schadensersatz gemäß § 538 I, Var. 2 ?

I. Anspruch entstanden ?

1. Wirksamer Mietvertrag, § 535 ?

2. Mangel i.S.d. § 537 I oder II ?
= beachtlicher Fehler <u>oder</u> Fehlen einer zugesicherten Eigenschaft

a. beachtlicher Fehler, § 537 I ?
→ vgl. Befreiung vom Mietzins

b. Fehlen einer zugesicherten Eigenschaft, § 537 II ?
→ vgl. Befreiung vom Mietzins

3. Entstehen des Mangels nach Vertragsabschluß, § 538 I, Var. 2 ?

4. Vertretenmüssen des Vermieters, § 538 I, Var. 2 ?
= nach § 276 oder § 278

5. Kein Ausschluß der Gewährleistung ?
→ vgl. Befreiung vom Mietzins

a. gemäß § 545 I und II 2. Halbsatz ?

b. gemäß § 539 ?

c. aufgrund einer vertraglichen Ausschlußklausel ?

d. aufgrund "Allgemeiner Geschäftsbedingungen" ?

e. bei Verursachung des Mangels durch den Mieter ?

6. Durchführung des Schadensersatzanspruchs
→ der Mieter muß lediglich den Schadensersatzanspruch gegenüber dem Vermieter erklären

7. Umfang des Schadensersatzanspruchs

→ immer Ersatz des ***<u>Mangel</u>***schadens
→ (im Mietrecht) auch Ersatz des ***<u>Mangelfolge</u>***schadens (h.M.)

II. Anspruch untergegangen ?

III. Anspruch durchsetzbar ?

- Verjährung des Anspruchs ?
= beim Schadensersatzanspruch: § 195 (nicht § 558!!) → 30 Jahre

IV. Ergebnis

Schadensersatz bei Beseitigungsverzug
(§ 538 I, Var. 3)

- Schadensersatz gemäß § 538 I, Var. 3 ?

I. Anspruch entstanden ?

1. Wirksamer Mietvertrag, § 535 ?

2. Mangel i.S.d. § 537 I oder II ?
= beachtlicher Fehler oder Fehlen einer zugesicherten Eigenschaft

a. beachtlicher Fehler, § 537 I ?
→ vgl. Befreiung vom Mietzins

b. Fehlen einer zugesicherten Eigenschaft, § 537 II ?
→ vgl. Befreiung vom Mietzins

3. Vorliegen des Mangels beim Vertragsabschluß, § 538 I, Var. 1 ?
oder

3. Entstehen des Mangels nach Vertragsabschluß, § 538 I, Var. 2 ?

4. Vertretenmüssen des Vermieters, § 538 I, Var. 2 ?

- ist bei § 538 I, Var. 1 *nicht* erforderlich (Garantiehaftung)!!!
- ist bei § 538 I, Var. 2 erforderlich
  = nach § 276 oder § 278

5. Verzug mit der Mängelbeseitigung ?
= Verzugsvoraussetzungen (§§ 284, 285)

a. Anspruch auf Mängelbeseitigung ?

b. Mahnung (§ 284) oder Mahnungssurrogat ?

aa. Mahnung ?
= dringende und bestimmte Aufforderung zur Leistung (Mängelbeseitigung)

bb. Mahnungssurrogat ?
= Ersatz für/Entbehrlichkeit der Mahnung: vgl. § 284

c. Nicht rechtzeitige Vornahme der Mängelbeseitigung ?

6. Schaden ?

7. Kein Ausschluß der Gewährleistung ?
→ vgl. Befreiung vom Mietzins

a. gemäß § 545 I und II 2. Halbsatz ?

b. gemäß § 539 ?

c. aufgrund einer vertraglichen Ausschlußklausel ?

d. aufgrund "Allgemeiner Geschäftsbedingungen" ?

e. bei Verursachung des Mangels durch den Mieter ?

8. Durchführung des Schadensersatzanspruchs

→ der Mieter muß lediglich den Schadensersatzanspruch gegenüber dem Vermieter erklären

9. Umfang des Schadensersatzanspruchs

→ immer Ersatz des ***<u>Mangel</u>***schadens
→ (im Mietrecht) auch Ersatz des ***<u>Mangelfolge</u>***schadens (h.M.)

II. Anspruch untergegangen ?

III. Anspruch durchsetzbar ?

- Verjährung des Anspruchs ?

= beim Schadensersatzanspruch: § 195 (nicht § 558!!) → 30 Jahre

IV. Ergebnis

Schadensersatz bei <u>Nichtanzeige</u> eines Mangels (§ 545 II)

- Schadensersatz gemäß § 545 II ?

I. Anspruch entstanden ?

1. Wirksamer Mietvertrag, § 535 ?

2. (eine der) Voraussetzungen des § 545 I ?

a. Auftreten einen Mangels im Laufe der Miete, § 545 I 1, Var. 1 ?

= weiter als Mangel i.S.d. § 537 jeder verschlechternde Zustand

b. Vorkehrung zum Schutze der Sache gegen eine unvorhergesehene Gefahr erforderlich geworden, § 545 I 1, Var. 2 ?

3. Kenntnis oder grob fahrlässige Unkenntnis des Mieters ?

4. Unterlassen der Mängelanzeige an den Vermieter, § 545 II ?

!! <u>keine</u> Anzeigepflicht bei
- Kenntnis des Vermieters oder seines Erfüllungsgehilfen
- Kenntniserlangung durch Dritte

5. Vertretenmüssen des Anspruchsgegners ?

= nach § 276 oder § 278

6. (aus der Nichtanzeige resultierender) Schaden ?

= jeder Nachteil, der durch die Nichtanzeige entstanden ist

II. Anspruch untergegangen ?

III. Anspruch durchsetzbar ?

IV. Ergebnis

Das Verzeichnis bezieht sich auf Fallziffern.
Hervorhebungen weisen auf Fundstellen im jeweiligen Prüfungsobersatz hin !!!

AGBG

BGB

HGB

Das Verzeichnis bezieht sich auf die jeweiligen Seitenzahlen !!!

A

B

D

E

F

G

Das Verzeichnis bezieht sich auf die jeweiligen Seitenzahlen !!!

Das Verzeichnis bezieht sich auf die jeweiligen Seitenzahlen !!!

N

O

P

R

S

T

U

Das Verzeichnis bezieht sich auf die jeweiligen Seitenzahlen !!!

Außerdem im Fall-Fallag erschienen:

Oliver Stumm
Egbert Rumpf-Rometsch

Die Fälle

Verwaltungsrecht 1

Klagearten und Allgemeines Verwaltungsrecht

36 Fälle mit Lösungsskizzen
und Formulierungsvorschlägen

Der Fall
Fallag

ISBN 3-9803813-4x